高等职业教育电子商务专业系列教材

网络营销与策划项目教程

第 2 版

主　编　马继刚　王　娟

参　编　魏　巍　魏　辉　孔艳芬　邰英英　陈　曲

机　械　工　业　出　版　社

本书是在分析网络营销与策划岗位群典型工作任务的基础上，采用职业技能项目化教材的编写体例，校企合作共同开发，突显实践性、实用性特点，力求做到教、学、用的统一。全书共8个项目，包括概说网络营销、认识网络营销环境、构建网络营销平台、选择网络营销工具、收集发布网络商务信息、调研网络市场、推广网站、网络营销策略策划。

本书可作为五年制电子商务类专业以及各类职业院校电子商务、市场营销、国际贸易以及其他相关专业的教材，也可作为相关从业人员的参考用书。

本书配有教师授课用电子课件，可登录机械工业出版社教育服务网（www.cmpedu.com）免费注册下载或联系编辑（010-88379194）咨询。

图书在版编目（CIP）数据

网络营销与策划项目教程/马继刚，王娟主编．—2版．—北京：机械工业出版社，2019.5（2022.7重印）

高等职业教育电子商务专业系列教材

ISBN 978-7-111-62118-8

Ⅰ．①网…　Ⅱ．①马…　②王…　Ⅲ．①网络营销—营销策划—高等职业教育—教材　Ⅳ．①F713.365.2

中国版本图书馆 CIP 数据核字（2019）第 035957 号

机械工业出版社（北京市百万庄大街 22 号　邮政编码 100037）

策划编辑：梁　伟　　责任编辑：李绍坤

责任校对：王　欣　　封面设计：鞠　杨

责任印制：刘　媛

涿州市般润文化传播有限公司印刷

2022 年 7 月第 2 版第 6 次印刷

184mm×260mm · 12.75 印张 · 306 千字

标准书号：ISBN 978-7-111-62118-8

定价：35.00 元

电话服务　　　　　　　　　网络服务

客服电话：010-88361066　　机　工　官　网：www.cmpbook.com

　　　　　010-88379833　　机　工　官　博：weibo.com/cmp1952

　　　　　010-68326294　　金　书　网：www.golden-book.com

封底无防伪标均为盗版　　　机工教育服务网：www.cmpedu.com

第2版前言

20世纪90年代初，Internet的飞速发展在全球范围内掀起了互联网应用热潮，世界各大知名公司纷纷利用互联网提供信息服务和拓展公司的业务范围，并且按照互联网的特点积极改组企业内部结构，探索新的营销方法及管理策略，就此，网络营销与策划学科宣布诞生。

网络营销与策划理论的出现为企业提供了适应全球网络技术发展与信息网络社会变革的新技术和手段。相对于传统的市场营销，网络营销在许多方面更具有明显的优势，给当今整个社会带来了一场营销观念的革命。

进入21世纪，随着经济全球化的深入、电子商务的飞速发展、营销行为的巨变，企业之间的竞争达到前所未有的激烈程度。这一切促使企业竞争的焦点由产品（Product）、价格（Price）、渠道（Place）、促销（Promotion）转变为消费者（Consumer）、成本（Cost）、便利（Convenience）和沟通（Communication）。这种策略的转变大大促进了网络营销与策划理论的普及与发展。基于这种趋势与进程，网络营销与策划因此成为了电子商务、国际商务、商务管理等工商管理类专业的核心课程，为此，我们组织编写了本书。

时至现在，计算机、网络通信技术日新月异，互联网遍及世界各个角落，网络已经从个性、互动、便捷与安全等多方面给网络营销客户价值注入了新的内涵。"创造客户价值"将一直是网络营销从传统营销学秉承的本质属性，企业为客户创造价值与客户为企业创造价值已经合二为一，成为同一问题的两个方面，不可分割。因此，人们要从创造客户价值的角度去思考和分析不断发展变化的网络营销工具，从而发现不变的网络营销的本质，及时准确地认识和判断其商务应用价值。鉴于这一原因，编者在第1版的基础上进行了修订。

本书以当代课程改革的新成果为出发点，在第1版内容的基础上融入、组合了当今网络营销最新发展应用的有关知识内容，从而进一步提高本书的使用效益。同时为了更好地体现职业教育网络营销课程的特点，本书在修订过程中以培养技术应用能力为主线，坚持"实际、实用和实践"的原则，以能力培养为核心，突出课程体系的实用性，更好地体现"教"为所"需"、"学"为所"用"以及"做中学""学中教"的职业教育理念。

本书由马继刚、王娟担任主编。参加编写的还有魏巍、魏辉、孔艳芬、邰英英和陈曲。在本书的编写过程中，江苏联合职业技术学院电子商务协作委员会秘书长张格余同志给予了大力支持和指导，在此表示感谢。

由于编者水平有限，书中难免有不妥之处，恳请读者批评指正。

编　者

第1版前言

20 世纪 90 年代初，Internet 的飞速发展在全球范围内掀起了互联网应用热潮，世界各大知名公司纷纷利用互联网提供信息服务和拓展公司的业务范围，并且按照互联网的特点积极改组企业内部结构，探索新的营销方法及管理策略，就此，网络营销与策划学科宣布诞生。

网络营销与策划理论的出现为企业提供了适应全球网络技术发展与信息网络社会变革的新的技术和手段。相对于传统的市场营销，网络营销在许多方面都具有明显的优势，带来了一场营销观念的革命。

进入 21 世纪，随着经济全球化的深入、电子商务的飞速发展、营销行为的巨变，企业之间的竞争达到从未有过的激烈程度，这一切促使企业竞争的焦点由产品（Product）、价格（Price）、渠道（Place）、促销（Promotion）转变为消费者（Consumer）、成本（Cost）、便利（Convenience）和沟通（Communication）。这种策略的转变大大地促进了网络营销与策划理论的普及与发展。基于这种趋势与进程，网络营销与策划成为了电子商务、国际商务、商务管理等工商管理类专业的核心课程，为此，我们组织编写了本教材。

本教材主要有以下特点：

1）内容的侧重点上，突出实践操作，将教材内容与工作岗位对接，把任务教学提升到重要位置，构建"项目"——"任务"——"拓展"三位一体的教材组织结构。

2）教材编写符合五年制高职教育要求，体现"理论够用、突出实践"的原则。在内容的编排上，克服了理论偏多、偏深的弊端，注重理论在具体运用中的要点、方法和技术操作，通过实际范例的配合，逐层分析、总结，使学生在模仿中掌握策划要领、操作程序、技能要点。项目后的综合训练给学生充分的发挥空间，借以培养学生的创造性思维与创新能力。

3）教材的内容反映了知识更新和营销理论、策划实践发展的最新动态，将新的操作技术、策划精髓、最近发生的策划实例反映到教材中，体现了五年制高职教育专业设置紧密联系营销策划工作的实际要求。

4）编写体例反映当前最新课改要求。本教材是在分析网路营销与策划岗位群的典型工作任务的基础上，采用职业应用项目化教材的编写体例。本教材共设计了 10 个项目，每个项目包含若干任务，每个任务采用任务要点、任务情境、任务分析、任务实施、触类旁通、案例分析等编排方式，重点介绍完成任务的操作步骤和技巧。

本教材由马继刚任主编，王娟任副主编，由郑在柏主审。参与编写的还有高原、华春芳、汪明洋、周欢。编写分工如下：马继刚编写项目 1、5、7；王娟编写项目 3、8；高原编写项目 2、4，华春芳编写项目 6、10，汪明洋编写项目 9，周欢参与编写项目 7。在教材的编写过程中，江苏联合职业技术学院电子商务协作委员会秘书长汪志祥同志给予了大力支持和指导，在此表示感谢。

由于编者水平有限，教材中难免有不妥之处，恳请读者批评指正。

编　者

目　录

项目 1

概说网络营销

网络营销作为现今企业实现营销目标及任务的一种新的营销方式和手段，其内容非常丰富。一方面，网络营销要能够应对现如今飞速发展的电子商务市场，及时把握网上虚拟市场中消费者的特征和行为模式的变化，准确地为企业在网上虚拟市场进行营销活动提供可靠的数据分析和营销依据。另一方面，网络营销是通过在线上开展营销活动来实现企业生产和经营目标的，而网络又具有与传统渠道和媒体不一样的特点：信息交流自由、开放和平等，信息交流费用非常低廉，信息交流渠道既直接又高效。因此开展营销活动，首先要了解和认识网络营销以及它的功能与方法。

 学习提示

◉ **学习目标**

➲ 知识目标：熟记网络营销的概念、特点，知晓网络营销的理论基础，明晰网络营销的基本模式及流程，理解网络营销对传统市场营销的影响，认识网络营销与电子商务的关系。

➲ 能力目标：能够认识网络营销及其功能，初步使用网络营销方法进行简单的网络营销活动。

➲ 情感目标：激发学生深入学习网络营销的兴趣。

◉ **本项目重点**

网络营销的概念、特点。

◉ **本项目难点**

正确使用网络营销的方法进行网络营销活动。

任务1　认识传统营销与网络营销

在商业社会里，商人们总会想方设法把自己的产品在市场上销售出去，以满足顾客的需求，并且获取利润，这样就产生了营销。营销是企业经营的一项重要内容，制定合理的营销方案是企业将自己的劳动成果转化为社会劳动的一种努力，是企业实现其劳动价值和目的的一项重要工作。经过长期的发展，目前它已经形成比较扎实的理论和实践基础。

任务要点

关　键　词：营销、网络营销、网络营销岗位。
理论要点：网络营销的概念、特点。
实践要点：网络营销岗位能力分析。

任务情境

远古时代，有一条小路是进行贸易的必经之路，凯特所住的山洞就位于那条小路中最颠簸的路段。由于道路颠簸，导致商人们用来运载器皿和农产品的载货二轮车常常因为丢了轮子而恰好瘫痪在凯特的山洞前，凯特看到商人们用石头或木头做新的轮子。一天，一辆车的一只石头轮子恰好在凯特的门前碎成了粉末，但这一次，车子的主人显然不知道该怎么办了，凯特用她观察别人学来的技术很快做了一个可以用的轮子，她用它与车的主人换了一些食物。

凯特觉得做轮子比挖草根和捉小虫轻松多了，而且回报更好。于是，凯特开始做轮子并把它们存在那里。她告诉大家这里有一个轮子市场，每当有车子在她的山洞前坏了的时候，她就滚出一个轮子做成一笔买卖。事实上，凯特就是在搞营销。

凯特富了，但她发现，到处对人说自己可以帮助他们做轮子是件累人的活，于是她决定做广告。凯特凿了一个巨大的石轮子放在自己的山洞口，这样，每一个路过这条小路的人都可以看到它。这一招果然有效，凯特又赚了钱。

凯特看到了人们对轮子的需求。为满足人们的需求，她做了许多轮子，建立了价格体系，并且用可供货广告形式（一个巨大的轮子）与市场进行信息交流，凯特用到了营销的四个组成要素：产品、地点、价格和促销，建立了一个有效的初级营销体系。

不久，在凯特的小路对面另一个人也开了一个店。为了强调营销，凯特采取了另一种方式。由于竞争对手也造了一个巨大的轮子，凯特不得不将她的轮子涂成红色，使它更醒目。然后，凯特又把她的轮子都标上一个 X，并做了许多带有小 X 标记的玩具轮子，总之，她想方设法地让人们知道：凯特的轮子是最好的轮子。

任务分析

从上面的这个故事可以看出，故事主人公凯特一开始通过自己的仔细观察和大胆创意，不仅用轮子和商人们换取了自己所需要的食物，而且还富了起来，成为当地小有名气的"富人"，同时还开创了历史上"营销"的先河。虽然随着工具越来越先进，市场和信息交流的方式也变得越来越复杂，但是无论是通过印刷品、广播、信函、电视、多媒体还是 Internet，"凯特制造轮子"和"凯特的轮子，是最好的轮子"都是大多数营销活动要传递的基本信息。

仔细分析该故事中主人公——凯特的行为过程，不难发现：这个过程包含了以下几个核心要素：欲望和需求，产品和满足，交换和交易，市场，营销和营销者。同时还可以看出，营销活动是建立在这样一个三维结构之间的：消费者（欲望和需求）——供应者（产品和满足）——市场（交换与通道）。这里值得注意的是，现代营销把消费者的欲望和需求作为整个活动过程的出发点，企业的任务是提供满足这种欲望和需求的产品，而要达到这两者的统一又不能脱离市场和交换，可以说市场制约了营销目标的实现。

 任务实施

步骤 1　了解传统营销

如果对故事中的主人——凯特从"用她观察别人学来的技术很快做了一个可以用的轮子，并用它和车的主人换了一些食物。"到"她提供质量保证和发票，建立分销店，雇用销售人员。"的整个活动过程进行梳理不难发现，要实施一定的营销活动，必须遵循以下 5 个步骤。

1）机会的辨识（opportunity identification），包括市场调查、市场分析、生产决策、市场定位等；

2）新产品的开发（new product development），包括新产品的研发、新产品的生产等；

3）客户的吸引（customer attraction），包括营销策划、品牌推广、市场宣传、产品展示、洽谈签约等；

4）保留客户，培养忠诚（customer retention and loyalty building），包括售后服务、定期回访等；

5）订单的执行（order fulfillment），包括产品供应、发货运输、货款结算等。

以上这些流程实际上就是传统的营销过程。显然，这些流程如果处理得好，就认为营销是成功的；而如果某个环节出了问题，那么就意味着企业可能会面临着某种危机。

小链接 1-1

营销的概念

营销是关于企业如何发现、创造和交付价值以满足一定目标市场的需求，同时获取利润的一种社会过程。真正意义上的营销就是指市场营销（Marketing），又称市场学、市场行销或行销学。在某种意义上讲，谈论市场营销应该为公司做些什么，就是在谈论公司该持有什么样的最终目标和战略目的。从公司角度讲，市场营销的职能就是保证客户和消费者成为企业的中心环节。其另一职能便是指导企业决策。

小链接 1-2

营销的发展

市场营销学发展到今天已有将近一百年的历史。它随着时代和竞争环境的变化不断地演进。一百年来，国内外学者在不同的历史时期为市场营销下了不同的定义，企业界的理解更是各有千秋。美国学者基思·凯洛斯曾将各种市场营销定义分为三类：一是将市场营销看做是一种为消费者服务的理论；二是强调市场营销是对社会现象的一种认识；三是认为市场营销是通过销售渠道把生产企业同市场联系起来的过程。这从一个侧面反映了市场营销的复杂性。

需要提出的是，现代市场营销活动不仅涉及商业活动，也涉及非商业活动；不仅涉及个人，也涉及团体；不仅涉及实物产品，也涉及无形服务与思想观念。

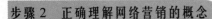

步骤2 正确理解网络营销的概念

在现今社会，随着互联网的普及，电子商务飞速发展，网络营销已经成为企业重要的营销方式之一。网络营销（On-line Marketing 或 E-Marketing）就是以国际互联网为基础，利用数字化的信息和网络媒体的交互性来有效地满足顾客的需求与欲望，从而辅助实现企业营销目标的一种新型的市场营销方式。简单地说，网络营销就是以互联网为主要手段，为达到一定营销目的而进行的营销活动。

对于它的理解要把握如下两方面：

1）网络营销不能脱离传统的市场营销环境而孤立存在。

2）网络营销不等于网上销售。一方面，网络营销的效果表现在多个方面，如提升企业品牌价值、加强与客户之间的沟通、作为一种对外发布信息的工具。另一方面，网上销售的推广手段也不仅是网络营销，往往还要采取许多传统的方式如传统媒体广告、发布新闻、印刷宣传册等。

步骤3 切实把握网络营销的特点

网络营销具有许多独特的、鲜明的特点，概括起来主要有以下几点，如图1-1所示。

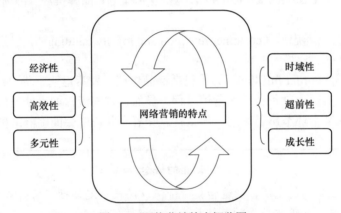

图1-1 网络营销特点概览图

1. 经济性

由最初的物物交换到易货交易，再到以互联网为载体的信息交换，从这一过程的对比中不难发现，网络营销不但可以减少印刷宣传册的成本、运费成本，还免去了店面租金、雇佣店员费、店面水电费、工商管理费等成本。

2. 高效性

透过互联网的数据库，消费者可以随时对产品信息进行查询，其数据精准程度是其他媒介所无法比拟的。此外，企业还可以根据市场调研实时更改产品信息、调整产品价格，使产品的整个销售流程都高效运转并发挥作用。

3. 多元性

互联网传播可以同时将文字、声音、图像结合进行有效传播，使产品信息能够以多种方式存在和进行交易。网络营销的这种多元性能够更好地激发营销人员的灵感及能动性、交互性。

4. 时域性

占有市场份额是营销的最终目的，由于网络能够超越时间和空间的约束进行产品信息交换，使营销更贴近生活和实际，企业也因此获得了剩余时间和空间进行营销，对自身营销进行实时监控。

5. 超前性

毫无疑问，在功能上互联网是最强大的营销工具，它兼具促销、电子交易、渠道、互动服务以及市场信息分析与提供等强大功能。实际上，网络营销这一模式正是未来营销方式的主要发展趋势。

6. 成长性

网络数据无时无刻不在进行着更新、替换。产品的换代也更加频繁，正因如此，企业才能及时发现自身产品的不足之处并加以改进，使产品随着互联网的发展而不断成长。

步骤 4　准确描述网络营销的工作岗位

根据网络营销的特点，结合目前网络营销的发展情况，网络营销的岗位主要有以下 6 种：

1）网络市场调研专员。负责调研问卷设计、调研实施、调研结果分析以及调研报告撰写等工作。

2）网站推广专员。负责搜索引擎营销、电子邮件营销、网络广告营销、在线黄页营销、网络社区营销、网站资源合作、病毒性营销等工作。

3）网络促销专员。负责顾客行为分析、促销种类和方法、促销实施等工作。

4）网站维护专员。负责网站诊断、流量分析工具应用、网站优化等工作。

5）网络广告专员。负责网络广告制作、方案设计、效果追踪等工作。

6）在线客户服务专员。负责网上客户服务种类、范围、目标的设计、邮件的管理、论坛的管理、即时通信工具的应用、各种表单的制作等工作。

步骤 5　理解网络营销岗位的要求

根据网络营销的属性以及网络营销工作岗位的技能特点，从事网络营销岗位必须具备 3 个方面的要求：

1）知识要求。了解代码、网页制作、市场营销、国际贸易。

2）能力要求。持续学习、文字表达、交流沟通、思考总结、资源利用、资料收集、问题诊断。

3）素质要求。敬业精神、责任意识、诚实守信、开朗乐观、坚韧不拔。

小链接1-3

网络营销和传统营销的相同点

1）都是企业的一种营销活动；

2）都需要通过组合发挥功能实现企业的既定目标；

3）都把满足消费者需求作为一切活动的出发点；

4）对消费者需求的满足，不仅停留在现实需求上，而且还包括潜在需求。

小链接 1-4

网络营销与传统营销的不同点

1）在产品上：网络营销的产品可以是任何产品或任何服务项目，而在传统营销领域却很难做到；

2）在价格上：网络营销的价格，可以调整到更有竞争力的位置上；

3）在销售上：网络营销具有距离为"零"和"时差为零"的优势，改变了传统的迂回模式，可以采用直接的销售模式，实现零库存、无分销商的高效运作；

4）在促销上：Web 方式具有更丰富的内涵和实现方式；

5）在决策上：网络营销的决策内容更多、响应速度更快。

 触类旁通

与网络营销有关的里程碑事件

● 1971 年，电子邮件诞生，电子邮件的发明者是雷·汤姆林森。但电子邮件在 20 世纪 70 年代并没有应用到营销领域。

● 1994 年 10 月，网络广告诞生。当年 10 月 14 日，美国著名的 Wired 杂志推出了网络版本 Hotwired，其主页上开始有 AT&T 等 14 个客户的 Banner 广告。这是广告史上里程碑式的一个标识。

● 1994 年基于 Internet 的知名搜索引擎 Yahoo!、WebCrawler、Infoseek、Lycos 等诞生，从此人们可以搜索互联网中的信息。

● 1995 年 7 月，世界上最大的网上商店——亚马逊成立。

● 1997 年 3 月，中国第一个商业性的网络广告出现了，传播网站是天极网（http://www.yesky.com）。

● 1999 年：Napster 普及了音乐文件共享，造就了永久地改变了唱片业的后来者。全世界的网民人数超过 2 亿 5 千万。

● 2000 年：20 世纪 90 年代的网络热潮随着科技公司的萎靡不振而泡沫破灭。在第一波广泛使用拒绝服务（Denial-of-Service）攻击当中，一次攻击令 Amazon.com 和 eBay 等网站陷于瘫痪，此类攻击利用虚假的流量洪水般地冲击一个网站，致使合法用户也不能访问该网站。

● 2002 年：全世界的网民人数超过 5 亿。

● 2004 年：Mark Zuckerberg 在哈佛大学读大二期间开始运营 Facebook；公民新闻网站 Chinfest 开始运营。

● 2005 年：视频共享网站 YouTube 开通。

● 2006 年：全世界的网民人数超过 10 亿。

● 2007 年：苹果公司发布 iPhone，再令数百万人开始使用无线互联网。

● 2008 年：全世界的网民人数超过 15 亿，中国的网民人数达 2 亿 5 千万，超过美国成为世界第一。网景的开发者不再为这种开创性的浏览器提供支持，尽管其分支产品火狐浏览器仍旧发展强劲。各大航空公司加强在航班上部署互联网服务。

● 2009 年："双十一"网购狂欢节源于淘宝商城（天猫）2009 年 11 月 11 日举办的促销活动，当时参与的商家数量和促销力度均有限，但营业额远超预想的效果，于是 11 月 11 日成为天猫举办大规模促销活动的固定日期。近年来"双十一"已成为中国电子商务行业的年度盛事，并且逐渐影响到国际电子商务行业。

● 2010 年：12 月 20 日，市场研究公司 eMarketer 在其网站上发布的消息称，今年美国网络广告市场规模将增长 13.9%至 258 亿美元，而印刷版报纸广告市场规模将下滑 8.2%至 228 亿美元，这将是网络广告市场首次超过印刷版报纸广告市场。

● 2011 年：1 月，腾讯推出即时通信应用软件微信，支持发送语音短信、视频、图片和文字，可以群聊。

● 2012 年：3 月 29 日，马化腾通过腾讯微博宣布微信用户突破一亿大关，也就是新浪微博注册用户的 1/3。在腾讯 QQ 邮箱、各种户外广告和旗下产品的不断宣传和推广下，微信的用户也在逐月增加。伴随着微信的火热而兴起了微信营销方式。

● 2013 年：第 30 次《中国互联网络发展状况统计报告》显示，2013 年我国互联网普及率已超过 42%，网民达到 5.64 亿，手机用户突破 11 亿户，平均每 10 人拥有 8 部手机，已经是名符其实的世界新兴媒体用户第一大国。

● 2014 年：5 月 22 日，京东商城在美国纳斯达克上市，京东董事局主席刘强东敲响上市钟，开盘报价为 21.75 美元，较发行价 19 美元上涨 14.47%，市值达约 297 亿美元。截至收盘，报 20.9 美元，较发行价涨 10%。

● 2014 年：9 月 19 日，阿里巴巴集团在纽约证券交易所正式挂牌上市。

● 2016 年：春晚抢红包，支付宝鼓动全民集五福事件成为当年非常受全民关注的社交营销活动之一。这次集福活动实质上是支付宝做社交的想法的表现，集福需要加 10 个好友，就可以实现"10-10"的推广速度，手法的确是高明。然而，纵观后半年支付宝的社交板块发展情况却并不乐观。由此可以看出：无论做什么活动还是要对消费者多一点真诚少一点套路。

从以上事件可以看出，真正的网络营销诞生于 1994 年，1996 年以后网络营销进入了高速发展时期，网络营销的理论、方法与实践都有了极大的发展。

任务 2　认识网络营销的功能与方法

任务要点

关 键 词：经济效益、增值、功能、方法。
理论要点：网络营销的功能与方法。
实践要点：能熟练掌握网络营销的各功能，并利用各种方法进行相关操作尝试。

任务情境

互联网应用飞速发展，网络营销实践内容逐渐丰富，特别是在电子商务的整体环境尚不是十分成熟的情况下，网络营销将是广大企业、营销组织尤其是中小企业进军电子商务的切入点，也是促使企业开辟广阔市场、获取增值效益的马达，还是提升企业核心竞争能力的一把金钥匙。因此，为了正确开展网络营销必须认识和掌握网络营销的常见功能与方法。

任务分析

网络营销具有许多传统营销根本不具备的独特、鲜明的功能。具体地讲，它的功能主要有搜索信息、发布信息、调查商情、开拓销售渠道、扩展和延伸品牌价值、特色服务、管理顾客关系、增值经济效益八项。网络营销的具体方法很多，其操作方式、功能和效果也有所区别。

任务实施

步骤 1 掌握网络营销的主要功能

功能 1 搜索信息

信息的搜索是网络营销多种功能的一种反映。在网络营销中，能够利用多种搜索方法，积极主动地获取有用的信息，进行决策研究。随着信息搜索功能由单一向集群化、智能化发展，以及向定向邮件搜索技术延伸，使网络搜索的商业价值得到了进一步的提升和扩展，寻找网上营销目标将成为一件易事。可以说，搜索功能已经成为了营销主体能动性的一种表现、一种升华。

功能 2 发布信息

无论哪种营销方式，都要将一定的信息传递给目标人群，因此发布信息是网络营销的又一种基本功能。它可以把信息发布到全球任何一个地点，既可以实现信息的广覆盖，又可以形成地毯式的信息发布链。既可以创造信息的轰动效应，又可以发布隐含信息。网络营销这种强大的信息发布功能，是古往今来任何一种营销方式所无法比拟的。在网络营销中，网上信息发布以后，不仅可以主动地进行跟踪，获得回复，而且可以进行回复后的再交流和再沟通。因此，信息发布的效果十分明显。

功能 3 网上调研和商情调查

通过在线调查表或者电子邮件等方式，可以完成网上市场调研。相对于传统市场调研，网上调研具有高效率、低成本的特点。因此，网上调研成为网络营销的主要功能之一，主要的实现方式包括：通过企业网站设立的在线调查问卷、通过电子邮件发送的调查问卷，以及与大型网站或专业市场研究机构合作开展专项调查等。网上调研不仅为制订网络营销策略提供支持，也是整个市场研究活动的辅助手段之一。合理利用网上市场调研手段对于企业制定市场营销策略具有重要价值。

网络营销中的商情调查同样具有重要的商业价值。对市场和商情的准确把握是网络营销中一种不可或缺的方法和手段，是现代商战中对市场态势和竞争对手情况的一种电子侦察。在激烈的市场竞争条件下，主动地了解商情，研究趋势，分析顾客心理，窥探竞争对手动态是确定竞争战略的基础和前提。

功能 4 开拓销售渠道

网上销售是企业销售渠道在网上的延伸，网上销售渠道建设也不限于网站本身，还包括建立在综合电子商务平台上的网上商店，以及与其他电子商务网站不同形式的合作等。因此网上销售并不仅是大型企业才能开展，不同规模的企业都有可能拥有适合自己需要的在线销售渠道。

功能 5 扩展和延伸品牌价值

网络营销的重要任务之一就是在互联网上建立并推广企业的品牌。知名企业的网下品牌可以在网上得以延伸和拓展，一般企业则可以通过互联网快速树立品牌形象，并提升企业整体形象。

网络品牌建设是以企业网站建设为基础，通过一系列的推广措施，达到顾客和公众对企业的认知和认可。在一定程度上说，网络品牌的价值甚至高于通过网络获得的直接收益。与网络品牌建设相关的内容包括：专业性的企业网站、域名、搜索引擎排名、网络广告、电子邮件、会员社区等。

功能 6 特色服务

网络营销提供的是一种特色服务功能，服务的内涵和外延都得到了扩展和延伸。顾客不仅可以获得形式最简单的 FAQ（常见问题解答）、邮件列表，以及 BBS、聊天室等各种即时信息服务，还可以获取在线收听、收视、订购、交款等选择性服务，无假日的紧急需要服务，信息跟踪、信息定制到智能化的信息转移、手机接听服务以及网上选购、送货到家的上门服务等。这种服务以及服务之后的跟踪延伸，不仅极大地提高顾客的满意度，使以顾客为中心的原则得以实现，而且使客户成为商家的一种重要的战略资源。

功能 7 管理客户关系

客户关系管理源于以客户为中心的管理思想，是一种旨在改善企业与客户之间关系的新型管理模式，是网络营销取得成效的必要条件，是企业成功发展的重要战略资源。

在网络营销中，通过客户关系管理，将客户资源管理、销售管理、市场管理、服务管理、决策管理融于一体，将原本疏于管理、各自为战的销售、市场、售前和售后服务与业务统筹协调起来。既可跟踪订单，帮助企业有序地监控订单的执行过程，规范销售行为，了解新、老客户的需求，提高客户资源的整体价值，还可以避免销售隔阂，帮助企业调整营销策略。收集、整理、分析客户反馈信息，全面提升企业的核心竞争能力。客户关系管理系统还具有强大的统计分析功能，可以为用户提供"决策建议书"，以避免决策的失误。

功能 8 增值经济效益

网络营销会极大地提升营销者的获利能力，进而使营销主体提高获取的增值效益。这种增值效益的获得，不仅在于网络营销效率的提高，营销成本的下降，商业机会的增多，更是在网络营销中，新信息量的累加会使原有信息量的价值实现增值。这种无形资产促成价值增值的观念和效果，既是前瞻的，又是明显的。

步骤 2 知晓网络营销的方法

方法 1 搜索引擎营销

搜索引擎营销是目前最主要、最流行的网络营销手段之一，尤其基于自然搜索结果的搜索引擎推广，因为是免费的，因此受到众多中小网站的重视，同时也成为网络营销方法体系的主要组成部分。搜索引擎营销主要方法包括：竞价排名、分类目录登录、搜索引擎登录、付费搜索引擎广告、关键词广告、搜索引擎优化、地址栏搜索、网站链接策略等。现在，搜索引擎的效果虽然已经不像之前那样有效，但调查表明，搜索引擎仍然是人们发现新网站的基本方法。因此，在主要的搜索引擎上注册并获得最理想的排名，是网站设计过程中首要考虑的问题之一。网站正式发布后尽快提交到主要的搜索引擎，是网络营销的基本任务。

方法2　信息发布

信息发布既是网络营销的基本功能之一，又是一种实用的网络营销方法。通过互联网，不仅可以浏览到大量的商业信息，同时还可以自动发布信息，最重要的是将有价值的信息及时发布在自己的网站上，以充分发挥网站的功能，比如，新产品信息、优惠促销信息等。

方法3　许可E-mail营销

许可E-mail营销是基于用户许可的E-mail营销，比传统的推广方式或未经许可的E-mail营销具有明显的优势，比如，可以减少广告对用户的干扰、提升潜在客户定位的准确度、增强与客户的关系、提高品牌忠诚度等。开展E-mail营销的前提是拥有潜在用户的E-mail地址，这些地址可以是企业从用户、潜在用户资料中自行收集整理的，也可以利用第三方的潜在用户资源进行收集管理。

方法4　网络广告

几乎所有的网络营销活动都与品牌形象有关，在所有与品牌推广有关的网络营销方法中，网络广告的作用最为直接。自2001年之后，网络广告领域发起了一场轰轰烈烈的创新运动，新的广告形式不断出现，新型广告克服了标准条幅广告承载信息量有限、交互性差等弱点，因此获得了相对比较高的点击率。有研究表明，网络广告的点击率并不能完全代表其效果，网络广告对那些浏览而没有点击广告，占浏览者总数99%以上的访问者同样产生作用。

方法5　博客营销

博客营销是通过博客网站或博客论坛接触博客作者和浏览者，利用博客作者个人的知识、兴趣和生活体验等传播商品信息的营销活动。博客营销的本质在于通过原创专业化内容进行知识分享争夺话语权，建立起个人品牌，树立自己"意见领袖"的身份，进而影响读者和消费者的思维和购买行为。

方法6　论坛营销

论坛营销又称BBS营销，就是利用论坛这种网络交流平台，通过文字、图片、视频等方式传播企业品牌、产品和服务的信息，从而让目标客户更加深刻地了解企业的产品和服务，最终达到宣传企业品牌、产品和服务的效果，进而加深市场认知度的网络营销活动。

论坛营销其实就是利用论坛的人气，通过专业的论坛帖子策划、撰写、发放、监测、汇报流程，在论坛空间提供高效传播。包括各种置顶帖、普通帖、连环帖、论战帖、多图帖、视频帖等。再利用论坛强大的聚众能力，利用论坛作为平台举办各类踩楼、灌水、贴图、视频等活动，调动网友与品牌之间的互动从而达到企业品牌传播和产品销售的目的。

方法 7 病毒营销

病毒营销是一种常用的网络营销方法，常用于进行网站推广、品牌推广等。病毒营销利用的是用户口碑传播的原理。在互联网上，这种"口碑传播"更为方便，就像病毒一样迅速蔓延，因此病毒营销成为一种高效的信息传播方式。而且由于这种传播是用户之间自发进行的，因此几乎是不需要费用的网络营销手段。

病毒营销的巨大威力就像一颗小石子投入了平静的湖面，一瞬间似乎只是激起了小小的波纹，转眼湖面又恢复了宁静，但是稍过一会，就会看到波纹在不断进行着层层叠叠的延展，短短几分钟，整个湖面都起了震荡。这就是病毒营销的魅力。

小链接 1-5

经典的病毒营销案例

2008 年 3 月 24 号，可口可乐公司推出了火炬在线传递活动。这个活动堪称经典的病毒营销案例。活动内容大概是：如果你争取到了火炬在线传递的资格，获得"火炬大使"的称号，头像处将出现一枚未点亮的图标，之后就可以向你的一个好友发送邀请。

小链接 1-6

网络软营销

通常，博客营销、论坛营销以及病毒性营销被人们称为网络软营销。

方法 8 视频营销

视频营销指的是企业将各种视频短片以各种形式放到互联网上，达到宣传企业品牌、产品以及服务信息目的的营销手段。网络视频的形式类似于电视视频短片，它具有电视短片的种种特征，例如，感染力强、形式内容多样等；又具有互联网营销的优势，例如互动性、主动传播性、传播速度快、成本低廉等。可以说，网络视频营销是将电视广告与互联网营销两者"宠爱"集于一身的新型营销方法。

方法 9 SNS 营销

SNS（Social Networking Services，社会性网络服务）。现在许多 Web2.0 网站都属于 SNS 网站，他们将 SNS 和传统网站进行了有效结合，开发出以网络聊天、交友、视频分享、微博、播客、网络社区、游戏、音乐共享等多种需求为一体的综合交流平台。SNS 现在已经成为备受广大用户欢迎的一种网络交际模式。而 SNS 营销就是利用 SNS 网站的分享和共享功能，在六维理论的基础上实现的一种营销。它旨在通过病毒式传播的手段，让企业的产品、品牌、服务等信息被更多的人知道。

方法 10 网络整合营销

网络整合营销就是把各个独立的营销综合成一个整体，以产生协同效应。这些独立的营销工作包括广告、直接营销、销售促进、人员推销、包装、事件、赞助和客户服务等。它是一种对各种网络营销工具和手段的系统化结合，根据环境进行即时性的动态修正，以使交换双方在交互中实现价值增值的营销理念与方法。

方法 11 软件捆绑营销

捆绑营销是指两个或两个以上的品牌或企业在促销过程中进行合作，从而扩大它们的影响力，它作为一种跨行业和跨品牌的新型营销方式，开始被越来越多的企业重视和运用。在企业营销中，捆绑式促销有利于扬长避短，实现优势互补。不是所有企业的产品和服务都能随意地"捆绑"在一起。无论是软件捆绑还是热点捆绑，捆绑营销的效果取决于企业间的协调和相互促进以及正确的捆绑营销策略。

方法 12　即时通信营销

即时通信（Instant Messaging，IM）营销又叫 IM 营销，是企业通过即时通信工具帮助企业推广产品和品牌的一种营销方法。目前的网络即时通信工具主要分为三大类：第一种是门户网站提供的即时聊天工具，例如，QQ、微信、腾讯 RTX、钉钉等；第二种是电子商务平台服务商提供的即时聊天工具，以阿里旺旺贸易通、阿里旺旺淘宝版为代表；第三种是主流电信公司发布的即时工具，例如，易信。

触类旁通

网络营销与电子商务

电子商务主要是指交易方式的电子化，它是利用互联网进行的各种商务活动的总和。而为最终产生网上交易所进行的推广活动属于网络营销的范畴，即网络营销注重的是以互联网为主要手段的营销活动。网络营销与电子商务的区别如下：

1. 研究的范围不同

电子商务的核心是电子化交易，电子商务强调的是交易方式和交易过程的各个环节。网络营销是企业整体营销战略的一个组成部分。

2. 注重点不同

网络营销是电子商务下的一种新型销售方式，是通过互联网渠道销售商品的市场营销活动。网络营销与电子商务的主要分界线就在于是否有交易行为的发生，网络营销的重点在交易前阶段的宣传和推广，电子商务的标识之一则是实现了电子化交易。

网络营销与电子商务的关系如下：

1）网络营销是电子商务的基础；

2）网络营销是电子商务的重要环节之一。

电子商务与网络营销既相互区别又密切联系。网络营销是电子商务的基础，几乎所有的电子商务活动都是从网络营销开始的，但是开展网络营销并不等于一定实现了电子商务（指实现网上交易）；电子商务是网络营销发展的高级阶段，当一个企业的网上经营活动发展到可以实现电子化交易的程度，就认为是进入了电子商务阶段。所以说，开展电子商务离不开网络营销，但网络营销并不等于电子商务。

项目小结

网络营销是以现代营销理论为基础，借助网络、通信和数字媒体技术来实现营销目标的商务活动，是由科技进步、顾客价值变革、市场竞争等综合因素促成的，也是信息化社会的必然产物。简单地说，网络营销就是以互联网作为传播途径，通过对市场的循环营销传播，满足商家和消费者需求的过程。

传统营销是网络营销的基础，网络营销的功能和方法与传统营销的功能与方法之间并不矛盾。相反，网络营销与传统营销是相互促进和相互补充的。在很多情况下，网络营销是传统营销理论在互联网环境中的延伸和发展，网络营销是互联网时代市场营销中必不可少的环节。

 项目综合训练

【案例】

一个小公司的网络营销实践给人们的启示

广州市振佳运动器材有限公司（以下简称振佳公司）是一家以生产、销售、出口运动健身器材为主营业务的小规模公司，拥有二十多年体育用品设计和制造的经验，其主要产品是可折叠式家用健身器材，这种健身器材可以帮助都市人克服工作繁忙、空气污染、居室狭小及预算限制等诸多不利因素，随时在家中进行健身运动，实现自身的健康、健美、长寿和精神享受，是一个非常有市场前景的产品。

振佳公司在开展网络营销之前，宣传手段以报纸、专业媒体为主，受资金的限制，只能在国内部分媒体上发布企业和产品的广告，不但广告的数量和区域受到较大的限制，广告投放非常盲目，广告效果也难以评估。

随着互联网的飞速发展，振佳公司的经营决策者意识到互联网蕴藏着无限的商机，于是决定开始网络营销实践的尝试。通过分析振佳公司的需求，结合其自身的实际情况，振佳公司聘请的专家提出了"网络营销+传统媒体"的网络营销解决方案。

1．网站建设

网站营销的基础是建立一个符合企业形象、体现企业价值的网站。基于对振佳公司的产品特性、竞争环境、目标用户和营销目标的综合分析，专家为振佳公司明确了网站的定位：面向国内外经销商，以产品宣传为主的信息型站点；网站设计以产品为核心，网站内容特别是产品部分的内容必须详尽、实用；网站的结构和组成科学合理，避免给浏览者造成混乱或出现浏览上的困难；从网站应该能够分析出访问者的偏好及来源等。

2．网络营销

网站建设仅是网络营销的第一步。站点建成后，如何增加站点访问量，尤其让潜在的用户访问，是一个非常重要的课题。同时网站获得一定的访问量并不代表着高购买率。所以，一方面要通过技术手段进行网络营销；另一方面也要和传统的市场推广和广告宣传相结合，这样才能取得较好的整体效果。在技术手段的网络推广中，主要以国内外搜索引擎登记注册和大型贸易站点的登记注册为主，让国内外的经销商都能非常方便地搜索到并登录网站。同时通过网站跟踪统计系统掌握访问网站的客户的行动轨迹和活动规律，了解客户与网站的互动情况。最后再根据对客户访问行为的统计和分析情况，用客观的数据指导公司传统媒体的投放。

在 2001 年 10 月～2002 年 1 月份期间，网站跟踪统计系统显示，通过搜索引擎来自全球的访问者中以西欧和东南亚居多，且有较多数量的重复访问者。这表明在上述两地存在一定数量的潜在用户。为此，振佳公司在西欧和东南亚的专业媒体上投放了配套的广告。最终引起了德国一家专业运动器材经销公司的注意，并最终签订了价值 2000 万欧元的产品供销合同。同时两地还有不少经销商通过电子邮件和企业建立了长期业务联系。

振佳总经理翁先生深有体会地说："作为一家规模和实力有限的公司，企业营销策略一直是我们最难把握的。以前的广告投放浪费资源极大，而且效果并不明显。网络营销让我们真正地了解到客户情况，基本上做到了有的放矢，让我们尝到了互联网的甜头。"

请思考以下问题：

① 案例中的振佳公司使用了哪些营销方法？

② 网络营销给振佳公司带来了哪些好处？

③ 振佳公司成功的秘诀是什么？

【案例点评】传统广告和互联网相互结合、优势互补，可以促进企业传统业务的发展，可以使企业的电子商务走得稳健和踏实，更加有生命力。读者必须清醒地认识到网络营销的本质还是营销，在这点上网络营销和传统营销没有什么差异，传统营销的理论仍然适合网络营销。网络营销只是可以通过电子化的渠道来运用一些更方便、更具交互性的方式来突破传统营销在现实的营销活动中存在的一些难以逾越的障碍。对于传统营销而言，网络营销是一种创新和补充，并非一种否决。任何一个企业从传统营销走向网络营销的过程，实际上都是对自身传统营销方式进行重新审视与定位的过程。从学习的角度来看，传统市场营销理论仍然是学习网络营销的必备预备知识。

项目 2

认识网络营销环境

不管在什么环境下，任何营销活动都要受到各种环境因素的影响和制约。网络营销的市场环境与传统营销环境有着本质的不同，它既包括社会文化、技术水平、人口因素等宏观环境，也包括供应商、竞争者、营销中介以及顾客等微观环境。二者共同构成网络营销环境。

 学习提示

学习目标

- 知识目标：通过本项目的学习能够了解网络环境下宏观环境和微观环境的划分。理解网络环境下宏观环境和微观环境的特点。
- 能力目标：熟练运用互联网了解营销环境信息。
- 情感目标：通过网络消费者行为学研究自己和周围消费者的网络消费行为。

本项目重点

网络营销微观环境、网络消费者需求特点。

本项目难点

网络市场分析、网络竞争对手的研究。

网络营销环境内容示意图如图 2-1 所示。

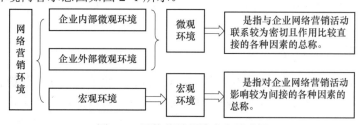

图 2-1　网络营销环境内容示意图

任务 1　认识网络营销宏观环境

宏观环境是指影响企业进行网络营销活动的宏观条件，包括一个国家或地区的政治、法律、经济、社会文化、风俗习惯、科学技术、自然环境、人口等因素。宏观环境对企业短期的利益可能影响不大，但对企业长期发展有深远影响。

任务要点

关 键 词：营销、营销环境。
理论要点：网络营销宏观环境要素。
实践要点：分析网络营销宏观环境。

任务情境

麦当劳是世界上最大的快餐连锁店，2009 年 10 月 31 日午夜，麦当劳在冰岛结束这一天营业的同时，也结束了在冰岛长达 16 年的营业史，全面退出了冰岛市场。麦当劳在冰岛的总经销商欧曼德森表示，麦当劳在冰岛的生意一直十分兴隆："每到就餐时间，汹涌的人潮是任何一个地方都没有的。"既然生意这样好，那又是什么原因使麦当劳选择了退出呢？谁也想不到的是，让麦当劳认输的，不是同行竞争，而是冰岛的洋葱。

在冰岛农业不发达，大部分农作物都来自德国，包括麦当劳许多食物里必不可少的原料——洋葱！然而，麦当劳决定在冰岛开设分店时，并没有对此做过仔细的调查，麦当劳总部想当然地认为，洋葱是一种随处可见的便宜蔬菜。到开张之后才发现，冰岛的洋葱简直贵得出奇，购进一个普通大小的洋葱，需要卖掉十几个巨无霸汉堡才够成本！麦当劳在冰岛的生意看上去红火，但利润是薄之又薄。金融风暴使冰岛克朗大幅贬值，进口食品税率提高，成本上升，更加大了麦当劳的经营难度。而购买一个普通的洋葱，要花掉购买一瓶上等威士忌的钱。

因为洋葱的高价，使麦当劳这个几乎所向披靡的全球快餐巨无霸，在冰岛低下头认了输！有人说这是因为冰岛不产洋葱所导致的，也有人说这是让金融危机给害的。但最为根本的原因，是麦当劳在决定开拓冰岛这片市场的时候，忽略了宏观环境对企业经营的影响。

在现今这个网络时代，网络营销对于像餐饮等这样的传统行业来说已经从原来的辅助型手段变成了关乎全局的战略，很多像麦当劳一样的企业进行变革是势在必行的。如果你是一家企业的市场部管理人员，老板要求你对网络营销宏观环境进行调查分析，你应该如何完成任务？

任务分析

由于网络营销宏观环境具体因素的变化对需求、购买决策、供应、营销竞争会产生不同程度的影响。因此，企业要达到网络营销的成功，对网络营销的环境分析是十分必要的。

任务实施

围绕任务情境描述，试着了解关于网络营销宏观环境的相关知识。网络营销宏观环境构成如图 2-2 所示。

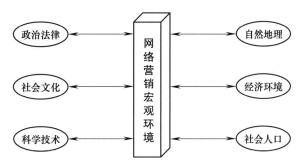

图 2-2　网络营销宏观环境构成图

步骤 1　了解网络营销宏观环境的定义及意义

　　宏观环境是指一个国家或地区的政治、法律、人口、经济、社会文化、科学技术等因素影响企业进行网络营销活动的宏观条件。宏观环境对企业短期的利益可能影响不大，但对企业长期的发展具有很大的影响。所以，企业一定要重视宏观环境的研究分析。

步骤 2　认识网络营销宏观环境要素

1．政治法律环境

（1）政治环境

政治环境包括国家政治局势、方针政策、国际关系等方面。在国家和国际政治体系中，相当一部分内容直接或间接地影响着经济和市场。所以，要进行认真的分析和研究。

政治局势直接影响国家和地区的贸易水平和商业发展。例如，最近伊拉克政府声称"未来不久伊拉克的经济增长将超过中国和印度"，这个言论遭到了几乎所有经济学者的质疑，而质疑的根本原因就是地区的政局不稳，限制了商品的流通。

（2）方针政策

方针政策包括进口限制、税收政策、价格管制、外汇管制、国有化政策等方面，每个方面都对全球化经济以及网络营销具有重要影响。如中国台湾放宽美国牛肉进口、奢侈品消费加收奢侈税、黄金实行国有化政策。

（3）法律环境

企业开展市场营销活动，必须了解并遵守国家或政府颁布的有关经营、贸易、投资等方面的法律、法规。如果从事国际营销活动，企业既要遵守本国的法律制度，还要了解和遵守市场国的法律制度和有关的国际法规、国际惯例和准则。

小链接 2-1

什么是《纲要》？

　　为推动网络营销的发展，中国政府在 2000 年 2 月颁布了《中国电子商务发展战略纲要》，此《纲要》成为了中国企业利用网际网络进行网络营销活动的指导性文件。《纲要》主要阐述了在全球信息化革命潮流中，中国企业应如何利用网络提高企业竞争力的问题。按此《纲要》，中国建立了营销认证中心、推出了管理办法，批准了一些网络营销的试点，从政策、资金和技术上对其加以扶持和推广。除此，还成立了专门机构并制定规则，负责解决网络交易的经济和商务纠纷、进行法律仲裁。

2．经济环境

经济环境是影响营销活动的主要因素，一般包括消费者收入、消费结构、政府支出、家庭支出等方面。而针对网络营销环境，应该从宏观角度分析全世界各国的经济发展阶段、宏观经济走势、消费者收入水平、居民消费倾向等经济环境对网络经济的影响。

经济全球化是社会发展的趋势，这种趋势突破了传统企业在本地组织生产、经营活动和在本地、本国寻求市场和资源的经营模式。在网络环境下，企业可以跨国、跨地区来组织各种生产、经营，在世界范围内规划自己的营销和发展战略。

宏观经济环境包括经济体制、经济增长、经济周期与发展阶段及经济政策体系，也包括国民的收入水平、市场价格水平、利率、汇率、税收等经济参数与政府调节取向，更具体的经济因素有居民收入来源、可自由支出收入所占比例及支出结构等方面。市场由有购买力的人口构成，而市场购买力受宏观经济环境的制约，是经济环境的具体体现，它取决于现有的收入、价格、储蓄及借贷情况。营销人员的各种营销活动都以经济环境为背景，能否适时地依据经济环境进行市场决策调整，是营销活动成败的关键。

现阶段的中国互联网，其普及程度是与当地的经济发展水平密切相关的，经济发展水平对大众是否选择互联网起到了相当重要的作用。网络营销不仅需要网民，还需要有强劲的购买力。在一定经济条件下所具有的购买力取决于收入、价格、储蓄、信贷等情况，企业必须特别注意收入与消费模式变化的主要趋势。

小案例 2-1

星巴克在中国

2016 年 2 月 18 日，媒体报道：星巴克计划未来五年在中国的店面将从 1900 家增加至 4400 家。

星巴克 1998 年进入台湾，1999 年进入北京，2000 年进入上海，目前星巴克已经成为了国内咖啡行业的第一品牌。

经济环境对任何类型的企业都有着重要的影响，星巴克咖啡在中国同样如此。近年来我国国民生产总值保持高速的增长，城镇居民人均可支配收入增长比例保持 10% 以上。国民经济的高速增长和居民收入的稳步提高，为星巴克在中国的发展提供了稳定的经济环境，有益于星巴克咖啡在中国进行稳步的市场开拓。此外，从消费结构来分析，我国居民的消费日渐趋于多样化。随着居民收入的增加，生活饮品从过去的茶、白开水到矿泉水，再到今天的各种饮料和流行的咖啡。高收入人群的生活品位逐渐提高，对星巴克咖啡的需求越来越多，对星巴克咖啡在中国的市场扩大越来越有好处。

3．人文与社会环境

企业存在于一定的社会环境中，同时企业又是社会成员所组成的一个小的社会团体，不可避免地受到社会环境的影响和制约。人文与社会环境所蕴含的因素主要有社会阶层、家庭结构、风俗习惯、宗教信仰、价值观念、消费习俗、审美观念等方面。具体差异性主要体现在以下几个方面：

（1）教育水平

受教育程度的高低，影响到消费者对商品功能、款式、包装和服务要求的差异性。通常文化教育水平高的国家或地区的消费者要求商品包装典雅华贵、对附加功能也有一定的要求。因此企业营销开展的市场开发、产品定价和促销等活动都要考虑到消费者所受教育程度的高低，采取不同的策略。例如，在文盲率高的地区，用文字形式做广告，难以收到好效果，而用电视、广播和当场示范表演形式，才容易被人们所接受。

（2）价值观念

价值观念是指人们对社会生活中各种事物的态度和看法。不同文化背景下，人们的价值观念往往有着很大的差异，消费者对商品的色彩、标识、样式以及促销方式都有自己褒贬不同的意见和态度。企业营销必须根据消费者不同的价值观念设计产品，提供服务。例如，东方人将群体、团结放在首位，所以广告宣传往往突出人们对产品的共性认识；而西方人则注重个体和个人的创造精神，所以其产品包装装潢也显示出醒目或标新立异的特点。

（3）宗教信仰

宗教是构成社会文化的重要因素，宗教对人们消费需求和购买行为的影响很大。不同的宗教有自己独特的对节日礼仪、商品使用的要求和禁忌。为此，企业可以把影响大的宗教组织作为自己的重要公共关系对象，在营销活动中也要注意到不同的宗教信仰，以避免由于矛盾和冲突给企业营销活动带来损失。

小案例 2-2

文化差异带来的商机

日本精工公司曾经推出过一种"穆斯林"手表，这种手表除了在设计上比较新颖、构思巧妙外，还能把世界上 114 个城市的当地时间自动转换成圣地"麦加"的时间，并且每天定时鸣响五次，提醒穆斯林按时祈祷。因此，这种手表在阿拉伯国家的消费者中非常受欢迎。

（4）风俗习惯

消费习俗是指人们在长期经济与社会活动中所形成的一种消费方式与习惯。不同的消费习俗，具有不同的商品要求。研究消费习俗，不但有利于组织好消费用品的生产与销售，而且有利于正确、主动地引导健康的消费。了解目标市场消费者的禁忌、习惯、避讳等是企业进行市场营销的重要前提。例如，不同的国家、民族对图案、颜色、数字、动植物等都有不同的喜好和不同的使用习惯。

小案例 2-3

颜色与营销

在香港，小贩经常将白色的鸡蛋浸到茶水中使其变成红棕色，因为亚洲的绝大部分地区、白色代表着死亡、丧事，必须回避。因而，罗德艾兰州的红色母鸡所产的新英格兰棕色鸡蛋在香港市场上就具有这种先天优势。

而联合航空公司却忽视了这种颜色在不同地区不同的风俗习惯，在取得泛美太平洋航线后制定了一个危险的新规矩：要求泛美太平洋航班的乘务人员给每一位乘客送一朵白色的康乃馨，引起了乘客的极度反感，给企业造成的后果是灾难性的。

4. 科技与教育水平

科学技术对经济社会发展的作用日益显著，科技的基础是教育，因此，科技与教育是客观环境的基本组成部分。在当今世界，企业环境的变化与科学技术的发展有非常大的关系，特别是在网络营销时代，两者之间的联系更为密切。在信息等高新技术产业中，教育水平的差异是影响需求和用户规模的重要因素，这也被提到企业营销分析的议程上来。

（1）科技环境对企业营销的影响

① 科技的发展直接影响企业的经济活动。

② 科技的发展和应用影响企业的营销决策。

③ 科技的发明和应用，可以造就一些新的行业、新的市场，同时又使一些旧的行业与市场走向衰落。

④ 科技的发展，使得产品更新换代速度加快，产品周期缩短。

⑤ 科技的进步，使得生活方式、消费模式和消费需求结构发生深刻的变化。

⑥ 科技的发展为提高营销效率提供了更新更好的物质条件。

小案例 2-4

不用洗衣粉的洗衣机

由海尔集团自主研发的首台真正不用洗衣粉的"环保双动力"洗衣机，以其高质量、优越性和低污染排放、保护生态环境、不损害人体健康的特点，在家电行业首家通过中国环境保护产业协会《绿色之星》产品验证，获得了中国环境保护专用标识使用权，并被授予了"绿色之星"产品称号。

该款洗衣机洗净比达到 0.875，比使用洗衣粉的洗衣机还提高 25%。同时还具有杀菌作用，不仅可杀灭衣物上的细菌，更重要的是对洗衣机内由于潮湿滋生的细菌有杀灭作用，这是普通洗衣机无法比拟的。因为不用洗衣粉，该款洗衣机洗后的衣物无洗衣粉残留，健康护肤，尤其适合宝宝的衣物洗涤，让妈妈更省心、放心。由于集合了众多优点于一身，该款洗衣机上市后，受到了消费者的极大青睐，业内人士和环保专家认为该产品非常具有推广价值。

（2）Internet 对营销的影响

Internet 作为跨时空传输的"超导体"媒体，能够克服营销过程中时空的限制，可以为市场中所有顾客提供及时的服务，同时通过 Internet 的交互性可以了解不同市场顾客的特定需求并针对性地提供服务。因此，Internet 可以说是营销中满足消费者需求最具魅力的营销工具之一，运用形式也日趋多样化。

① 电子邮件（E-mail）。电子邮件是用户或用户组之间通过计算机网络进行联系的快捷、简便、高效、廉价的现代化通信手段。发送方可以通过 Internet 将电子邮件在短短几秒时间内发送到世界各地接收方服务器上，可以传送文字、图像、声音、视频等多媒体信息，是人们使用 Internet 进行信息传递的主要途径。

② WWW 服务。WWW 服务称为万维网服务，又称 Web 服务，是目前 Internet 上最流行和最受欢迎的信息服务项目。它把分布于全球 Internet 上的各种类型的信息有机地联系起来，通过浏览器软件提供一种友好的、统一的信息浏览界面。

③ 文件传输（FTP）。文件传输是指用户通过访问服务器实现文件的异地读取，不受地理位置、连接方式及操作系统的约束。

④ 远程登录（Telnet）。远程登录是指用户连接到远程另一台计算机上，能在自己的本机上操作和使用远程计算机，获取自己所需的信息资源。

⑤ 电子公告栏（BBS）。BBS 类似于现实生活中的公告栏，允许每个人阅读其中的内容、其他网友发布的信息，也可发表自己的见解和主张。

另外还有 Gopher 信息查询服务、Archie 信息查询服务、网络新闻组服务等。

5. 自然环境

自然环境是指能够影响社会生产过程的自然因素，包括自然资源、企业所处地理位置、生态环境等。在科技进步、社会生产力提高的过程中，自然环境对经济和市场的影响总体上趋于下降，但自然环境制约经济和市场状况的内容、形式则不断变化。自然环境中最重要的内容是国家、地区自然资源的多寡和优劣、自然资源的可再生与不可再生的比例，在市场上会充分反映出来。自然环境还包括地形地貌和气候，也会影响生产、消费。此外，由于人类活动在很大程度上破坏了良好的自然环境，保护、恢复自然和生态环境，既会产生市场机会，也会带来环境制约。我国幅员辽阔，物产丰富，地区间的自然环境差异比较大。网络营销和电子商务的出现，在很大程度上改变了供应链下游，即顾客消费的发生模式，只要能够连接上互联网就可以"寻购天下物"，减少了对自然环境的依赖，同时也减少了生产厂家和商家不必要的中转成本。

小案例 2-5

冰 雪 旅 馆

位于北极圈内仅有 540 人的瑞典小镇尤卡斯耶尔维，冬天最低温度为-40℃，这个生活资源极度缺乏的地区不缺的只有雪、冰、冻、暗。如果问："那有什么可卖的？"答案就是：雪、冰、冻、暗。敢想敢为的瑞典人贝里奎斯传说了一句让人大跌眼镜的话："太好了，我们来盖间旅馆，用冰来盖，好让人们体验……冰。"结果，根据这一大胆设想建造的冰雪旅馆成了世界著名的景点，人们花大把的钱在冰冷的房间住上一两晚，喝着手雕冰杯中的热饮。

实际上，因为天气原因，"冰雪旅馆"在 5 月份因气温回升而融化成水流入河中，每年只存在 6 个月的时间，但这种短暂存在的独特体验使其具备了不一般的消费价值。除遍地冰雪外一无所有的尤卡斯耶尔维人，将自然环境的劣势化为优势，用冰雪盖出独一无二的冰雪旅馆，吸引络绎不绝的观光客，创造了世界旅游业的奇迹。

6. 人口环境

人口环境是指人口的数量、分布、年龄和性别结构等情况。人口环境既是企业生产经营活动必要的人力资源条件，又是企业的产品和劳务的市场条件，因而是企业生产经营的重要外部环境。人是企业营销活动的直接和最终对象，市场是由消费者来构成的，所以在其他条件固定或相同的情况下，人口的规模决定着市场容量和潜力，人口结构影响着消费结构和产品构成，人口组成的家庭、家庭类型及其变化，对消费品市场有明显的影响。

人口环境的分析内容主要包括以下几个方面：

1）人口数量。在收入水平和购买力大体相同的条件下，人口数量的多少直接决定了市场规模和市场发展的空间，人口数量与市场规模成正比。

2）人口结构。人口结构包括人口的年龄结构、教育结构、家庭结构、收入结构、职业结构、性别结构、阶层结构和民族结构等多种因素。其中，人口的年龄结构最主要，直接关系到各类商品的市场需求量，以及企业目标市场的选择。各国人口的年龄结构各不相同。我国早些年份的人口年龄结构为金字塔形，意味着比较年轻的人口结构。人口受教育程度不同，对市场也会产生一定的影响。如，对于受教育程度低的人口，广告就得突出公司形象而不是产品；对于受教育程度高的人口，接触广告媒体更多的会是文字、互联网。

小案例2-6

中国人口结构恶化

　　国家统计局发布的数据显示，2015年中国总人口超过13.6亿，其中60周岁以上老龄人口超过2.1亿，占总人口的15.5%，65周岁及以上人口13 755万人，占总人口的10.1%。这两项指标都超过了国际上公认的人口老龄化的"红线"。

　　老龄化的人口结构拖累了经济发展速度。根据专家的研究，一个国家的人口结构老龄化，将会对社会创新和大众创业带来负面影响。经济缺乏足够的年轻人引领创新，由此导致经济衰退。

　　3）人口分布。人口分布可以从人口的城乡分布与地域分布两方面考察。从城乡人口分布看中国城镇特别是大中城市人口少、密度大、消费需求水平高；乡村人口多、密度小、消费需求水平低。但随着社会经济与文化的发展，城乡差距将日趋缩小，乡村市场蕴含着巨大的发展潜力，许多在城市已饱和的商品市场，在乡村尚属空白，企业开拓乡村市场将大有可为。从区域人口分布看，中国东部沿海地区经济发达，人口密度大，消费水平高；中西部地区经济相对落后，人口密度小，消费水平低。随着我国西部大开发战略的实施，必然推动西部地区的经济发展，刺激西部市场需求大幅度的提高，从而大大拓展了企业发展的空间。

　　4）家庭组成。现代家庭是社会的细胞，也是商品的主要采购单位。一个国家或地区的家庭单位和家庭平均成员的多少，以及家庭组成状况等因素，直接影响着许多消费品的需求量。

　　5）教育与职业。由于受教育机会的增加，我国经济较发达的地区均已普及九年制义务教育，每年高等教育的招生人数正在不断增加，因此青年一代的文化需求和对消费品中的知识含量要求远远超过了老一代消费者。作为公司职员代名词的"白领"，在城市也已形成一种消费群体，他们成为我国消费市场上开风气之先的特殊人群。市场上，各种商品和服务的职业特征越来越明显。

触类旁通

网络营销环境需要考虑评估的宏观因素

　　1）宏观经济：在个人收入、物价水平、储蓄和信贷等方面有哪些主要发展变化将会影响公司？对此，公司应采取哪些行动？

　　2）人口统计：人口环境的变化和发展趋势会为公司带来什么样的机会和挑战？为适应这些变化和趋势，公司应采取哪些行动？

　　3）生态环境：公司所需的那些自然资源或能源的成本和前景如何？来自防止污染和环境保护方面的压力是否会对公司造成影响？怎样的影响？公司如何应对这些问题？

　　4）技术：在产品技术方面存在哪些主要变化？在加工技术方面又如何？公司在这些领域里的地位如何？是否有新技术出现？

　　5）法律法规：有哪些法律和法规会对公司营销战略和营销策略的执行造成影响？公司应如何调整自身的战略和战术以适应这些法律或法规？

　　6）文化背景：公众对公司生产的产品持何态度？公众的生活方式和价值观念发生了哪

些与公司有关的变化？

7）市场：在市场规模、成本率、区域分销和赢利方面有哪些变化？有哪些主要的细分市场？

任务 2 认识网络营销微观环境

任务要点

关 键 词：网络营销微观环境。
理论要点：网络微观环境的分析要素。
实践要点：网络市场分析。

任务情境

营销环境是一个综合的概念，由多方面因素组成。环境的变化是绝对的，永恒的。虽然对营销主体而言，环境及环境因素是不可控制的，但它还是具有一定的规律可循。人们可以通过营销环境的分析对其发展趋势和变化进行预测和事先判断。在上一任务中已经学习了网络营销宏观环境分析的相关知识，在本任务中显然要对网络营销的微观环境进行深入细致的分析，这样才能更好地了解企业的生存环境和竞争对手。

任务分析

企业的营销管理者不仅要注视目标市场的要求，而且要了解企业网络营销活动的所有微观环境因素。微观环境是指与企业网络营销活动直接发生关系的组织和行为者，是企业营销活动直接相关的外部因素。

要想成为一名合格的网络营销人员，除了要掌握网络营销本身的基本技能之外还要能够了解分析营销活动自身所处的环境，尤其是直接影响因素。

任务实施

步骤 1 了解网络营销微观环境的含义

网络营销微观环境包括企业供应商、竞争者、营销中介、顾客等因素。网络营销微观环境构成如图 2-3 所示。每个企业的营销目标都是在赢利的前提下为目标消费者服务，满足目标市场的特定需求。要实现这个任务，企业必须把自己与供货商和营销中间商联系起来，以便接近目标消费者。供应商—— 企业—— 营销中介—— 顾客，形成企业的基本营销系统和供应链。此外，企业营销目标的实现还要受竞争者因素的影响。

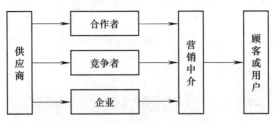

图 2-3 网络营销微观环境构成图

步骤 2 认识网络营销微观环境因素

1. 供应商

企业的营销产品或提供的服务,需要若干供应厂商协助完成。供应商提供产品或原材料和某些服务,企业与供应商之间既有合作又有竞争。这种关系既受宏观环境影响,又制约企业的营销活动。在网络经济的情况下,为了适应网络营销的要求,企业与供应商的关系表现出一些变化:1)企业对供应商的依赖性增强;2)企业与供应商的合作性增强。由于供应商对企业的营销实务有着实质性的影响,所以企业一定要注意与供应者搞好关系。

供应商很多,那如何选择符合要求的供应商呢?主要从 3 个方面考虑:1)供货的稳定性和及时性;2)供货的价格变动情况;3)供应商的供货质量水平。此外,企业还必须充分考查供应商的资信状况,保持自己的供应商多样化。目前,中国供应商(https://cn.china.cn/)是基于我国经济建设趋势和企业发展需求,由中国互联网新闻中心推出的 B2B 网络贸易平台,一直致力于追求"推进诚信贸易,创建国际品牌"的目标,是值得中国人信赖的供应商品牌网站,该网站主页如图 2-4 所示。

图 2-4 中国供应商网站主页示意图

2. 营销中介

营销中介是协调企业促销和分销其产品给最终购买者的企业。主要包括商人,即销售商品的企业;中间商,如批发商和零售商;代理中间商(经纪人);服务商,如运输企业、仓库、金融机构等;市场营销机构,如产品代理商、市场营销咨询企业等。由于网络技术的运用,给传统经济体系带来巨大的冲击,流通领域的经济行为产生了分化和重构。消费者可以通过网络购物和在线销售自由地选购自己需要的商品，生产者、批发商、零售商和中间商都可以建立自己的网站并营销商品。所以一部分商品不再按原来的产业和行业分工进行，也不再遵循传统的商品购进、储存、运销业务的流程运转。

营销中介主要有以下几种：

（1）中间商

中间商是协助企业寻找顾客或直接与顾客交易的商业性企业。

（2）实体分配公司

实体分配公司主要是指储运公司，它是协助厂商储存货物并把货物从产地运送到目的地的专业企业。

（3）营销服务机构

营销服务机构主要有营销调研公司、广告公司、传播媒介公司和营销咨询公司等。

（4）财务中间机构

财务中间机构包括银行、信用公司、保险公司和其他协助融资或保障货物的购买与销售风险的公司。

3．竞争者分析

在社会分工存在的情况下，同一产品、服务拥有一定数量的供应者，满足同一消费需求。满足同一消费需求，一般存在若干属性相同、略有差别的产品和服务，因此营销企业在市场上面临着竞争。只要存在着商品生产和商品交换，就必然存在着竞争。企业在开展网络营销的过程中，不可避免地遇到业务与自己相同或相近的竞争对手。掌握竞争对手的各种信息，研究对手，知己知彼，取长补短，是克敌制胜的好方法。

应如何研究竞争对手呢？

1）站在顾客的角度浏览竞争对手网站的所有信息，研究其能否抓住顾客的心理，给浏览者留下好感。

2）研究其网站的设计方式，体会它如何运用屏幕的有限空间展示企业的形象和业务信息。

3）注意网站设计细节。

4）弄清其开展业务的地理区域。

5）记录其传输速度特别是图形下载的时间，因为速度是网站能否留住客户的关键因素。

6）查看在其站点上是否有别人的图形广告，以此来判断该企业在行业中与其他企业的合作关系。

7）对竞争对手的整体实力进行考察。

8）考察竞争对手是开展网上营销需要做的工作，而定期监测对手的动态变化则是一个长期性的任务。

小**案例 2-7**

森 林 遇 险

两个人在森林里，突然一只猛虎呼啸而来。甲赶紧从包里取下一双更轻便的运动鞋换上，乙见状，急忙吼道"赶快想法子逃命啊，你以为换上运动鞋就可以跑得过老虎啊？"甲说："我只要跑得比你快就有希望了！"

4. 顾客分析

世界人口的增长导致网民数量增长对网络营销有很大的影响。网民数目的增长意味着网络市场潜在需求的增长、网络市场的扩大，所以网络营销部门对网络人口的变化趋势应该密切关注。

网络顾客市场包括网络消费者市场（B to C）、网络生产者市场（B to B）、网络政府集团市场（B to G）及网络国际市场等。网络顾客的特点差异明显，企业要对此进行仔细的研究，建立起忠诚的顾客群。

顾客（或用户）是企业产品销售的市场，是企业直接或最终的营销对象，是企业最重要的环境因素。企业的一切营销活动都是以满足顾客的需要为中心的，顾客是企业服务的对象，也就是企业的目标市场。顾客可以从不同角度以不同的标准进行划分。

小链接 2-2

竞争对手的类型

1）品牌竞争者。是指能满足消费者某种需求的同种产品的不同品牌间的竞争者。当其他企业以相似的价格向相同的顾客提供类似产品与服务时，企业将其视为竞争者。

2）产品形式竞争者。指满足消费者某种愿望的同类商品在质量、价格上的竞争者。企业可以更广泛地把所有制造和提供相同产品、服务的企业都作为竞争者。

3）行业竞争者。企业可把制造同样或同类产品的企业都广义地视作竞争者。

4）通常竞争者。指以不同的方法满足消费者同一需要的竞争者。企业还可以更广泛地把所有争取同一消费群的人都看作竞争者。

小链接 2-3

顾客市场的种类

1）生产者市场，即为赚取利润或达到其他目的而购买商品和服务来生产其他产品和服务的市场。

2）消费者市场，即为满足个人或家庭需要而购买商品和服务的市场。

3）中间商市场，即为获取利润而购买商品和服务并加以转售的市场。

4）政府集团市场，即为提供公共服务或将商品与服务转给需要的人的政府和非营利机构。

5）国际市场，即为国外买主，包括国外的消费者、生产者、中间商和政府等。

触类旁通

网络消费行为学

网上市场是一个虚拟市场，它是由一群上网的人组成的，也被看成是一个不同分块的市场的集合。经过十年快速的发展，中国互联网已经形成规模，互联网应用走向多元化。在当今顾客至上的经营理念占主导地位的条件下，谁掌握了消费者的心理，谁就可能在竞争中取胜，取得主导地位。

1．网络消费者的行为特征及变化

由于互联网商务的出现，消费观念、消费方式和消费者的地位正在发生着重要的变化，互联网的迅速发展促进了消费者主权地位的提高。网络营销系统巨大的信息处理能力，为消费者提供了前所未有挑选商品的空间，使消费者的购买行为更加理性化。

（1）网络消费者的行为特征

网络用户是网络营销的主要个体消费者，他们的购买行为决定了网络营销的发展趋势，要做好网络市场营销工作，就必须对网络消费者的群体行为特征进行分析，以便采取相应的对策。网络消费需求主要有以下 7 个方面的特点：

1）个性化的消费需求。在近代，由于工业化和标准化生产方式的发展，使消费者的个性被淹没于大量低成本、单一化的产品洪流之中。随着 21 世纪的到来，这个世界变成了一个计算机网络交织的世界，消费品市场变得越来越丰富，消费者产品选择的范围全球化、产品的设计多样化，消费者开始制定自己的消费准则，整个市场营销又回到了个性化的基础之上。没有一个消费者的消费心理是一样的，每一个消费者都是一个细小的消费市场，个性化消费成为消费的主流。

2）消费者需求的差异性。不仅是消费者的个性消费使网络消费需求呈现出差异性。对于不同的网络消费者因其所处的时代环境不同，也会产生不同的需求，不同的网络消费者，即便在同一需求层次上，他们的需求也会有所不同。因为网络消费者来自世界各地，有不同的国别、民族、信仰和生活习惯，因而会产生明显的需求差异性。所以，从事网络营销的厂商，要想取得成功，就必须在整个生产过程中，从产品的构思、设计、制造，到产品的包装、运输、销售，认真思考这些差异性，并针对不同消费者的特点，采取相应的措施和方法。

3）消费的主动性增强。在社会化分工日益细化和专业化的趋势下，消费者对消费的风险感随着选择的增多而上升。在许多大额或高档的消费中，消费者往往会主动通过各种可能的渠道获取与商品有关的信息并进行分析和比较。或许这种分析、比较不是很充分和合理，但消费者能从中得到心理平衡以减轻风险感或减少购买后产生的后悔感，增加对产品的信任程度和心理上的满足感。消费主动性的增强来源于现代社会不确定性的增加和人类需求心理稳定和平衡的欲望。

4）消费者与厂家、商家的互动意识增强。传统的商业流通渠道由生产者、商业机构和消费者组成，其中商业机构起着重要的作用，因为生产者不能直接了解市场，消费者也不能直接向生产者表达自己的消费需求。而在网络环境下，消费者能直接参与到生产和流通中来，与生产者直接进行沟通，减少了市场的不确定性。

5）追求方便的消费过程。网上购物，除了能够完成实际的购物需求以外，消费者在购买商品的同时，还能得到许多信息，并得到在各种传统商店没有的乐趣。今天，人们对现实消费过程出现了两种追求的趋势：一部分工作压力较大、紧张程度高的消费者以方便性购买为目标，他们追求的是时间和劳动成本的尽量节省；而另一部分消费者，是由于劳动生产率的提高，自由支配时间增多，他们希望通过消费来寻找生活的乐趣。今后，这两种相反的消费心理将会在较长的时间内并存。

6）消费者选择商品的理性化。网络营销系统巨大的信息处理能力，为消费者挑选商品提供了前所未有的选择空间，消费者会利用在网上得到的信息对商品进行反复比较，以决定是否购买。对企事业单位的采购人员来说，可利用预先设计好的计算程序，迅速比较进货价格、运输费用、优惠、折扣、时间效率等综合指标，最终选择有利的进货渠道和途径。

7）价格仍是影响消费心理的重要因素。从消费的角度来说，价格不是决定消费者是否购买的唯一因素，但却是消费者购买商品时肯定要考虑的因素。网上购物之所以具有生命力，重要的原因之一是因为网上销售的商品价格普遍低廉。尽管经营者都倾向于以各种差别化来减弱消费者对价格的敏感度，避免恶性竞争，但价格始终对消费者的心理产生重要的影响。因为消费者可以通过网络联合起来向厂商讨价还价，产品的定价逐步由企业定价转变为消费者引导定价。

（2）网络经济时代消费行为的变化

网络经济时代的最大特征是买方市场，互联网强大的通信能力和网络商贸系统便利的交易环境，改变了消费者的消费行为，企业营销也必须跟上时代发展的步伐。网络时代消费行为的变化可以概括为以下几个方面：

1）消费产品个性化。由于社会消费品极为丰富，人们收入水平不断提高，这些因素进一步拓宽了消费者的选择余地，并使产品的个性化消费成为可能。消费者购买产品也不再仅是满足其物质需要，而且还要满足其心理需要，这一全新的消费观念影响之下的个性化消费方式正在逐渐成为消费的主流。网络营销必须面对这一市场环境，对市场实行细分，直至极限。

2）消费过程主动化。在网络营销中，消费者消费主动性的增强来源于现代社会不确定性的增加和人类追求心理稳定和平衡的欲望。这种消费过程主动性的特点，对网络营销产生了巨大的影响，它要求企业必须迎合消费者的这种需求，对顾客不再"填鸭式"的宣传，而是通过和风细雨式的影响，让顾客在比较中做出选择。

3）消费行为理性化。在网络环境下，消费者可以很理性地选择自己的消费方式，这种理性消费方式主要表现在：①理智的选择价格。②大范围地选择比较。即通过"货比千家"，精心挑选自己所需要的商品。③主动地表达对产品及服务的欲望。即消费者不再被动地接受厂家或商家提供的商品或服务，而是根据自己的需要主动上网去寻找适合的产品。即使找不到也会通过网络系统向厂家或商家主动表达自己对某种产品的欲望和要求。

4）购买方式多样化。网络使人们的消费心理稳定性减少，转换速度加快，这直接表现为消费品更新换代的速度加快。这种情况，反过来又使消费者求新、求变的需求欲望进一步加强，同时，由于在网上购物更加方便，因此人们在满足购物需要的同时，又希望能满足购物的种种乐趣。这两种心理使购买方式变得多样化，这种多样化的购买方式又直接影响了网络营销。

2．网络消费者的购买动机

网络消费者的购买动机，是指在网络购买活动中，能使网络消费者产生购买行为的某些内在的动力。只有了解消费者的购买动机，才能预测消费者的购买行为，以便采取相应的促销措施。由于网络促销是一种不见面的销售，消费者的购买行为不能直接观察到，因此对网络消费者购买动机的研究，就显得尤为重要。网络消费者的购买动机基本上可以分为两大类：需求动机和心理动机。

（1）需求动机

网络消费者的需求动机是指由需求而引起的购买动机。要研究消费者的购买行为，首先必须要研究网络消费者的需求动机。美国著名的心理学家马斯洛把人的需要划分为5个层次，即生理的需要、安全的需要、社会的需要、尊重的需要和自我实现的需要。需求理论对网络需求层次的分析，具有重要的指导作用。而网络技术的发展，使现在的市场变成了网络虚拟市场，但虚拟社会与现实社会毕竟有很大的差别，所以在虚拟社会中人们希望满足以下 3 个方面的基本需要：

1）兴趣需要。即人们出于好奇和能获得成功的满足感而对网络活动产生兴趣。

2）聚集。通过网络给相似经历的人提供了一个聚集的机会。

3）交流。网络消费者可聚集在一起互相交流买卖的信息和经验。

（2）心理动机

心理动机是由于人们的认识、感情、意志等心理过程而引起的购买动机。网络消费者购买行为的心理动机主要体现在理智动机、感情动机和惠顾动机 3 个方面。

1）理智动机。理智动机具有客观性、周密性和控制性的特点。这种购买动机是消费者在反复比较各种在线商场的商品后才产生的。因此，这种购买动机比较理智、客观而很少受外界气氛的影响。这种购买动机的产生主要用于耐用消费品或价值较高的高档商品的购买。

2）感情动机。感情动机是由人们的情绪和感情所引起的购买动机。这种动机可分为两种类型：一是由于人们喜欢、满意、快乐、好奇而引起的购买动机，它具有冲动性、不稳定的特点。另一种是由于人们的道德感、美感、群体感而引起的购买动机，它具有稳定性和深刻性的特点。

3）惠顾动机。惠顾动机是建立在理智经验和感情之上，对特定的网站、国际广告、商品生产特殊的信任与偏好而重复、习惯性地前往访问并购买的一种动机。由惠顾动机产生的购买行为，一般是网络消费者在做出购买决策时心目中已首先确定了购买目标，并在购买时克服和排除其他同类产品的吸引和干扰，按原计划确定的购买目标实施购买行动。具有惠顾动机的网络消费者，往往是某一站点忠实的浏览者。

 项目小结

本项目把营销环境分为两大类，宏观环境和微观环境。宏观环境有时也称为外部环境或组织环境，即间接影响企业营销活动不可控制的社会力量，包括：政治、经济、技术、社会文化及自然地理、人口等多方面因素；微观环境即指与企业紧密相连，直接影响其营销能力的各种参与者，包括企业的供应商、营销的中间商、消费者（主要是研究营销环境下消费者的心理、购买行为和满意程度，其中的消费者、竞争者和公司（企业）可以统称为网络营销面对的微观环境）、竞争者（对企业竞争对手的研究是知彼知己，百战不殆。主要是研究竞争对手的策略和动向及社会公众）和影响企业营销管理决策的企业内部各部门。微观环境直接影响和制约企业的营销活动，宏观环境则通过各种微观环境的媒介，间接影响和制约企业的营销活动。

 项目综合训练

一、单项选择题

1. 与企业紧密相连，直接影响企业营销能力的各种参与者，被称为（　　　　）。

　　A．营销环境　　　　B．宏观营销环境　　C．微观营销环境　　　D．营销组合

2. （　　）是向企业及其竞争者提供生产经营所需资源的企业或个人。

　　　A. 供应商　　　　　B. 中间商　　　　　C. 广告商　　　　　D. 经销商

3. 网络营销环境包括（　　）。

　　　A. 人口环境和经济环境　　　　　　B. 自然环境和文化环境

　　　C. 微观环境和宏观环境　　　　　　D. 政治环境和法律环境

4. 网络营销微观环境包括营销中介企业、顾客、竞争者、社会公众和（　　）。

　　　A. 企业本身　　　　　　　　　　　B. 国外消费者

　　　C. 人口　　　　　　　　　　　　　D. 社会文化

5. 企业经过努力可以程度不同地加以影响和控制的是（　　）。

　　　A. 宏观环境因素　　　　　　　　　B. 微观环境因素

　　　C. 宏观环境中的一些因素　　　　　D. 微观环境中的一些因素

6. （　　）主要指一个国家或地区的民族特征、价值观念、生活方式、风俗习惯、宗教信仰、伦理道德、教育水平和语言文字等的总和。

　　　A. 社会文化　　　　　B. 政治法律　　　　　C. 科学技术　　　　　D. 自然资源

7. 企业的营销活动不可能脱离周围环境而孤立地进行，企业营销活动要主动地去（　　）。

　　　A. 控制环境　　　　　B. 征服环境　　　　　C. 改造环境　　　　　D. 适应环境

8. 影响消费需求变化最活跃的因素是（　　）。

　　　A. 个人可支配收入　　　　　　　　B. 可任意支配收入

　　　C. 个人收入　　　　　　　　　　　D. 人均国内生产总值

9. 代理中间商属于市场营销环境的（　　）因素。

　　　A. 内部环境　　　　　　　　　　　B. 竞争

　　　C. 市场营销渠道企业　　　　　　　D. 公众环境

10. 消费习俗属于（　　）因素。

　　　A. 人口环境　　　　　B. 经济环境　　　　　C. 文化环境　　　　　D. 地理环境

二、多项选择题

1. 人口环境主要包括（　　）。

　　　A. 人口总量　　　　　　　　　　　B. 人口的年龄结构

　　　C. 地理分布　　　　　　　　　　　D. 家庭组成

　　　E. 人口性别

2. 以下属于宏观营销环境有（　　）。

　　　A. 公众　　　　　　　　　　　　　B. 人口环境

　　　C. 经济环境　　　　　　　　　　　D. 营销渠道企业

　　　E. 政治法律环境

3. 下列属于市场营销微观环境的是（　　）。

　　　A. 辅助商　　　　B. 政府公众　　　　C. 人口环境　　　　D. 消费者收入

　　　E. 国际市场

4. 营销中间商包括（　　）。

　　　A. 中间商　　　　　　　　　　　　B. 物流公司

C. 营销服务机构 D. 财务中介机构
E. 供应商

三、判断题

1. 企业的市场营销环境包括宏观环境和微观环境。 （ ）
2. 宏观环境以微观环境为媒介去影响和制约企业的营销活动，不会对企业的营销活动产生直接影响。 （ ）
3. 企业可以按自身的要求和意愿随意改变市场营销环境。 （ ）
4. 宏观环境是企业可控制的因素。 （ ）
5. 分析市场营销环境的目的是为了抓住机会，避免威胁。 （ ）
6. 企业只需做好经营管理，无须了解和熟悉有关企业营销活动的法令法规。 （ ）
7. 消费者的购买力来自消费者的收入。 （ ）
8. 同一个国家不同地区企业之间营销环境基本上是一样的。 （ ）
9. 在经济全球化的条件下，国际经济形势也是企业营销活动的重要影响因素。 （ ）

四、简答题

1. 网络营销宏观环境包括哪些因素。
2. 网络营销微观环境包括哪些因素。
3. 企业在进行经济环境分析时，主要考虑哪些经济因素。
4. 分析市场营销环境对市场营销活动的意义。

五、案例分析

网上零售商 Bluefly 成功之道

Bluefly（http://www.bluefly.com/）位于纽约时尚中心的蓝飞公司，是一家专门销售打折名牌服饰、包和其他时尚用品的大型网站。顶尖时尚的设计，优惠的价格。不定期的优惠活动，青年一族的收藏最爱。

号称"使您足不出户的商店"网上零售商 Bluefly，由于准确把握了目标市场的购买动机和习惯，Bluefly 的网站设计非常合理。虚拟的陈列货架导航简便，商品琳琅满目，使访问者浏览极为方便。除了一般的浏览者外，还有一些顾客只专注某些特定的产品或品牌。Bluefly 为他们设计了一个预定登记系统，在特定产品到货时以电子邮件的形式通知顾客。

Bluefly 充分利用了互联网的优势，它在确定顾客对象时没有依赖入口统计信息和过去的购物记录，而是通过预定登记直接掌握了顾客的需要。

当网友偶然逛到 Bluefly 网站，会发现这个网站的浏览过程很流畅，商品也非常多样化。然而，如何找到自己需要的东西？Bluefly 为初次到访的新朋友提供了一种贴心服务，依照不同的品位提供特别的品牌和产品，让网友选择相应的项目并留下电子邮件地址，当他们感兴趣的商品来了之后，就可以立即通知。

因此，Bluefly 站点相比较传统的"商品手册"式站点有显著的变革与提高。不会出现某个商品链接某个 IP 点击次数很多却仍然不对这个客户进行优惠等一系列促销活动。这对建立网站客户的忠诚度是非常有帮助的。

请思考以下问题：

① 结合所学内容，思考作为 Bluefly 公司如果想更好地进行营销活动，必须考虑哪些网

络营销环境因素?

② Bluefly 公司成功的秘诀是什么?

③ Bluefly 网站不依赖统计数字或以往的消费行为分析来决定营销策略,试分析这种做法的优缺点。

【案例点评】网络营销环境是一个综合的概念,由多方面的因素组成。环境的变化是绝对的、永恒的。随着社会的发展、特别是网络技术在营销中的运用,使环境更加变化多端。虽然对营销主体而言,环境及环境因素是不可控制的,但它也有一定的规律性,可以通过对营销环境的分析以及对其发展趋势和变化的预测,改革企业的营销理念,进一步符合消费者需求和购买行为,以增强企业的竞争力。

参 考 答 案

一、单项选择题

1.	2.	3.	4.	5.	6.	7.	8.	9.	10.
C	A	C	A	B	A	D	B	C	C

二、多项选择题

1.	2.	3.	4.
ABCDE	BCE	ABE	ABCD

三、判断题

1.	2.	3.	4.	5.	6.	7.	8.	9.
√	×	×	×	√	×	√	×	√

四、简答题

略

五、案例分析

略

项目 3

构建网络营销平台

　　拥有自己的网站，是现代企业在科学技术时代展示自己完美形象的一个有力工具。企业建立网站最终目的是使企业通过互联网获益。企业的网站应关注于自己特定的客户群，通过多种形式和客户保持着沟通，吸引着自己的客户不断地和企业网站进行交互，从而起到加深客户关系、了解客户需求、提供优质服务、加强广告和展示效果的作用。增强网站的功能，把网站做成企业和客户之间的有效纽带，才能使其为企业创造出实实在在的经济效益。

任务 1　认识网络营销平台

任务要点

　　关 键 词：网络营销平台、网站。
　　理论要点：网络营销平台的构建方式、网站建设定位、网站功能。
　　实践要点：企业网站建设定位设计。

任务情境

小敏和同学们一直开网店，也做了一些营销推广，可是订单还是不多，小敏认为自己的产品也不错，可是为什么订单少呢？是不是自己的经营有问题？经过与老师和同学的学习讨论，小敏才知道，网络营销要做好，基础是要构建一个好的网络营销平台——网站。

任务分析

网络营销平台——网站是网络营销的基础；也是开展网络营销最主要的工具之一，企业上网不一定从建立网站开始，但是，企业网站无疑是上网的重要标志，也是开展电子商务的基础。

企业网站建设既可以外包给专业的网站建设服务公司，也可以自行设计。无论哪种方式，都需要明确对网站的要求。一个成功的网站需要市场、销售、公关、顾客服务等相关部门人员协同专业技术人员共同完成，或者将对网站功能的需求清晰地转达给专业服务公司。有调查表明，许多知名企业的网站设计水平与企业的品牌形象很不相称，功能也很不完善，甚至根本无法满足网络营销的基本需要，这种状况在一些中小企业网站中表现得更为突出。那么，建设一个真正有用的网站就尤为重要了。

任务实施

步骤 1　了解网络营销平台的构建方式

网络营销平台——企业网站，应体现以客户为中心的理念、体现营销导向的建设原则、拥有强大的后台支持系统。网络营销平台构建方式对比见表3-1。

表3-1　网络营销平台构建方式对比

类　型	优　势	劣　势
企业自建网站	1. 网站式样多样化，有利于企业品牌的展示和企业文化的表达 2. 网站的功能个性化，企业可以灵活选择 3. 可以和企业内部信息管理系统良好对接	1. 建设费用高，一般企业难以承受 2. 后期管理与维护难度大 3. 要求企业有专门的技术人员 4. 推广费用高，难度大
第三方平台商铺	1. 可借助第三方平台良好的人气，有利于企业的宣传 2. 获取成本低廉 3. 后期维护成本低	1. 商铺样式单一，难以展示企业个性特色 2. 商铺功能受到限制，企业选择性弱 3. 大型企业使用可能降低其在公众心中的品牌地位

步骤 2　明晰成功定位网站建设的因素

成功的市场定位往往决定了企业电子商务网站的成功。网站建设的定位是由企业通过大量的调查分析，结合企业自身情况而确定的。企业进行网站定位时，应充分考虑以下因素：

1）为什么要建立网站，是为了树立企业形象、宣传产品、开展电子商务？还是建立行业性网站？是企业的基本需要还是市场开拓的延伸？

2）整合公司资源，确定网站功能。根据企业的需要，制订计划，确定网站的功能类型，决定网站的定位种类，如电子商务型、企业形象型、网上营销型、产品宣传型、客户服务型等。

3）企业内联网的建设与应用情况和企业网站的兼容性与扩展性。

4）依据网站类型，确定网站的目标及实现步骤。

步骤3　学会进行网站功能分析

建设一个企业网站，不是为了赶时髦，也不是为了标榜自己的实力，重要的是使网站能真正发挥作用，让网站成为有效的网络营销工具和网上销售渠道。网站的功能主要表现在7个方面：品牌形象、产品/服务展示、信息发布、网上调查、网上销售、顾客关系、网络联盟。

（1）品牌形象

网站的形象代表着企业的网上品牌形象，人们在网上了解一个企业的主要方式就是访问该公司的网站，网站建设的专业化与否直接影响企业的网络品牌形象，同时也对网站的其他功能产生直接影响。

（2）产品/服务展示

顾客访问网站的主要目的是为了对公司的产品和服务进行深入的了解，企业网站的主要价值也就在于灵活地向用户展示产品说明及图片甚至多媒体信息，即便一个功能简单的网站至少也相当于一本可以随时更新的产品宣传资料。

（3）信息发布

网站是一个信息载体，在法律许可的范围内，可以发布一切有利于企业形象、顾客服务以及促进销售的企业新闻、产品信息、各种促销信息、招标信息、合作信息、人员招聘信息等。因此，拥有一个网站就相当于拥有一个强有力的宣传工具。

（4）网上调查

通过网站上的在线调查表，可以获得用户的反馈信息，用于产品调查、消费者行为调查、品牌形象调查等，是获得第一手市场资料有效的调查工具。

（5）网上销售

建立网站及开展网络营销活动的目的之一是为了增加销售。一个功能完善的网站本身就可以完成订单确认、网上支付等电子商务功能，即网站本身就是一个销售渠道。

（6）顾客关系

通过网站可以为顾客提供各种在线服务和帮助信息，比如，常见问题解答（FAQ）、在线填写寻求帮助的表单、通过聊天实时回答顾客的咨询等。通过网络社区等方式吸引顾客参与，不仅可以开展顾客服务，同时也有助于增进顾客关系。

（7）网络联盟

为了获得更好的网上推广效果，需要与供应商、经销商、客户网站以及其他内容互补或者相关的企业建立合作关系，没有网站合作就无从谈起。

一个网站的成功与否，与建站前的网站策划有着极为重要的关系。在建立网站前应明确建设网站的目的，确定网站功能、网站规模、投入费用，进行必要的市场分析等。只有详细的规划，才能避免在网站建设中出现不必要的问题，使网站建设能顺利进行。

> **小链接 3-1**
>
> **企业网站建设的目的**
>
> 建设网站的目的对网站的实施有决定性的作用，一般企业建站的目的主要有：
>
> 1）发布企业产品、服务信息；2）介绍企业历史、辉煌成就；3）收集客户反馈意见；4）网上市场调查；5）开展网络营销；6）网上客户服务；7）逐渐实施电子商务。

> **小链接 3-2**
>
> **优秀网站的基本要素**
>
> 1）页面下载速度快；2）使用方便；3）保持系统正常运行；4）无错误链接；5）保护个人信息；6）遵循网络道德。

 触类旁通

企业网站自身优化

企业网站自身优化相当于一个店铺的自身装修，如果网站的体验连自己都看不过去，那么用户怎么能够喜欢呢？网站自身优化目前已经成为网络营销企业进行营销的第一步，也是重中之重。同时企业网站进行自身优化不仅可以增加网站的访问量，带来自然流量，还能够提高整个平台的知名度以及品牌的影响力。

一般地，网站自身优化主要包括以下几个方面：

1. 商城用户体验优化（针对用户的网站优化）

为了增加用户的体验度，尽可能少地给用户带来麻烦，具体的用户体验优化需要根据网站自身的情况来优化。

2. 网站的 SEO 优化（搜索引擎优化）

SEO 优化主要是针对网站搜索引擎的友好度优化，增加网站的访问量以及排名的同时也就增加了自然流量。

1）标题、关键词、描述的优化：根据用户的搜索行为修改首页、分类页、商品页、团购和促销活动等页面，每一个商品页面的描述部分都要尽全力做到最优。

2）网站结构的优化：为了减少用户的烦琐操作，分类页面的商品不能是单单的一个商品的列表，而应该是包含推荐给用户购买的所有商品，以此来增强相关性。对于商品的详细页面，当用户购买一件商品的时候，需要给用户提供几种套餐，增加相关商品，不仅是为了销售，也应增加用户的黏度，激发用户再次购买的欲望，同时记住这个网站。具体的做法可以参考京东商城的分类页面和商品详细页面。

3）增加网站的权威性内容，做一个让人信任的平台。

3．网站综合优化

网站要加强与相关行业的合作，添加行业相关的友情链接，特别是网站所在地的相关网站，建立本身客服管理，增加网站的权重及收录量，提高自然排名以及流量。

任务 2 设计企业网站

任务要点

关 键 词：网站设计，企业网站内容。

理论要点：网站的设计原则，企业网站的基本内容。

实践要点：企业网站整体规划。

任务情境

企业是否需要建设自己的网站已经成为毋庸置疑的问题。在企业网站需要的前提下，许多企业仍停留在"有网站"的阶段，只有粗糙的界面、单一的内容、不清晰的流程、安全性值得担忧等，其实所有这些都严重地破坏了企业的形象。

成功的企业网站的建立是现代企业成功的标识。企业应对自身网站建立高度的重视，使企业网站真正成为企业宣传、管理、营销的有效工具。

任务分析

网站是一个企业重要的网络营销工具，但多数企业网站在其营销体系中没能起到主要作用。企业对网站内容的营销作用理解不深，网站建设仅单纯地体现在技术层面上，而缺少营销思想的指导。

网站内容是网站吸引浏览者最重要的因素。企业要明确建立网站的根本目的是什么，如何开展电子商务，内容完善与更新及时，如何使外观效果美观、操作方便快捷等，这些都是企业在网站设计时需要解决的问题。

任务实施

步骤 1 掌握网站设计原则

网站的设计原则是在整个网站的设计开发过程中必须始终遵循的准则。

1）目的性：任何一个网站，必须有明确合理的建站目的和目标群体。

2）专业性：信息内容应该充分展现企业的专业特性。

3）实用性：网站提供的功能服务应该是切合浏览者实际需求的且符合企业特点的。

4）易操作性：界面设计的核心是让用户更易操作。优秀的网站设计应体现：层次性、页面整体设计风格的一致性、命名简洁性、交互操作的趣味性等特点。

5）高效性：网站页面的设计简洁、美观，尽可能地提高浏览速度，突出主要信息。导航系统在层次清晰的同时方便浏览者对相关信息和服务的访问。

6）功能性：网站正常的访问速度，取决于服务器接入方式和接入带宽、摆放地点、硬件性能和页面数据量、网络拥塞程度等多方因素。

步骤 2　学会规划企业网站基本内容

企业网站基本内容规划仅是企业网站应该关注的基本内容，并非每个企业网站都必须涉及，在规划设计一个具体网站时，主要应考虑企业本身的目标所决定的网站功能导向，让企业上网成为整体战略的一个有机组成部分，让网站真正成为有效的品牌宣传阵地、有效的营销工具，或者有效的网上销售场所，具体内容主要包括：

1）公司概况。包括公司背景、发展历史、主要业绩及组织结构等，让访问者对公司的情况有一个概括的了解，作为在网络上推广公司的第一步是非常重要的。

2）产品目录。提供公司产品和服务的目录，方便顾客在网上查看。并根据需要决定资料的详简程度，或者配以图片、视频和音频资料。注意：在公布有关技术资料时应注意保密，避免为竞争对手利用，造成不必要的损失。

3）公司动态和媒体报道。通过公司动态可以让用户了解公司的发展动向，加深对公司的印象，从而达到展示企业实力和形象的目的。

4）产品搜索。如果公司产品种类比较多，无法在简单的目录中全部列出，那么，为了让用户能够方便地找到所需要的产品，除了设计详细的分级目录之外，还可以增加搜索功能。

5）产品价格表。用户浏览网站的部分目的是希望了解产品的价格信息，对于一些通用产品及可以定价的产品，应该留下产品价格，对于一些不方便报价或价格波动较大的产品，也应尽可能为用户了解相关信息提供方便，比如，设计一个标准格式的询价表单，用户只要填写简单的联系信息，单击"提交"按钮就可以了。

6）企业营销网络。很多企业有众多分支机构，为此企业应该在网站上列出全球范围内所有可接洽到的企业部门。网站上还应该提供足够详尽的联系信息，除了公司的地址、电话、传真、邮政编码、网管的 E-mail 地址等基本信息之外，最好能详细地列出客户或者业务伙伴可能需要联系的具体部门的联系方式。

7）售后服务。有关质量保证条款、售后服务措施以及各地售后服务的联系方式等都是用户比较关心的信息，而且，是否可以在本地获得售后服务往往是影响用户购买决策的重要因素，应该尽可能详细。

8）辅助信息。有时由于一个企业产品品种比较少，网页内容显得有些单调，可以通过增加一些辅助信息来弥补这种不足。辅助信息的内容比较广泛，可以是本公司、合作伙伴、经销商或用户的一些相关新闻、趣事，或者产品保养、维修常识、产品发展趋势等。

小链接 3-3

企业网站建设误区

很多企业在建设网站的时候，往往抱着提升公司形象的目的，并没有太多考虑到企业的运营，从而走进企业网站的误区，如下：

1）不注重域名和空间的选择。

2）一味地注重网站绚丽，但不注重实用性。

3）企业网站做好了就万事大吉。

步骤 3 了解企业网站的主要分类

根据行业特性的差别以及企业的建站目的和主要目标群体的不同，大致可以把企业网站分为基本信息型、电子商务型和媒体广告型等 3 种类型，具体见表 3-2。

表 3-2 企业网站类型

类 型	应 用 对 象	内 容
基本信息型	主要面向客户、业界人士或普通浏览者，以介绍企业的基本资料、帮助树立企业形象为主	也可以适当提供行业内的新闻或知识信息
电子商务型	主要面向供应商、客户或企业产品（服务）的消费群体，以提供企业业务范围的服务或交易	这类网站正处于电子商务化的一个中间阶段，由于行业特色和企业投入的深度广度不同，其电子商务化程度也可能处于从比较初级的服务支持、产品列表到比较高级的网上支付的某一阶段
媒体广告型	主要面向客户或企业产品（服务）的消费群体，以宣传企业的核心品牌形象或主要产品（服务）为主	无论从目的上还是实际表现手法上相对于普通网站而言更像一个平面广告或电视广告

触类旁通

在实际应用中，很多网站往往不能简单地归为某一种类型，无论是建站目的还是表现形式都可能涵盖了两种或两种以上类型，对于这种企业网站，可以按网站类型的区别划分为不同的部分，每一个部分都基本上可以认为是一个较为完整的网站类型。

企业网站案例——蒙牛集团企业网站

企业网站是企业开展网络营销的综合性工具，一个完整的企业网站并不仅是主页，而是一个整体，其中包括企业基本状况、产品及其推广、必要的功能、顾客服务等，以蒙牛集团企业网站为例，分析企业网站设计规划。

1. 网站结构

进入蒙牛企业的网站首页，如图 3-1 所示，整体比较简洁，色彩分明，采用的是一种浅色的基调，给人一种清新自然、明亮整洁的感觉。在页面最主要位置鲜明地标出公司的 Logo 图标和网页导航系统，下面是幻灯片广告，首页的左半部分设有蒙牛的新闻中心，可让浏览者迅速了解企业的最新动态，生产流程简图可使消费者更容易接受蒙牛的产品，同时在首页中有站内搜索系统，便于浏览者快速有效地寻找需求信息。企业网站采用图片与文字相结合的表现形式，直观性更强。企业的导航菜单清晰明了，易于导航。进入子页面后，侧面导航将信息进行了详细的分类，较好地引导访问者快速进入要访问的页面。网站中内链较多，可从一个界面到达任意界面。主栏目清晰并全站统一，浏览者体验较好。

图 3-1   蒙牛首页示意图

2. 网站内容和功能

（1）网站内容分析

① 企业信息。网站内容是网站的核心，为用户提供有价值的内容是企业网站运营产生价值的基础。蒙牛企业网站，如图 3-2 所示。对企业的概况做了比较详细的介绍，公布了公司发展史、公司荣誉、集团介绍、企业文化、领导关怀、质量控制、蒙牛十年、投资专区等，使用户对公司状况有全面深刻的了解，同时树立了企业良好的发展观。此外，联系方式比较详细，有利于增强消费者对产品售后服务的信任。针对消费者所关心的热点问题有 24 小时的热线服务。在企业文化方面，蒙牛展示了一个与众不同的企业建设观念。企业文化共分为蒙牛企业文化、蒙牛共青团、蒙牛足迹、蒙牛故事四项内容，每部分简短的话语组成了企业文化的精髓，没有长篇大论，简短而干练。

图 3-2   蒙牛企业网站

② 促销信息。根据信息的发布时间，可以看出蒙牛企业网站内容有及时更新。网站首页为用户提供了准确、详细的信息，主栏目设有蒙牛产品和购物商城，方便客户全面了解其产品和价格并进行订购，以推动客户订单进程。版块栏目中有企业的最新动态广告和促销信息，新闻中心有体现公益与环保的活动，方便用户及时了解关于企业的动态和产品的促销时机，起到一定的促销效果，如图 3-3 所示。

图 3-3　蒙牛网站促销信息

③ 公众信息。网站首页不仅公布了当前蒙牛在股市中的情况，在板块栏目新闻中心还体现了蒙牛在环保和公益方面所开展的活动和贡献，为企业树立了良好的公关形象，如图 3-4 所示。

图 3-4　蒙牛网站公众信息

（2）网站功能分析

蒙牛网站提供了比较详细的关于蒙牛集团的企业信息，让用户可以直观地了解蒙牛集团。网页信息量较少，减少网页跳出时间；网页布局设计合理，简洁精练，提供了顾客最需要知道和最关心的产品信息和乳业信息，便于及时搜索；合理的网站栏目结构，利于搜索引擎的优化。蒙牛网站建站的目的很明确，属于一个信息发布型的网站，主要是为了通过网络这个途径，介绍尽可能详尽的企业信息，从而达到宣传企业，提高企业知名度和美誉度的目的。在蒙牛网站中通过介绍蒙牛发展史、公司荣誉、企业文化以及蒙牛的公益活动信息，全面展示和提升了蒙牛的企业形象。同时通过展示产品和活动信息，可以达到促进产品销售的目的。

3．网站服务

在蒙牛的企业网站中，客户服务系统采用目前比较流行的企业呼叫中心系统，主要包括两个部分：语音呼叫中心平台和客服中心管理系统。在质量服务方面，网站模块结构应用得当。联系方式比较详细，有利于用户对产品售后服务的信任。而其各个模块的合理设置又为用户提供了所需要的信息。

任务3　建立个人网上商店

任务要点

关　键　词：建立个人网店。
理论要点：网店建立方法、流程。
实践要点：能利用电子商务平台进行个人网店的建立。

任务情境

自己开店做老板是小王一直以来的梦想，随着网络技术的发展，网上开店给小王提供了一个实现梦想的契机。因为网上开店没有复杂的程序，不需要昂贵的店面租金，上手容易，利润也不小。对于希望开店创业又难以投入太多资金的小王来说，开网店是一个较好的选择。

任务分析

网上开店，对于很多像小王这样的创业者，以及一些没有很多资金却又想开创自己的一片天地的大学生来说，都是很好的选择。但是开店之前，需要做什么准备，开店流程和方法是怎样的，这对网店的开设和经营都起着至关重要的作用。

本任务利用中国深受欢迎的电子商务平台——淘宝网，来介绍个人在网上开店的流程和方法。

任务实施

步骤 1 了解淘宝网

淘宝网（www.taobao.com）是亚太地区较大的网络零售、商圈，由阿里巴巴集团在2003 年 5 月创立，是中国深受欢迎的网购零售平台。截至 2011 年年底，淘宝网单日交易额峰值达到 43.8 亿元，创造 270.8 万直接且充分就业机会。随着淘宝网规模的扩大和用户数量的增加，淘宝也从单一的 C2C 网络集市变成了包括 C2C、团购、分销、拍卖等多种电子商务模式在内的综合性零售商圈。目前已经成为世界范围的电子商务交易平台之一。淘宝网首页如图 3-5 所示。

图 3-5 淘宝网首页

步骤 2 掌握申请免费网店的方法

申请开店的方法：

第 1 步，登录 https://www.taobao.com/，没有注册会员的要先注册会员。单击淘宝网首页右上角"免费注册"按钮，可以选择使用手机号码注册或电子邮箱注册。

1）如果选择"邮箱注册"，填好一切资料，单击"同意协议并提交注册信息"按钮，如图 3-6 所示，如果没有错误则网站提示注册成功。

接下来就是进入邮箱，收取淘宝网确认邮件。单击确认链接，激活账号，开网店的第一步就完成了。这里请注意，如果原来已经在淘宝网买过东西，则不用重复注册。在淘宝网，可以一个账号同时是买家和卖家两个身份。

2）如果选择手机账户注册，则根据页面提示输入手机接收验证码验证，如图 3-7 所示。

注册协议

【**审慎阅读**】您在申请注册流程中点击同意前，应当认真阅读以下协议。**请您务必审慎阅读、充分理解协议中相关条款内容，其中包括：**

1、**与您约定免除或限制责任的条款；**

2、**与您约定法律适用和管辖的条款；**

3、**其他以粗体下划线标识的重要条款。**

如您对协议有任何疑问，可向平台客服咨询。

【**特别提示**】当您按照注册页面提示填写信息、阅读并同意协议且完成全部注册程序后，即表示您已充分阅读、理解并接受协议的全部内容。如您因平台服务与淘宝发生争议的，适用《淘宝平台服务协议》处理。如您在使用平台服务过程中与其他用户发生争议的，依您与其他用户达成的协议处理。

阅读协议的过程中，如果您不同意相关协议或其中任何条款约定，您应立即停止注册程序。

《淘宝服务协议》

《法律声明及隐私权政策》

《支付宝服务协议》

同意协议

图 3-6　淘宝网注册协议

① 设置用户名　　② 填写账号信息　　③ 设置支付方式　　✔ 注册成功

手机号　中国　+86 ∨　请输入你的手机号码

验证　>>　请按住滑块，拖动到最右边

下一步

切换成企业账户注册

图 3-7　淘宝网注册填写信息

若页面提示手机账户已存在，如图 3-8 所示，则可进行判断后进行选择操作。

如果提示账号是本人的，希望直接使用该账号，则可以直接单击"该账号是我的，立即登录"按钮，登录该账号；如果该账号长期未使用或该账号不是您本人的，则可以单击"不是我的，使用邮箱继续注册"按钮，注册新的账号。

第 2 步，绑定支付宝账户。登录淘宝网（www.taobao.com），进入"我的淘宝"→"账户设置"→"支付宝绑定设置"页面绑定支付宝账户，如图 3-9 所示。

第 3 步，支付宝认证。

1）从淘宝网首页进入"卖家中心"→"店铺管理"单击"我要开店"按钮。未进行过支付宝实名认证的，请进行支付宝认证的操作。

2）在支付宝实名认证的条件项，单击"继续认证"按钮后，会进入"支付宝实名认证"页面，请按图 3-10 提示，单击"立即认证"按钮。

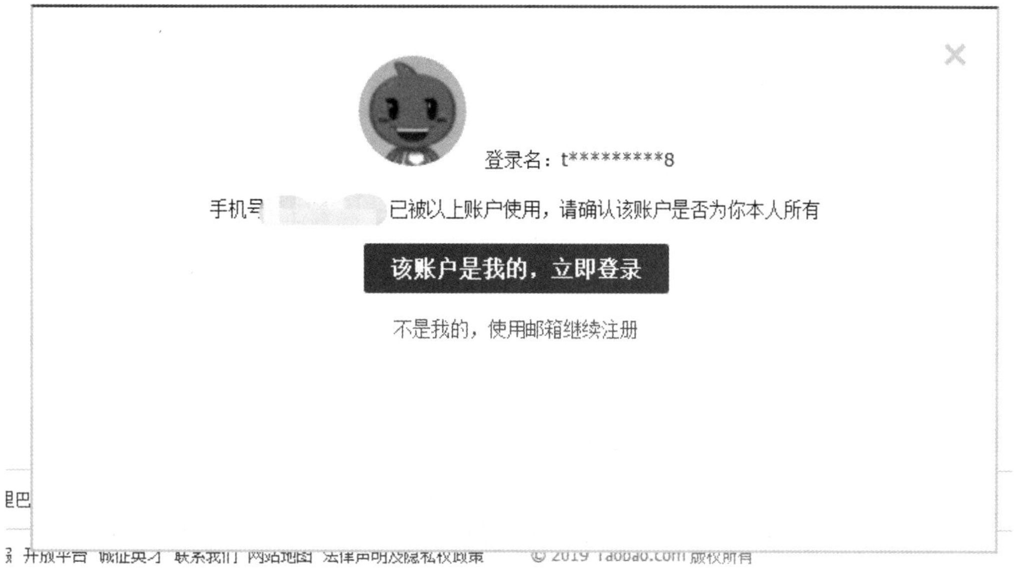

登录名: t*********8

手机号 ████ 已被以上账户使用，请确认该账户是否为你本人所有

该账户是我的，立即登录

不是我的，使用邮箱继续注册

巴

开放平台 诚征英才 联系我们 网站地图 法律声明及隐私权政策 © 2019 Taobao.com 版权所有

图 3-8 淘宝网手机账号注册

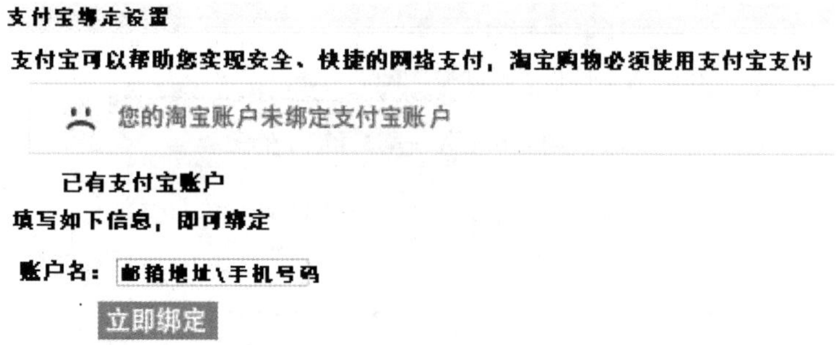

支付宝绑定设置

支付宝可以帮助您实现安全、快捷的网络支付，淘宝购物必须使用支付宝支付

☹ 您的淘宝账户未绑定支付宝账户

已有支付宝账户

填写如下信息，即可绑定

账户名: 邮箱地址\手机号码

立即绑定

图 3-9 淘宝网绑定支付宝

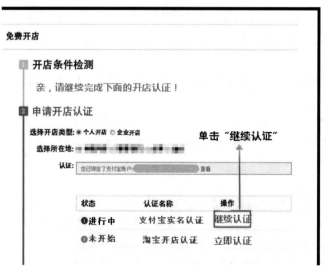

图 3-10 淘宝网支付宝认证

3）单击"立即认证"按钮后，请按照以下页面提示，单击"下一步"按钮，如图 3-11 所示。

图 3-11　支付宝认证验证身份信息

4）填写与支付宝账户注册时相同身份证号码开户的，并可正常使用的银行卡信息，并按页面提示操作，如图 3-12 所示。

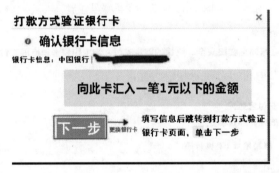

图 3-12　支付宝打款方式验证银行卡

5）仔细阅读跳转页面上的信息，并在等待银行打款的过程中先返回淘宝开店页面，同步做淘宝开店认证，如图 3-13 所示。

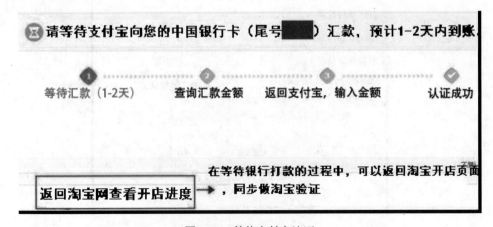

图 3-13　等待支付宝认证

6）进行中的支付宝实名认证如需继续完成的，请在支付宝向自己银行卡打款的 1～2 天之后进入淘宝开店页面继续支付宝实名认证的操作。

7）单击"继续认证"按钮后，进入支付宝银行卡打款信息页面，将银行卡中查询到的支付宝打款金额准确输入文本框中，并按图 3-14 所示的提示操作。

图 3-14　查询打款金额

8）单击"输入查询到的金额"按钮后，进入实际输入金额页面，将金额输入后，单击"确定"按钮，如图 3-15 所示。

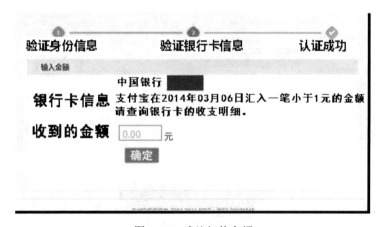

图 3-15　确认打款金额

9）输入正确金额后，系统确认完成，支付宝实名认证也即完成，请关掉页面后（见图 3-16），继续返回淘宝卖家中心免费开店页面。

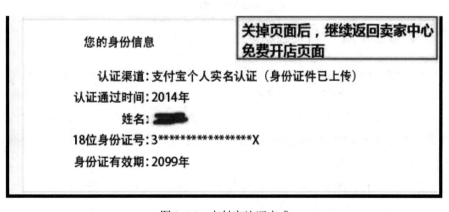

图 3-16　支付宝认证完成

第4步，淘宝开店认证。详细操作流程如下：

1）完成支付宝实名认证操作之后，单击返回"免费开店"页面时，可以进行"淘宝开店认证"的操作，如图3-17所示。

图3-17　免费开店页面

2）单击"立即认证"按钮后，会进入"淘宝网身份认证"页面，请单击该页面中的"立即认证"按钮，如图3-18所示。

图3-18　淘宝网开店认证

3）单击"立即认证"按钮后，进入"淘宝身份认证资料"页面，请根据页面提示进行操作（系统会根据计算机的情况做出推荐），如图3-19所示。按图3-19的要求提供凭证。务必如实填写并认真检查身份证信息、真实联系地址（经营地址）、有效联系手机，以免因信息不符或虚假信息等原因导致认证无法通过。若提示需要提供补充资料，则依据要求清晰拍摄后上传，检查无误后提交。

4）资料审核时间为48小时，请耐心等待。提交后页面如图3-20所示。

欢迎来到淘宝身份认证，本服务由阿里实人认证提供，请按照以下完成操作。

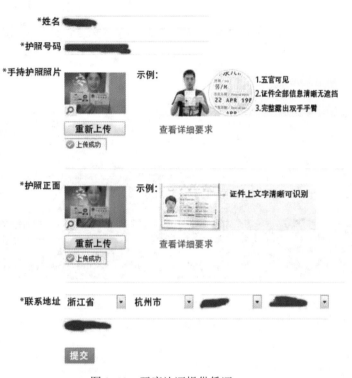

图 3-19　开店认证提供凭证

图 3-20　认证资料审核中

认证通过后页面会提示"认证通过",可在"认证通过"后进行开店操作,如图 3-21 所示。如认证未通过,则在收到通知后可在"卖家中心"→"免费开店"中查看详细原因。

图 3-21 认证通过

第 5 步,注册和认证完成后登录,在网站首页右上角卖家中心,单击"免费开店"按钮,如图 3-22 所示。

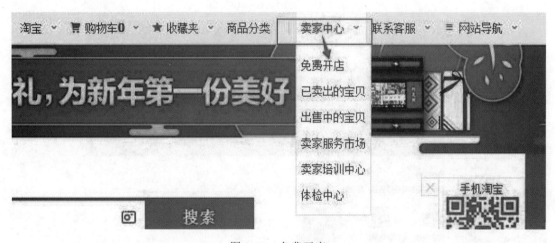

图 3-22 免费开店

选择个人店铺淘宝开店流程,单击"创建个人店铺"按钮,如图 3-23 所示。

确认阅读和同意淘宝的规则。单击"我已了解,继续开店"按钮,如图 3-24 所示。

第 6 步,填写一些店铺的基本信息,这个资料是可以之后修改的,如图 3-25 所示。开店成功之后,就可以上传产品进行买卖了。

免费开店

申请淘宝店铺完全免费；一个身份只能开一家店；开店后店铺无法注销；申请到正式开通预计需1~3个工作日。了解更多请看开店规则必看

个人店铺

通过支付宝个人实名认证的商家创建
的店铺，就是个人店铺。

企业店铺

通过支付宝企业认证的商家创建的店
铺，就是企业店铺。

创建个人店铺

创建企业店铺

请使用企业账户登陆开店

图 3-23　创建个人店铺

免费开店

申请淘宝店铺完全免费；一个身份只能开一店；开店后店铺无法注销；申请到正式开通预计需1~3个工作日。**了解更多请看开店规则必**

1　选择开店类型
个人店铺、企业店铺

2　阅读开店须知
确认自己符合个人店铺的相关规定

3　申请开店认证
需提供认证相关资料，等待审核通过

1、我在淘宝已经开了个店了，我要用别人的身份证再开一个店可以吗？
答：不可以。未经淘宝平台同意，将本人淘宝账号提供给他人作开店使用，否则由此导致相关争议、诉讼及因店铺经营
中的违法违规行为导致一切人身、财产权益损害，均由本人自行承担全部民事、行政及刑事责任。

2、我可以把店铺转租给其他人吗？
答：不可以。未经淘宝平台同意，将本人淘宝账号提供给他人作开店使用，否则由此导致相关争议、诉讼及因店铺经营
中的违法违规行为导致一切人身、财产权益损害，均由本人自行承担全部民事、行政及刑事责任。

3、开淘宝店要收费吗？
答：淘宝开店是免费的，不收取任何服务费用。

4、我可以开多个淘宝店吗？
答：不可以。一张身份证（一张营业执照）只能开一个淘宝店铺。如是企业店铺，开店后营业执照不得注销。

5、我已经开过淘宝店，现在想要注销原来的店铺重新开店，可以吗？
答：不可以，淘宝暂时不提供注销店铺的服务。用户一但成功开店就无法再用身份证（营业执照）另开一家淘宝店铺。

ⓘ 淘宝网在任何情况下都不会用QQ与您取得联系，任何使用QQ联系您的"工作人员"都是骗子。

上一步　　我已了解继续开店

图 3-24　淘宝网规则

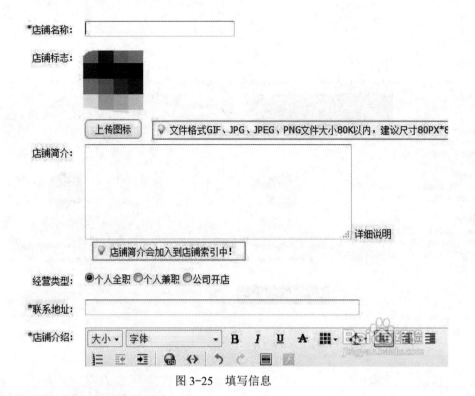

图 3-25 填写信息

步骤 3 对个人网上开店进行评价

在建立自己的网店时，由于同学们没有经商的经验，也没有自己的经营产品，这时可以查找一下网上其他你认为体系完整、特点突出的网店为示范，将其产品的图片、说明及经营方式用在自己的商店上。同时，同学之间可以互相到对方的网站去"购买"商品，从而体会网上开店与管理的营销全过程。另外也可联系商家与企业，替他们在网上建立网上商店。

小链接 3-4

网页美的标准

网页设计伴随着网络的迅速发展而快速兴起。网页讲究的是排版布局，其功能主要是提供一种形式给每个上网者，让他们能够了解网站提供的信息。网页美的标准：

1）简洁实用：在网络特殊环境下，尽量以最高效率的方式将用户想得到的信息传送给使用者就是最好的，所以要去掉所有冗余的东西。

2）使用方便：满足使用者的要求，网页做得越适合使用，就越显示出其功能美。

3）整体性好：一个网站强调的就是一个整体，只有围绕一个统一的目标所做的设计才是成功的。

4）网站形象突出：一个符合美的标准网页能够使网站的形象得到最大限度的提升。

5）布局完美：布局有条理，充分利用美的形式，使网页富有可欣赏性，提高档次。

6）交互式强：发挥网络的优势，使每个使用者都参与其中，这样的设计才能算成功的设计。

触类旁通

"双十一"购物狂欢节

"双十一"购物狂欢节是指每年 11 月 11 日的网络促销日。在这一天,许多网络商家会进行大规模促销活动。

"双十一"网购狂欢节源于淘宝商城(天猫)2009 年 11 月 11 日举办的促销活动,当时参与的商家数量和促销力度均有限,但营业额远超预想的效果,于是 11 月 11 日成为天猫举办大规模促销活动的固定日期。近年来"双十一"已成为中国电子商务行业的年度盛事,并且逐渐影响到国际电子商务行业。

"双十一"不仅让电商热衷于促销,就连运营商也开始搞促销活动了。2015 年 11 月 9 日至 11 月 19 日,中国联通在联通网上营业厅、手机营业厅、天猫旗舰店及京东商城等多个平台同时开展"11.11 沃 4G 狂欢节"活动。2014 年 11 月 11 日,阿里巴巴"双十一"全天交易额达 571 亿元。2015 年 11 月 11 日,天猫"双十一"全天交易额达 912.17 亿元。2016 年 10 月 24 日 0 点,天猫"双十一"红包正式开抢,时间为 2016 年 10 月 24 日 00:00:00 至 2016 年 11 月 10 日 23:59:59。2016 年 11 月 11 日 24 时,天猫"双十一"全天交易额超 1207 亿元。

项目小结

网站是网络营销的基础,也是开展网络营销最主要的工具之一,企业网站可以自行建立也可由专业服务商来建设,对读者而言,自己建立独立的网站还有一定的困难,在学习的过程中可以用专业服务商提供的平台功能建立个人的网上商店,在建设过程中学习与掌握网络营销工具的使用方法。

项目综合训练

"可口可乐"互动世界网站

1. 建站背景

可口可乐公司(www.cokecce.com,可口可乐网站,网站主页如图 3-26 所示)作为拥有诸多全球知名品牌的企业,其企业知名度之高是不言而喻的。为顺应网络信息时代的需求,其宣传媒介的侧重点也由原先的传统媒体逐渐转移至网上媒体,希望借助网络优势能够准确、实时地提供公司动态信息,进一步提升企业的竞争实力。

图3-26 可口可乐主页

2. 网站策划主旨

可口可乐网站策划旨在体现企业历史文化，开拓企业网上商机，建立企业全新形象，提升企业整体实力4个方面。

（1）产品设计目标 从受众群的定位角度出发，利用计算机网络多媒体化、互动性的特征来吸引网上用户访问，通过寓教于乐的网上漫游过程，利用网络的时效性和便捷性，使受众足不出户就可全面了解企业的产品与文化。

（2）定位与目标 基于产品自身的定位、产品的资源优势以及相关的市场调研结果，"可口可乐"互动世界网站设计以企业的 CI 形象标准为基点，低年龄段的上网群体为受众人群为主，以可口可乐公司的相关客户为辅进行网站构架与风格设定。具体特征为：具有会员登录、网上交友、聊天室、公告栏等社区服务功能；具有包括网上游戏、动画、音效等相关的多媒体服务；具有一定的搜寻服务功能。

（3）网页形式风格设定 在强调产品形象和标识符号的前提下，"可口可乐"互动世界网站的设计者利用首页的三维效果图和导航栏上的金属效果充分体现了数字时代、网络时代下品牌的新形象，同时也符合现今青年的欣赏口味，同时将企业的标识与产品的形象有机地结合起来。而每个页面下方的线框形式插图既显轻松活泼，又使诸多页面相互统一，通过图形符号和文字的链接，实现各功能之间的导航浏览，并与首页上的符号形成了呼应之势。

（4）网站内容构架 基于受众群的品位与爱好，"可口可乐"互动世界网站对普通上网者提供了以时尚、电影、流行音乐、体育、旅游、漫画、教育等为主题的分类网页以及网上游戏下载的服务，增强了访问者的上网兴趣。而从企业自身的角度而言，可口可乐本部的重点设置不仅提供了客户与访问者对于可口可乐公司最新动态的全面了解，通过典藏海报的欣赏与企业历史的简介等单元的内容安排，适应了不同群体的需求，利用网上生动的界面将企业文化与历史推广开来。这样的内容设置也真正体现了公司对于网站策划过程中全局规划、细节实施的解决方法。

（5）主题服务 "可口可乐"互动世界利用互动世界的会员登录方式不仅简化了网络访问者的上网进程，拉近了访问者与网站的距离，营造了真实的社区感受。更为重要的是，企业通过会员资料的收集与整理，能了解到网站受众的构成，从而预测产品的未来走向、消费者的动向、潜在的消费群体趋向，抢占网上市场的份额，为网上互动的在线营销奠定了基础。

3. 网站技术概况

"可口可乐"互动世界网站作为一个集 Web 技术、数据库和多媒体制作技术于一体的综合性 Web 站点，在界面的技术应用上，设计人员利用 Flash 动画、Java Applet 所制作的特殊效果，使用户可以在网站上得到全新的互动体验。而对于系统管理而言，在会员统计、网页内容的更新与维护的基础上，网站将进行定期的系统运行状况、数据备份及出错时原始数据恢复等工作以及服务器紧急状态处理，确保整个网站一直处于良好的运作状态下。

请思考以下问题：

① 评价"可口可乐"公司网站建设的特色。

② 分析"可口可乐"互动世界网站在技术应用上的成效。

③ 分析不同性质企业的网站建设目的有何不同。

项目 4

选择网络营销工具

　　互联网已经成为面向大众的普及性网络，其无所不包的数据和信息为上网者提供了最便利的信息搜集途径。同时，上网者既是信息的消费者，也是信息的提供者，从而大大增强了网络的吸引力。层出不穷的信息和高速增长的用户使互联网成为市场营销者日益青睐的新资源，企业上网成为近年来最为亮丽的一道风景，网上的市场营销活动也从产品宣传及信息服务扩展到市场营销的全过程。那么有哪些网络营销工具供大家使用在互联网上进行营销推广活动？很多，而且随着互联网应用的不断普及和深入还会越来越多。本项目重点介绍搜索引擎、微博、社交网站、社区网站、软件捆绑、电子邮件、即时通信软件等工具的使用。

 学习提示

◎ **学习目标**

　　⊃　知识目标：知晓常见网络营销工具包括搜索引擎、微博、社交网站、社区网站、软件捆绑、电子邮件、即时通信软件等的相关知识。

　　⊃　能力目标：能够熟练使用网络营销常见工具。

　　⊃　情感目标：激发学生的创新探究精神，培养团队合作能力。

◎ **本项目重点**

　　网络营销工具的工作原理。

◎ **本项目难点**

　　正确使用网络营销工具开展网络营销活动。

任务 1　使用搜索引擎

　　搜索引擎自 1994 年问世以来，逐渐成为了人们获取 Internet 信息资源的主要方式，相关搜索引擎网站也逐渐成为 Web 用户使用 Internet 时的首选访问站点之一，另外搜索引擎和即时通信、电子邮件等服务已经成为当今各大门户网站用来吸引用户访问的三大主要方式。据 iResearch 艾瑞咨询报告说明，2016 年中国搜索引擎市场规模达 805 亿元，同比增长 4.5%。这说明搜索引擎网站已经成为 Internet 中一种重要的网站类型。

截至 2016 年 12 月，我国搜索引擎用户规模达 6.02 亿人，使用率为 82.4%，用户规模较 2015 年底增加 3615 万人，增长率为 6.4%；手机搜索用户数达 5.75 亿，使用率为 82.7%，用户规模较 2015 年底增加 9727 万人，增长率为 20.4%。

在技术创新方面，搜索产品与多种前沿技术协同发展、深入融合的趋势日益突出。用户对本地化、个性化搜索的需求日益旺盛，推动搜索引擎企业不断加大在前沿技术领域的投入。服务商通过将语音和图像识别、基于大数据的信息推荐、人机交互等技术与搜索产品深度融合，向用户提供更加个性化、场景化的精准信息搜索服务，使搜索产品功能持续丰富、信息覆盖范围得到拓展。

在服务延伸方面，以搜索产品为流量入口、多种互联网服务互联互通的生态体系已经形成。搜索应用与信息类、娱乐类、商务消费类互联网应用不断融合，如即时通信、社交、新闻、网络零售、O2O 服务、互联网金融信用等，特别是快速发展的 O2O 消费，正在成为搜索引擎市场的创新价值挖掘点。

任务要点

关 键 词：搜索引擎、营销。
理论要点：搜索引擎的定义、分类以及工作原理。
实践要点：运用搜索引擎搜索信息的技巧。

任务情境

根据用户使用搜索引擎的方式，利用用户检索信息的机会尽可能将营销信息传递给目标用户。其目标是：为用户通过搜索引擎发现企业网站的网址提供方便，既有利于搜索引擎的收录和检索，又要有利于用户发现并访问这个网址。

任务分析

Internet 是一个信息的海洋，网络资源无穷无尽，如何提高网民在信息的海洋中发掘企业和产品信息的概率，是摆在每一个网络营销者面前现实的问题。本任务通过讲述搜索引擎营销几个常用方法的实际操作，让大家初步掌握通过搜索引擎进行营销的方法。

任务实施

使用搜索引擎进行网站营销和推广是一个行之有效的营销方法。一个网站可以通过搜索引擎从一个默默无闻的新站变成一个家喻户晓的人气网站。其中主要经历 3 个步骤：申请搜索引擎收录、优化搜索引擎排名和竞价排名。

步骤 1　申请搜索引擎收录

1）登录百度网站（http://www.baidu.com/）首页。网站申请搜索引擎收录之前，首先要成为百度会员，也就是要有百度账号。例如，图 4-1 所示，右上角的百度账号"dweic2002"。

图 4-1　百度网站首页

2）成为百度会员之后，单击首页右上角的"更多产品"图标进入百度产品大全页面，如图 4-2 所示。

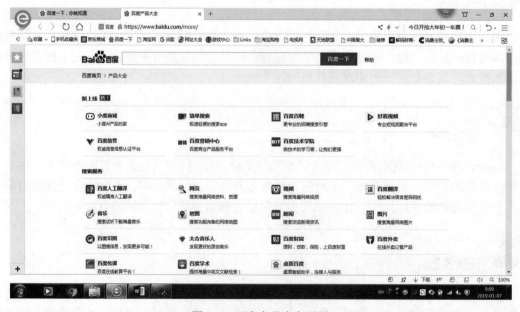

图 4-2　百度产品大全页面

3）找到并进入"站长平台"页面，如图 4-3 所示。

4）将自建的网站页面信息按网页提示输入，如图 4-4 所示，即可获得自建网站被搜索引擎收录的机会。

图 4-3　百度站长平台首页

图 4-4　"添加站点"页面

步骤 2　优化搜索引擎

搜索引擎优化（SEO）主要是根据搜索引擎的搜索原理对网站进行修改，使网站获得好的排名。搜索引擎的排名考察因素很多，只有针对这些考察因素不断改良自己的网站，才能提高网站的搜索排名，获得较高的点击率。主要包括以下几个考察因素：

1. 考察网站规划与网站栏目结构

1）网站建设的目标是什么？提供了哪些栏目？

2）网站布局是否符合用户的阅读习惯？图片是否适当？有无利用声频、视频手段？

3）网站导航是否合理？（网站导航分为图片导航、文字导航、JavaScript 导航、Flash 导航等，其中最适宜的应该是文字导航）通过任何一个页面是否很方便地返回上级页面或者首页？

4）各网站的栏目之间链接是否正确？

5）从网站首页到达任何一个内容页面需要几次？（不超过 3 次为合格，包括利用网站地图）是否可以通过任何一个页面到达站内任意网页？

6）网站是否有一个简单清晰的网站地图？

2．网站内容和网站的可信度

1）网站为用户提供的信息是否完整（包括产品介绍、联系方式、销售信息、服务信息、服务承诺）？

2）网站内容是否及时更新？过期信息是否及时清理？

3）网站首页、各栏目首页以及各个内容页面是否分别有能反映网页核心内容的网页标题？

4）网站首页以及各个内容页面 HTML 代码是否有合理的 META 标签设计以及设计的合理情况？

5）公司介绍是否详细，是否有合法的证明文件（如网站备案许可）？

3．网站的功能与服务

1）网页打开的时间有多少？

2）网站为用户提供了哪些在线服务手段？

3）用户真正关心的信息是什么？能否在网站首页直接找到？

4）网站是否提供了在线订购、支付等电子商务功能？

4．网站优化及运营

1）网站被百度收录的网页数量是多少（在搜索引擎搜索框中输入 site:网址，如 site:www.sdlvtc.cn，就可以知道有多少网页被收录）？在搜索引擎中的排名情况（利用某关键词搜索）如何？

2）网站访问量的增长状况如何？网站访问量是否很低？（登录网站 http://alexa.chinaz.com/，首页如图 4-5 所示，输入网址，便可看到网站访问量状况，如图 4-6 所示。）

图 4-5　Alexa 首页

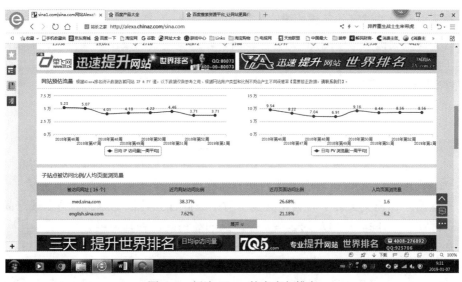

图 4-6　新浪 Alexa 的点击与排名

步骤 3　竞价排名搜索引擎（百度推广）

竞价排名是一种按效果付费的网络推广方式，用少量的投入就可以给企业带来大量潜在客户，有效提升企业销售额和品牌知名度。这也是商业网站发展到一定程度有助于把点击率转化成订单率的一个重要手段。

1. 百度竞价排名服务的申请流程

1）在百度推广上注册竞价排名账户，在百度"更多产品"页面中，找到并单击进入"百度推广"页面，如图 4-7 所示，选择"免费注册"。

图 4-7　百度推广用户注册

2）缴费开户，在服务人员帮助下选择关键词。

3）提交关键词，审核通过，排名生效。

4）根据推广情况随时调整关键词，达到最佳效果。

2. 搜索引擎对关键字的审核标准

1）首先检查关键字指向的 url 是否能访问，以避免搜索结果出现链接错误的情况。

2）了解提交的网站内容，以下情况拒绝通过。

若涉嫌非法内容或非法链接则拒绝通过。

若关键字与网页内容相关度不高则拒绝通过。

若标题或网页描述的前 20 个字未出现关键字则拒绝通过。

若标题、网页描述与关键字不相符，则拒绝通过。

3）对于形如"×××网"字的一类关键字，要特别注意该网站的名称是否和关键字完全吻合，如果不吻合，同时另外有其他网站的名称正是这个关键字，则不予通过。

4）有些用户在提交关键字时会将其竞争对手或同行业其他企业的公司名或产品名也注册了，这种情况下，除非该用户为这些企业产品的经销商，否则拒绝。

5）在关键字审核过程中，还要注意关键字重复提交的问题，只保留一个即可。

6）如遇地名关键字，则按照如下标准执行。

网站内容是面向最终消费者的服务可以审核通过，例如，当地的旅游、宾馆、机票预订、学校、医疗机构等可以通过。

当地的政府机构网站可以通过。

当地的各类综合性网站，如网站内容为当地的企业黄页、地貌概述、风土人情等，可以通过。

网站内容是面向企业服务的，例如，当地的企业、公司、工厂等，将不予通过。

7）同一账户不可提交多个网站。

当提交两个或以上的网站时，管理员会根据网址、网页内容进行判断，如网址不同，公司名称不同或业务、产品为不同领域，管理员会将关键字拒绝。

8）关键字中含有"中国"。

如果网站不是综合性网站，只是企业性质，请不要将"中国"包含在关键字中提交。

小链接 4-1

什么是搜索引擎？

搜索引擎（Search Engine）是指根据一定的策略、运用特定的计算机程序从互联网上搜集信息，在对信息进行组织和处理后，为用户提供检索服务，将用户检索相关的信息展示给用户的系统。

小链接 4-2

什么是 SEO？

SEO（Search Engine Optimization，搜索引擎优化）是指通过采用易于搜索引擎索引的合理手段，使网站各项基本要素适合搜索引擎的检索原则并且对用户更友好(Search Engine Friendly)，从而更容易被搜索引擎收录及优先排序从属于 SEM（网络营销）。SEO 通俗理解是：通过总结搜索引擎的排名规律，对网站进行合理优化，使网站在百度等搜索引擎的排名提高，通过搜索引擎带来客户。深刻理解是：通过 SEO 这样一套基于搜索引擎的营销思路，为网站提供生态式的自我营销解决方案，让网站在行业内占据领先地位，从而获得品牌收益。

触类旁通

搜索引擎的分类及工作原理

能够建立数据库并提供查询、获得网站网页的系统都可以叫搜索引擎。按照工作原理不同，搜索引擎可以分为两个基本类别：全文搜索引擎和分类目录搜索引擎。在互联网上，有些网站对上面两种基本类别进行了整合，又产生了另外两种搜索服务，即元搜索引擎和集成搜索引擎。下面简述其工作原理。

1．全文搜索引擎

全文搜索引擎一般都有一种叫作"网络机器人"或"网络蜘蛛"的软件，这些软件能遍历 Web 空间，扫描一定 IP 范围内的网站，并沿着网络上的链接从一个网页到另一个网页，从一个网站到另一个网站采集网页资料。为了保持网页资料的最新，它还会回访已抓取的网页。对已经抓取到的网页，搜索引擎还会用一定的程序进行分析，根据一定的相关度算法建立网页索引，添加到索引数据库中。全文搜索引擎因为依靠软件进行采集网页，所以数据库的容量非常庞大，但是，它的查询结果往往不够准确。人们平时看到的全文搜索引擎，实际上只是一个搜索引擎的搜索界向。当人们输入关键字进行查询时，搜索引擎便会从庞大的索引数据库中找到包含该关键字的所有相关网页的索引，并按一定的排名规则呈现给大家。不同的搜索引擎，网页索引数据库也不同，排名规则也不尽相同，所以当人们以同一关键字在不同的搜索引擎上进行查询时，搜索的结果和排列顺序通常也不相同。典型的全文搜索引擎有百度、谷歌等。

2．分类目录搜索引擎

和全文搜索引擎一样，分类目录搜索引擎的整个工作过程同样也经过收集信息、分析信息和查询信息三部分，只不过分类目录搜索引擎的前两部分，收集信息和分析信息全部由人工来完成。分类目录一般都有专门的编辑人员负责收集网站的信息。分类目录依靠人工收集和整理网站，能够提供更为准确的查询结果，但收集的内容却非常有限。目前如雅虎、新浪等大型网站，均有自己的分类目录搜索引擎。

3．元搜索引擎

这类搜索引擎一般都没有自己的网页搜索软件以及数据库，它的搜索结果是通过调用、控制和优化其他多个独立搜索引擎的搜索结果并以一定的格式在同一界面集中显示。通常元搜索引擎虽然没有自己的"网络机器人"或"网络蜘蛛"，也没有自己的独立数据库，但它在索引请求提交、检索接口代理和检索接口显示等方面，均有自己开发的具有特色的元搜索技术。在搜索结果上，这些元搜索引擎往往搜索范围更大一些。如较大的中文元搜索引擎"搜乐"，域名为 http://www.sooule.com/，能同时在 8 个大型搜索引擎上进行搜索。

4．集成搜索引擎

集成搜索引擎是通过网络技术，在一个网页上链接很多个独立的搜索引擎，查询时，点选或指定搜索引擎，一次输入，多个搜索引擎同时查询，搜索的结果由各个搜索引擎分别以不同的页面显示。比如全球最大的集成搜索引擎"第九门"，域名为：http://www.9om.com/，就可以在300多个搜索引擎上进行搜索。

任务2 微博营销

微博是一种新型的社交平台，用户通过注册获得微博账号，可以与其他用户进行实时的信息交流。微博的基础功能是发布和获取信息，微博使用者可以不受时间、地点的限制，随时随地发布自己生活中的新鲜事，获得其他人的点赞和关注。微博的另一个扩展功能是构建起了全新的人际网络，使用者选择与自己志趣相投的用户关注，也被别的对他感兴趣的用户关注。这种基于"关注与被关注"的关系，即微博博主和粉丝之间的互动关系网络，正是使用者网络人际关系的延伸。而基于微博的营销正是利用这一关系网络，将微博作为产品推广平台，通过对产品的价值、品牌、活动等进行宣传，实现与微博用户的良好互动。通过品牌用户的关注和转发，获得广告品牌营销的最大价值。

任务要点

关 键 词：微博，营销。

理论要点：微博的定义、特点及分类。

实践要点：微博的申请。

任务情境

提高信息的传播速度和范围是营销领域的重要课题。微博可以有效解决这一难题，每一个人都可以在新浪、网易等网站注册一个微博，然后利用更新自己的微博跟大家交流，或者有大家所感兴趣的话题，这样就可以达到营销的目的，这样的方式就是新兴推出的微博营销。

任务分析

微博是一种通过关注机制分享简短信息的广播式的社交网络平台。本任务通过介绍微博的特点和信息传播原理以及指导学生实践微博的建立和使用，使学生能够有意识地将现代化互联网工具与市场营销结合起来，提升学生的网络营销能力。

任务实施

步骤1　理解微博营销的含义

1. 微博营销的定义

微博营销就是借助微博这一平台进行的包括品牌推广、活动策划、个人形象包装、产品宣传等一系列营销活动。

2．微博营销的特点

（1）成本上　发布门槛低，成本远小于广告，效果却不差

2015年1月，微博开放140字的发布限制，少于2000字都可以，1月28日对微博会员开放试用权限，2月28日将正式对微博全部用户开放，远比博客发布容易，对于同样效果的广告则更加经济。与传统的大众媒体（报纸、流媒体、电视等）相比受众同样广泛，前期一次投入，后期维护成本低廉。

（2）覆盖上　传播效果好，速度快，覆盖广

微博信息支持各种平台，包括手机、计算机与其他传统媒体。同时传播的方式有多样性，转发非常方便。利用名人效应能够使事件的传播量呈几何级放大。

（3）效果上　针对性强，利用后期维护及反馈

微博营销是投资少见效快的一种新型的网络营销模式，其营销方式和模式可以在短期内获得最大的收益。社交网络服务（SNS）与类似于BBS形式的传统媒体广告优势在于社交信任与信息筛选。传统媒体广告往往针对性差，难以进行后期反馈。而微博针对性极强，绝大多数关注企业或者产品的粉丝都是本产品的消费者或者潜在消费者。企业可以对其进行精准营销。

（4）手段使用上　多样化，人性化

从技术上，微博营销可以方便同时利用文字、图片、视频等多种展现形式。从人性化角度上，企业品牌的微博本身就可以将自己拟人化，更具亲和力。

步骤2　微博营销的分类

（1）官方微博又称企业微博，传播的内容也必须是官方的，内容较为正式，可以在第一时间发布企业最新动态，对外展示企业品牌形象，成为一个低成本的媒体。

（2）企业领袖微博是以企业高管的个人名义注册，具有个性化的微博，其最终目标是成为所在行业的"意见领袖"，能够影响目标用户的观念，在整个行业中的发言具有一定号召力。

（3）客服微博用来与企业的客户进行实时沟通和互动，深度地交流，让客户在互动中提供产品服务的品质，缩短了企业对客户需求的响应时间。

（4）产品微博对于危机能实时监测和预警，出现负面信息后能快速处理，及时发现消费者对企业及产品的不满并在短时间内快速应对。如遇到企业危机事件，可通过微博客对负面口碑进行及时的正面引导。

（5）市场微博通过微博组织市场活动，打破地域人数的限制，实现互动营销。

步骤3　申请微博

下面是以新浪微博为例，讲述申请微博的流程

1）在浏览器地址栏上输入"http://weibo.com/"，按<Enter>键进入新浪微博主页，如图4-8所示。

2）单击右上角的"立即注册微博"按钮，进入微博账户注册页面，如图4-9所示。

3）填写注册信息，手机编辑短信内容至"10690090166"即可成功注册微博，如图4-10所示。

图 4-8　新浪微博主页

图 4-9　新浪微博注册

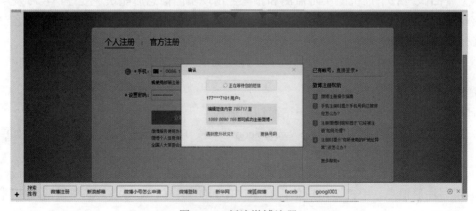

图 4-10　新浪微博注册

小链接4-3

微博营销的优缺点

优点：

1）操作简单，信息发布便捷。一条微博，少于2000字都可以，只需要简单的构思，就可以完成一条信息的发布。这点就要比博客方便得多。毕竟构思一篇好博文，需要花费很多时间与精力。

2）互动性强。能与粉丝即时沟通，及时获得用户反馈。

3）低成本。做微博营销的成本可比做博客营销或是做论坛营销的成本低多了。

4）针对性强。关注企业或者产品的粉丝都是本产品的消费者或者潜在消费者。企业可以对其进行精准营销。

缺点：

1）需要有足够的粉丝才能达到传播的效果，人气是微博营销的基础。应该说在没有任何知名度和人气的情况下去通过微博营销，很难。

2）由于微博里新内容产生的速度太快，所以如果粉丝没有及时关注到发布的信息，那么就很可能被埋没在海量的信息中。

3）传播力有限。由于一条微博文章只有几十个字，所以其信息仅限于在信息所在的平台传播，很难像博客文章那样被大量转载。同时由于微博缺乏足够的趣味性和娱乐性，所以一条信息也很难像开心网中的转帖那样，被大量转帖（除非是极具影响力的名人或机构）。

步骤4　优化和推广微博

1. 微博营销优化

（1）优化选取热门关键词　做微博关键词优化的时候，微博内容要尽可能地以关键字或者关键词组来开头，并且加上"#话题#"。尽量地利用热门的关键词和容易被搜索引擎搜索到的词条，提高搜索引擎的抓取速率，但这些内容也是要和自己推广的内容相关，考虑到听众，如果一味地为了优化而优化，那就得不偿失了。

（2）关键词选取要适当　对SEO来说微博的信息是非常重要的，搜索引擎会把微博的信息纳入到搜索结果中来，它们的索引算法也会根据微博的内容，选取信息作为标题，而此时这些内容的关键词在选择上也就重要了，需要知道要做的是哪些关键词，只有找到了关键词，才能更好地做好微博的SEO。

（3）名称选取简单易记　选微博名和选择网站名一样，简单、容易记，要让微博网名成为自己的代言，让其他人看到自己微博名的时候，就能很快地记录下来，所选择的微博名要代表所推广的站点，例如，要推广"富营销"，那么，名称也就是"富营销"，不可能选择其他的和推广内容无关的名词。

（4）URL地址要简洁明了　有了微博名之后，微博的URL地址就变得尤为重要了，为什么呢？毕竟要通过URL地址才能访问到微博，而这个URL会影响到搜索引擎的搜索结果。

（5）个人资料要填关键词　微博中都有个人资料的介绍及选项的说明，这些个人资料也会被搜索引擎所索引的，在简短的个人资料中，说明自己的同时，也选择适当的时机，填入要优化的关键词，提升搜索引擎抓取的几率，个人资料的内容与微博保持好的相关性，不仅能提升搜索引擎抓取，而且也不会让你的关注者感到厌烦。

（6）个人标签填写关键词　微博中个人资料里个人标签的填写，这里可以填入要优化的关键词，提升搜索引擎抓取几率，同时也能增加和自己有共同标签或共同兴趣的粉丝互加关注。

（7）微博主线设定　通过知名微博主总结实验发现，但凡主线明朗的微博都有成功的效果，目标粉丝增长速度快，同时也能让人一眼明确自己的微博思路，有利于微博传递层数的增加。

2. 微博推广

（1）账号认证　针对企业微博账号、企业领袖、高管的账号、行业内有影响力人物的账号，要先获得新浪认证，获得认证的好处是，形成较权威的良好形象，微博信息可被外部搜索引擎收录，更易于传播，不过也有一点不好的地方，就是信息的审核可能会更严格。

（2）内容发布　微博的内容信息尽量多样化，最好每篇文字都带有图片、视频等多媒体信息，这样具有较好的浏览体验；微博内容尽量包含合适的话题或标签，以利于微博搜索。发布的内容要有价值，例如，提供特价或打折信息、限时内的商品打折活动，可以带来不错的传播效果。推荐使用一些微博工具，比如，石青微博工具等。

（3）内容更新　微博信息每日都进行更新，要有规律地进行更新，每天5～10条信息，1小时内不要连发几条信息，抓住高峰发帖时间更新信息。

（4）积极互动　多参与转发和评论，主动搜索行业相关话题，主动去与用户互动。定期举办有奖活动，提供免费奖品鼓励，能够带来快速的粉丝增长，并增加其忠诚度。

（5）标签设置　合理设置标签，新浪微博会推荐有共同标签或共同兴趣的人加关注。

（6）获取高质量的粉丝　不在于你认识什么人，而在于什么人认识你；不在于什么人影响了你，而在于你影响了什么人。关注行业名人或知名机构，善用找朋友功能，提高粉丝的转发率和评论率。发布的内容主题要专一，内容要附带关键字或网址，以利于高质量用户搜索到。

小链接 4-4

微博营销需要注意的问题

1. 取得粉丝信任是根本

微博营销是一种基于信任的主动传播。在发布营销信息时，只有取得用户的信任，用户才能可能帮你转发、评论，才能产生较大的传播效果和营销效果。获得信任最重要的方法就是不断保持和粉丝之间的互动，让粉丝觉得你是个真诚、热情的人。要经常转发、评论粉丝的信息，在粉丝遇到问题时，还要及时地帮助他们。这样，才能与粉丝结成比较紧密的关系。在发布营销信息时，他们也会积极帮忙转发。

2. 发广告需要有技巧

在发布企业的营销信息时，建议大家在措辞上不要太直接，要尽可能把广告信息巧妙地嵌入到有价值的内容当中。这样的广告因为能够为用户提供有价值的东西，而且具有一定的隐蔽性，所以转发率更高，营销效果也更好。像小技巧、免费资源、营销小故事等都可成为植入广告的内容，都能为用户提供一定的价值。

3. 通过活动来做营销

抽奖活动或者是促销活动，都是非常吸引用户眼球的，能够实现比较不错的营销效果。抽奖活动可以规定，只要用户按照一定的格式对营销信息进行转发和评论，就有中奖的机会。奖品一定要是用户非常需要的，这样才能充分调动粉丝的积极性。如果是促销活动，则一定要有足够大的折扣和优惠，这样才能够引发粉丝的病毒式传播。促销信息的文字要有一定的诱惑性，并且要配合精美的宣传图片。如果能够请到拥有大量粉丝的人气博主帮忙转发，就能够使活动的效果得到最大化。

触类旁通

微博营销与博客营销的区别

微博营销与博客营销的本质区别，可以从下列 3 个方面进行简单的比较：

1. 信息源表现形式差异

博客营销以博客文章（信息源）的价值为基础，并且以个人观点表述为主要模式，每篇博客文章表现为独立的一个网页，因此对内容的数量和质量有一定要求，这也是博客营销的瓶颈之一。微博内容则短小精炼，重点在于表达现在发生了什么有趣（有价值）的事情，而不是系统的、严谨的企业新闻或产品介绍。

2. 信息传播模式的差异

微博注重时效性，3 天前发布的信息可能很少会有人再去问津，同时，微博的传播渠道除了相互关注的好友（粉丝）直接浏览之外，还可以通过好友的转发向更多的人群传播，因此是一个快速传播简短信息的方式。博客营销除了用户直接进入网站或者RSS订阅浏览之外，往往还可以通过搜索引擎搜索获得持续的浏览，博客对时效性要求不高的特点决定了博客可以获得多个渠道用户的长期关注，因此建立多渠道的传播对博客营销是非常有价值的，而对于未知群体进行没有目的的"微博营销"通常是没有任何意义的。

3. 用户获取信息的差异

用户可以利用计算机、手机等多种终端方便地获取微博信息，发挥了"碎片时间资源集合"的价值，也正因为是信息碎片化以及时间碎片化，使得用户通常不会立即做出某种购买决策或者其他转化行为，因此作为硬性推广手段只能适得其反。

将以上差异归纳起来可以看出：博客营销以信息源的价值为核心，主要体现信息本身的价值；微博营销以信息源的发布者为核心，体现了人的核心地位，但某个具体的人在社会网络中的地位，又取决于他的朋友圈子对他的言论的关注程度，以及朋友圈子的影响力（即群体网络资源）。因此可以这么简单地认为微博营销与博客营销的区别在于：博客营销可以依靠个人的力量，而微博营销则要依赖你的社会网络资源。

任务 3　网络社交营销

2016 年，各类社交应用持续稳定发展，互联网平台实现泛社交化。一方面，综合性社交应用引入直播等服务带来用户和流量的增长；另一方面，针对不同场景、不同垂直人群、不同信息承载方式的细分社交平台进一步丰富，向创新、小众化方向发展。

排名前三的典型社交应用均属于综合类社交应用。微信朋友圈、QQ 空间作为即时通信工具所衍生出来的社交服务，用户使用率分别为 85.8%、67.8%；微博作为社交媒体，得益于名人明星、网红及媒体内容生态的建立与不断强化，以及在短视频和移动直播上的深入布局，用户使用率持续回升，达 37.1%，比 2016 年 6 月上升 3.1 个百分点。垂直类社交应用中，豆瓣作为兴趣社交应用的代表，用户使用率为 8.1%。

微信朋友圈、QQ空间、微博虽然同属于综合性的社交应用，但在社交关系的紧密度、用户属性及地域特征上存在较大差异。从交流属性来看，微信朋友圈是相对封闭的个人社区，分享的信息偏向朋友之间的交互；微博是基于社交关系来进行信息传播的公开平台，用户关注的内容越来越倾向于基于兴趣的垂直细分领域；QQ空间则介于两者之间。从用户特征来看，微信朋友圈用户渗透率高，除低龄（6~9岁）、低学历人群（小学及以下学历）外，各群体网民对微信朋友圈的使用率无显著差异；五线城市网民、10~19岁网民对QQ空间的使用率明显较高，产品用户下沉效果明显，更受年轻用户青睐；微博用户特征更为明显，一线城市网民、女性网民、20~29岁网民、本科及以上学历网民、城镇网民对微博的使用率明显高于其他群体。

本任务所介绍的网络社交营销，主要是通过社交网站、社区网站以及视频网站和直播平台进行的营销活动。

任务要点

关 键 词：网络社交、社交网站、社区网站、直播平台、营销。

理论要点：网络社交营销、社交网站和社区网站的含义、特点及优势。

实践要点：运用社交网站和社区网站进行网络营销。

任务情境

随着互联网的发展，各类社交应用持续稳定发展。社交网站、社区网站、直播平台、视频网站等，都是很好的网络社交营销工具，它们在网络社交营销中起着举足轻重的作用，最有名的如MySpace、Facebook。它们的作用不仅是提供要闻故事，而且成为把流量带到在线网页的主要因素。因此，社交网络营销的核心是关系营销，其重点在于建立新关系巩固老关系。作为新时代的创业者需要建立这种新的强大关系网络，以支持其业务的发展。

任务分析

本任务通过介绍社交网站、社区网站、直播平台、视频网站等的特点和信息传播原理，指导学生实践网络社交工具的注册和使用，使学生能够有意识地将现代化互联网工具与市场营销结合起来，提升学生的网络营销能力。

任务实施

> **步骤1 知晓网络社交营销**

1. 网络社交营销的含义

网络社交营销也被称为社交网络营销，是以社交网络作为营销平台，与客户或者潜在的客户积极沟通，商家分析消费者需求并给出相关产品和服务，以进行品牌推广、活动策划、形象包装、产品宣传等一系列营销手段的网络活动。社交网络营销有传播效果快、覆盖面广、目标人群集中化、影响力大、成本相对低廉、与客户互动性强的优势，消费者在社交网络中可以品评商家的产品和服务，商家及时得到消费者的反馈信息，给出尽可能满足消费者需求的产品和服务，消费者再和他人分享商家产品和服务的改进，是一个循环互利的过程。社交网络营销是一个将碎片化的用户重聚，具有针对性地开展营销，最终达到互利的营销效果的平台。

2. 网络社交营销的分类

这里参考了国内外对社交应用的分类，结合我国社交应用的现状，对市场的社交网络应用做了如下分类：

第一类：即时通信工具，又被称作聊天软件、聊天工具等，英文为 Instant Messaging，简称 IM，指能够通过有线或者无线设备登录互联网，实现用户间文字、语音或者视频等实时沟通方式的软件。主要包括 QQ、微信、陌陌、阿里旺旺、QT 语音等。

第二类：综合类社交应用，是指以交互性为主，建立人与人之间社会网络或社会关系连接的平台，是社交拓展的一种方式。包括 QQ 空间、新浪微博、人人网等。

第三类：垂直类社交应用，是指在特定领域为用户提供社交关系连接的平台。它又包含 5 种类型，如下。

1）图片视频社交　包括美拍、秒拍、优酷拍客、足记等。
2）婚恋社交　包括 58 交友、赶集婚恋、世纪佳缘、百合等。
3）社区社交　包括百度贴吧、豆瓣、天涯社区、知乎等。
4）职场社交　包括脉脉、领英、猎聘秘书等。
5）直播平台　包括花椒、映客、斗鱼、YY、六间房等。

下面重点介绍社交网站、社区网站以及直播平台等网络社交工具在网络营销中的应用。

步骤 2　知晓社交网站营销

1. 社交网站的含义

社交网站是一个网络交流平台，具有以下几个核心特征：用户拥有唯一的、可识别的个人主页，该主页由用户、相关其他用户及系统产出的内容构成，有公开的、按先后排列的各种内容链接供别人访问、浏览等，用户可以浏览、发布内容，与其他用户进行互动。

2. 社交网站的种类

（1）国内社交网的代表：

多功能大众化社交网站：百度空间。

基于各类生活爱好的社交网站：豆瓣网。

基于旅途分享、小组交流和客栈信息的社交网站：走呗网。

基于职业人士的社交网站：天际网、环球人脉网、优士网。

基于企业用户交流、分享的社交网站：用友企业社区。

基于资源下载、论文检索、概念调研、活动事件的社交网站：天玑学术网。

基于大众化的社交网站：QQ 空间。

基于生活化、实用化的社交网站：众众网。

基于白领用户和学生用户交流的娱乐社交网站：开心网、人人网。

基于网络同居的情感交流网站：赛客网。

基于未婚男女的婚介社交网站：世纪佳缘网、百合网、珍爱网。

基于地方化交流的社交网站：南京族网。

基于年轻用户交友的社交网站：51 网。

基于原创性文章的社交网站：新浪博客、网易博客。

基于信息快速分享的社交网站：微博。

基于标签社交分享的社交网站：易寻网。

基于社会化问答的社交网站：即问即答网、知乎网。

（2）国外社交网的代表

friendster、facebook、Twitter、Google++等。

3. 社交网站营销的含义和特点

社交网站营销顾名思义就是企业利用各种社交网站所进行的企业宣传和产品推广等活动。它的核心是关系营销。社交的重点在于建立新关系，巩固老关系。任何企业都需要建立新的强大的关系网络，以支持其业务的发展。社交网站营销的特点主要体现在以下 4 个方面。

第一，直接面对社交网站的各类人群，目标人群集中，宣传比较直接，可信度高，更有利于口碑宣传。

第二，利用各种氛围制造销售，投入少，见效快，利于资金迅速回笼。

第三，可以作为企业普遍的宣传手段使用，也可以针对特定目标，组织特殊人群进行重点宣传。

第四，社交网站直接掌握消费者反馈信息，针对消费者需求及时对产品和服务进行调查与调整。

4. 社交网站营销的优势

（1）社交网站营销可以满足企业不同的营销策略

作为一个不断创新和发展的营销模式，越来越多的企业尝试着在社交网站上施展拳脚，无论是开展各种各样的线上活动、产品植入、还是市场调研以及病毒营销等，所有这些都可以在这里实现。因为社交网站最大的特点就是可以充分展示人与人之间的互动，而这恰恰是一切营销的基础所在。

（2）社交网站营销可以有效降低企业的营销成本

社交网站营销的"多对多"的信息传递模式具有更强的互动性，受到更多人的关注。随着网民网络行为的日益成熟，用户更乐意主动获取信息和分享信息，显示出高度的参与性、分享性与互动性，社交网站营销传播的主要媒介是用户，主要方式是"众口相传"。因此与传统广告形式相比，无须大量的广告投入，相反因为用户的参与性、分享性与互动性的特点很容易加深对一个品牌和产品的认知，容易形成深刻的印象，从媒体价值来分析形成好的传播效果。

（3）可以实现目标用户的精准营销

社交网站营销中的用户通常都是认识的朋友，用户注册的数据相对来说都是较真实的，企业在开展网络营销的时候可以很容易对目标受众按照地域、收入状况等进行用户的筛选，来选择哪些是自己的用户，从而有针对性地与这些用户进行宣传和互动。如果企业营销的经费不多，但又希望能够获得一个比较好的效果，可以只针对部分区域开展营销，例如只针对淮海经济区的用户开展线上活动，从而实现目标用户的精准营销。

（4）社交网站营销是真正符合网络用户需求的营销方式

社交网站营销模式的迅速发展恰恰是符合了网络用户的真实需求，参与、分享和互动，它代表了网络用户的特点，也是符合网络营销发展的新趋势，没有任何一个媒体能够把人与人之间的关系拉得如此紧密。无论是朋友的一篇日记、推荐的一个视频、参与的一个活动、还是朋友新结识的朋友都会让人们在第一时间及时了解和关注到身边朋友们的动态，并与他们分享感受。只有符合网络用户需求的营销模式才能在网络营销中帮助企业发挥更大的作用。

5. 社交网站营销策略

（1）开放平台

社交网站营销主要是对客户加以关注，重视如何在活跃用户、潜在客户和客户间构建科学的互动机制与沟通渠道，从而强化品牌的知名度。一般而言，消费者可在社交网站中参与评论，这样商家能够回复用户的在线评论，避免恶意评论，有效引导舆论导向。同时由于社交网站的分布不够均匀，每个人都具有不同的影响力，因此社交网站营销应对社交网络中的领袖用户加以寻找和利用，通过高影响力的群体来宣传自身的产品。如商家可借助微博账号，将相关产品的信息定期发布给粉丝，或者与网络达人进行合作等，从而保证网络营销的有效性。

（2）"碎片化"重聚的实现

随着电子媒介的不断发展与普及，受众的信息阅读速度不断加快，在一定程度上增强了信息的传播力度，使人们的选择范围变得更为广阔，呈现出"碎片化"的传播环境。因此在网络营销过程中，商家需要对客户的实际需求加以重视，有效分离目标受众群体，将其"需求"加以聚合，从而达到良好的传播效果。社交网站能够让受众结合自身的需求灵活选择"地点"，从而形成社区，将具有相似个性化需求的消费者再次进行黏合，实现"碎片化"的重聚，提高社交网站营销的效率。

（3）消费社区的创建

社交网络的发展促进了消费社区的形成，人们能够以消费产品和消费模式为依据，对特定的消费社区加以组织形成，这样参与者能够分享意见与心得，是消费模式的有效提升。分享与搜索作为网络的重要特质，人们能够利用搜索强化消费的主动性，对产品进行自由灵活选择；同时人们通过分享，与他人建立良好的沟通与联系，达到信息传播的目的。对于社交网站营销而言，需求链占据主导地位，因此商家需要结合消费社区中成员的实际需求，对相应的产品进行生产与制作，从而满足消费者的实际需求。这样消费者能够参与产品的各个过程，如反馈、传播与设计等，成为高黏性的用户。

步骤3　知晓社区网站营销

1. 社区网站的含义

社区网站有两层含义：第一层含义，社区是指同一小区、同一地区、甚至同一国的人所构成的社会，社区网站就是基于同一地区的人所建立的区域性的网站。例如，徐州本地的网站"彭城视窗"，是徐州地区的综合性门户网站，致力于构建和谐徐州网络生活社区。社区网站是针对社区内居民之间互相联系的网站，自然网站的内容应该主要倾向于更适合在社区内产生的活动，比如，二手物品转让、上下班拼车、生活必需品的买卖等，要能够体现出社区网站的独有特色。社区网站的主角是社区的居民，能让更多的社区居民从中受益，才能保证网站的可持续性发展，因而网站应该简单易用。第二层含义，社区是指把具有共同兴趣的访问者集中到一个虚拟空间，达到成员相互沟通的目的，从而达到商品的营销效果。例如，搜房网（房天下）是房地产家居行业专业网络平台，一直专注新房、二手房、租房、家居、房地产研究等领域的互联网创新，在房地产互联网移动及 PC 均处于行业前列。此种类型的社区网站所提供的虚拟频道，让网民产生互动、情感维系及资讯分享。从网站经营者的角度来看，网络社区经营成功，不仅可以带来稳定及更多的流量，增加广告收入，注册会员更能借此拥有独立的资讯存放与讨论空间，会员多，人气旺，还给社区营销造就了良好的场所。

2．社区网站的营销策略

针对地方性的社区网站，在进行网络营销的时候可以采取以下一些策略。

（1）注重民生，做好舆论引导工作，争取得到政府相关部门的支持

通过网络来关注到老百姓的生活，这也算是社区网站的一个特点。有的政府非常重视网络舆论，其实光靠政府自己，确实是很难做好民生，而且压力会非常大。所以，社区网站需要政企联手才能做好做强做大，才能更好地服务用户。

（2）要坚持多做线下活动，增强网友线上线下互动

比如，做社区蔬果直供的网站，为了体现蔬菜及水果的品质，可以在一些小区进行现场展示，免费试吃，并邀请试吃的消费者在网站晒图评价，给予再次购买者更高的折扣优惠。这样可以增加网站的流量，甚至是销量。

（3）经常举办一些公益环保志愿者活动，增强社区网站的社会责任感

做好公益环保事业，也会得到网友的褒扬和支持，有利于自身品牌和人气的提升。但是公益环保事业投入过大，活动过多也容易引起网友反感，所以不宜做得过多，要找好点，能起到好效果，容易引起共鸣的活动。

（4）做好商业运作，提高网站赢利能力

社区网络和商业运作要适当地分开。社区网络应该保持它的原生态，而通过一系列的商业运作来提高网站的赢利能力。同时，网站自身也要考虑利用网站自身的资源和人气，适当举办一些商业活动，依托社区，做好相关垂直行业站或者频道。

基于共同兴趣的社区网站，在进行网络营销的时候可以采取以下一些策略。

（1）注重社交平台核心功能的深度开发，强化娱乐休闲功能创新

首先，社交网络的基础和目的在于维系和建立好友关系，用户通过交友认识不同的用户，并形成圈子，因此"交友功能"应该还是社交网络的核心功能。需要对不同需求的用户群体加强和深化这一功能的开发。对于热衷公共社交的群体，企业应该迎合其开放式的社交心理，努力为其提供与外界建立关系的功能和服务，满足其社会交往需求；而对那些注重隐私的用户，则要增强其私信功能，保护其私人化沟通的用户体验，提高这一用户群体的忠诚度，增强用户黏性。

其次，企业应该注重通过社交网站的娱乐休闲功能激发用户的活跃性和兴趣度，比如，通过视频、购物、游戏等项目，使得用户的黏性增强，让用户间建立紧密的互动。在过去的几年中，社交游戏出现了量多但是同质化严重的现象，使得用户厌倦和反感，导致用户流失，致使许多社交网站面临生存危机。针对这些现象，社交网站应提高创新水平，强调自身特色，为用户带去更多、更便捷、更有趣的娱乐项目，以此获取更多用户的青睐。

（2）不断提高移动社交应用创新，构建多点赢利

随着智能移动终端的普及，移动社交将成为趋势。然而在移动社交终端市场中，社交网站平台应用软件同质化非常严重，使得社交应用出现了一种泛滥而无新意的局面。面对这样一种恶性生态面貌，社交网站的开发者应该改变思想，朝多元化方向进行思考，不断挖掘用户新的社交需求，开发具备核心特色功能的社交应用，强化自己的品牌辨识度。在这个竞争激烈的社交时代，唯有具备自己的独特核心功能，才能吸引用户的关注，获得忠实用户。纵观全球主要的社交应用，无不如此。同时，借助移动支付等快捷服务的发展，要努力打造"移动+娱乐+交友"的多样化产品，实现多点赢利，才能实现真正的发展。

（3）注重社交网站的推广能力和电子商务能力的挖掘，实现与企业的紧密合作

社交网站平台拥有巨大的用户群，是一个天然的优秀广告推广平台，将有助于实现社交网站平台与企业的紧密合作和共赢。而在广告推广的过程中，强化线上推广和线下活动的有效结合，能够形成卓有成效的合作，既达到厂商的推广目的，又强化了社交用户的黏性。而在社交网站平台建立电子商务功能，更是未来发展的一个趋势。如果社交网站平台实现了电子商务功能，那会为用户带来更多的便利，赢得更多用户的欢迎。

步骤4 知晓直播平台营销

1. 直播平台的含义

直播平台比较通俗的说法是互联网公司提供给各个主播进行网络直播所用的网址。某个互联网公司以该公司的名义注册一个域名，主播可以在这个域名里开自己的直播间进行直播，这个域名即平台。它主要由直播客户端、直播网页端以及管理后台构成。

目前在国外最成功的网络直播平台是 Twitch。Twitch 是一个面向视频游戏的实时流媒体视频平台，专注于游戏相关内容的直播。Twitch 每月的访问量超过 3800 万，有超过 2000 万个游戏玩家汇聚到这个平台，每个访问用户在网站的日平均停留时间为 1.5 小时。网站支持 28 个国家和地区的语言，包括中文简体和繁体。

中国目前的网络直播平台有 200 多家，像斗鱼、战旗、熊猫、虎牙、龙珠、花椒等。其中虎牙 TV 就是之前的 YY 直播改名而来，斗鱼 TV 是目前占据市场份额较大、受众较广、流量较高的平台，战旗紧随其后，龙珠是腾讯公司的产品，花椒直播是中国较大的具有强明星属性的移动社交直播平台。中国的直播平台在 2016 年迎来了井喷式的发展，各大平台疯狂砸钱签约著名的主播来留住受众，通过宣传来树立品牌。大多数年轻人的日常生活当中，每天学习工作之余看心仪的主播的直播内容已经变成了固定的娱乐方式。

2. 直播平台营销的含义

直播平台营销也被称为直播营销或者网络直播营销，它是指在现场随着事件的发生、发展进程，同时制作和播出节目的播出方式，该营销活动以直播平台为载体，达到企业获得品牌的提升或是销量增长的目的。

3. 直播营销的应用

（1）直播+电商营销

电商平台用户众多，流量集中，意见领袖的引导更能影响消费产出，效果显著。例如，2016 年 5 月 18 日淘宝直播吴尊推荐购买"惠氏启赋"，观看人数超 7 万，成交额超过 120 万人民币；2016 年 5 月 24 日柳岩携手"艺福堂"在淘宝聚划算直播，观看人数达 14 万，六款

产品同时销售，面膜销售超 3000 余件、柠檬片超 4500 件、枣夹核桃超 12 万件等；2016 年 6 月 19 日红人店主张大奕引导销售"吾欢喜的衣服"在淘宝直播，观看人说超 41 万，两小时内成交额接近 2000 万元人民币，客单价近 400 元。

（2）直播+发布会营销

直播平台成为品牌推广新品进入市场的重要出口，发布会结合电商等销售平台，可将直播流量直接转化变现。例如，美宝莲纽约整合互动营销，9 大直播平台联手直播新品发布会，超 500 万人在线观看，最终卖出 1 万支口红新产品"唇霸"，转化实际销售额达到 142 万元人民币。

（3）直播+互动营销

直播与社交平台结合，吸引社交平台流量参与线上直播活动。可尝试线上线下配合，招募粉丝亲身参与直播，满足大众猎奇心。例如，杜蕾斯 AIR 空气套试戴直播，6 大直播平台联手，超 500 万人在线收看，在微博上热议超 4 万 1 千，引发观众强烈的猎奇心理，男性观众居多，多为"90 后"和"95 后"群体，并且不断地对直播内容吐槽，对于厂家来说吐槽有利于企业提升产品品质。

（4）直播+内容营销

新颖新奇的内容是直播营销事件中脱颖而出的关键。选择合适的目标人群，针对目标人群的基本属性、特征偏好策划直播内容，做到"对症下药"。例如，王健林携手《鲁豫有约》在熊猫 TV 全程直播，意在宣传万达南昌文化旅游城。最终收获了近 30 万人在线观看，引得微博热议超过 8 万 6 千。

（5）直播+广告植入营销

颠覆传统广告刻意而为之的方法，在有趣的直播场景下，配合观看者的直观评论感受，自然而然地进行产品和品牌的推介，悄然触动消费者购买心理，促成购买。例如，2016 年 6 月 10 日，配合联想美国 Tesh World 会议，杨元庆 5 小时携手映客跨国直播，超过 200 万人在线收看，此次直播主要是推介联想最新产品，并且掀起粉丝微博热议，树立了联想在粉丝中"更接地气，更扁平"的品牌形象。

（6）直播+个人 IP 营销

直播平台成为"网红"经济的一个有力出口，为以"个人"为单位的"网络主播"提供更广阔的粉丝平台，并降低进入门槛。粉丝基础和粉丝互动是成就个人 IP 的核心因素，也是个人平台化的出发点。例如，2016 年上半年最火网红"papi 酱"，通过淘宝直播首次广告拍卖 2200 万人民币，并且携手签约 8 大直播平台展示直播首秀，与"美即面膜"合作发布第一支，成功运作个人 IP 最大价值平台化。此次直播平台首秀，在微博上热议达 20 万声量，为同期直播事件之首。

 **触类旁通**

打造"直播+电商"的另类"美色经济"

近年来，网络直播堪称互联网领域最为火爆的一个细分领域，数据显示，从 2015 年到 2016 年，国内大大小小的网络直播平台达到两三百家，形成了"百播大战"的局面，而这一领域所产生的直接经济价值也超过了百亿。不过在行业纵深化发展的背景之下，网络直播也衍生出了一些新颖的玩法，例如，和电商相结合打造出"直播+电商"的新模式，这一模式不仅被业界所看好，甚至被某些媒体冠上了"电商 2.0"的名号，似乎是未来电商的大趋势。"直播+电商"的新模式属于"美色经济"的延续，因此前景看好。可以说，现在活跃在各大直播平台上的主播大多是年轻女性，她们多才多艺，能歌善舞，有些主播还可讲解某些相对专业的话题。在颜值和才能俱佳的背景下，才有越来越多的网友为其买单，直播平台才得以做大做强。从这个角度来讲，网络直播行业实际上是一个"颜值为王"的行业。

凭借大量高颜值的女主播，直播平台树立了强大的品牌号召力，用户流量也得以迅猛增长。但如果仅局限于传统的打赏模式，似乎又很难推动行业稳健增长，一方面，用户打赏热情正在减退，这毕竟是直接在用户兜里掏钱，拿得太多用户可不乐意；另一方面，任何形式的表演或者才艺展示都可能令观众审美疲劳，要想继续让用户打赏，就必须推出更新颖的内容和服务，由此必然提升运营成本。

那么如果在直播的基础上嫁接电商，问题能否迎刃而解？实际上，2016 年阿里巴巴公司已经推出了淘宝直播与天猫直播两大直播平台，用户可以一边欣赏直播的过程，一边挑选主播推荐的产品，这可以说是天衣无缝的结合。不过阿里巴巴公司不应当局限于自己的直播平台，应当和其他垂直直播平台合作，进一步扩大这种模式的实践版图，这样的话，整个模式便有了全行业推广的价值。那么假设垂直直播平台和电商巨头合作，会碰出怎样的火花呢？

第一，这可以大大提升消费者的网购热情。通过直播讲解的方式，消费者对商品将有更深刻更全面的了解，从而避免买卖双方信息不对称的情况。尤其是美女主播的讲解更引人关注，很容易为商品聚集人气，将"美色经济"移植到电商领域。

第二，在拉动电商业务成长的同时，也将为直播行业带来价值。直播平台和电商平台可以建立一种合理的分成制度，打造出双赢的合作模式，这对于解决直播行业商业模式之困也有极大的帮助，而且电商体量很大，所创造的价值也远高于直播行业单独创造的价值。

第三，随着这一模式越发成熟，未来整个电商的玩法或将发生巨变。网络直播在丰富电商内容的同时，将成为用户获取商品信息的重要途径。整个电商在信息传递方面，将从传统的文字、图片类平面信息向直播、视频类多媒体信息转变，这或许才是电商 2.0 的真谛所在。

任务 4　捆绑软件营销

软件的推广需要资金和时间，通过与知名且有实力的软件进行定制化的捆绑销售，是一条捷径，也成为软件厂商和共享软件生产者收入利润的主要来源。共享软件制作者通过与知名厂商的捆绑，扩大软件的知名度；而软件厂商则根据软件捆绑销售的实际情况而向软件开发者收取利润。并且软件厂商通过所谓扩展功能来实现除主体软件以外的营销模式达到赢利的目的。可以说无论是软件厂商和共享个人，捆绑确实给他们带来了实惠，实现了共赢。

本任务所介绍的捆绑软件营销也被称为软件捆绑营销。

任务要点

关　键　词：捆绑软件，360 软件，QQ 软件，网络营销。

理论要点：捆绑软件营销的含义、种类及注意事项。

实践要点：运用捆绑软件进行网络营销。

任务情境

正常情况下，一个产品、网站频道推出来，在合适的条件下，是要做些适度的捆绑的，捆绑推广的种类繁多，几乎涉及计算机日常使用的方方面面。"捆绑推广"往大了说就是"合作"，往小了说就是"植入式广告""弹出窗口"。现在越来越多的网站利用"捆绑推广"的策略快速实现互联网的跑马圈地。

任务分析

本次任务通过介绍捆绑软件营销的含义、种类及注意事项，使学生知晓捆绑软件营销的基本原理。通过捆绑推广网站的案例指导学生实践捆绑软件营销的使用，使学生能够有意识地将现代化互联网工具与网络营销结合起来，提升学生的网络营销能力。

任务实施

步骤 1　知晓捆绑营销

1. 捆绑营销的含义

捆绑营销也被称为捆绑销售，是共生营销的一种形式，是指两个或两个以上的品牌或公司在促销过程中进行合作，从而扩大它们的影响力，它作为一种跨行业和跨品牌的新型营销方式，开始被越来越多的企业重视和运用。不是所有企业的产品和服务都能随意地"捆绑"在一起。捆绑销售要达到"1+1>2"的效果取决于两种商品的协调和相互促进，而不存在难以协调的矛盾。捆绑销售的成功还依赖于要有正确的捆绑销售策略。

捆绑式营销是双赢思维的产物。在市场竞争日益激烈的情况下，尤其是面对经济全球化的挑战，实力再雄厚的企业也显得力不从心。在企业营销中，捆绑式促销有利于扬长避短，实现优势互补。不论何类企业，如果能在一个领域内的较长时间内有所成就，那么一般都有自己的核心专长，或者具有人才、资金优势，或者拥有品牌优势、营销渠道优势、广告宣传优势等，但"尺有所短、寸有所长"，任何企业都不能说自己在全球市场上的所有领域都处处领先。其自身也一定存在某些薄弱环节，这正是其他竞争对手攻击的"缺口"。在复杂激烈的竞争环境下，面对优势企业，特别是强大跨国公司的竞争，只有寻找合作伙伴，通过结盟竞争才能及时弥补自己的缺陷，使核心专长得到充分发挥。

2. 捆绑营销注意事项

1）最好是强强联手。中国人在婚姻上最讲究的是"门当户对"，企业间的合作与婚姻有共通之处，只有那些在科研、生产、管理、营销、服务等方面拥有自己核心优势的企业才能成为联合对象。强强联手，首先是有了广泛的合作基础。两个企业要具有一定的品牌优势，已经得到消费者的认知和了解，至少在目标销售市场上具有一定的知名度，强手双方明确的核心优势，独立、互补性资源能为双方带来益处。其次是能够迅速被消费者所认同。如果一个名不见经传的小洗衣粉厂要与海尔这些家电"大腕"捆绑，不但不可能成功，即使是勉强合作，也难以得到消费者的认同。

2）企业之间进行捆绑式营销，有一定的领域和合作项目的限制。有上下游关系、关联度好的企业和产品，以及那些能给企业带来高附加值活动的项目，才适合搞捆绑式营销模式。正如卖矛的不能与卖盾的捆绑一样。如洗衣机厂家与洗衣粉厂家的捆绑，牙膏生产商与牙刷生产商之间的捆绑就是关联度较大的合作，成功率相对要高得多。南方某灯饰品牌，以美化家居为概念，联合了地产商、门窗、地板、瓷砖、卫生洁具等众多相关厂家，统一行动，在报纸上统一做整版广告，突出美化家居主题及系列美化方案，各品牌如何搭配之建议案等，最终使各厂家的销量互为促进，共同增长，也是成功的一例。

3）捆绑式营销应该考虑到企业间联合的成本费用情况，只有合作所增加的收益大于联合所产生的成本时才能考虑运用捆绑式营销模式。最典型的是可口可乐公司与联想、北大方正的抽奖活动。可口可乐不费分文为自己的促销活动提供了计算机产品，联想、方正不费一分的广告宣传费用，在庞大的可口可乐消费群中宣传了自己的产品和形象。

4）在利用捆绑进行营销时，要充分考虑到消费者的利益。不仅要过硬的产品质量，而且要考虑这种形式能不能为消费者所接受，能不能给消费者带来价值。因为合作的最终目的是树立企业形象、扩大产品的市场份额，这一切都取决于消费者的认同。这一注意事项在捆绑营销中最为重要。

步骤 2 知晓捆绑软件营销

1. 捆绑软件的含义

捆绑软件是指用户安装一个软件时，该软件会自动安装单个或多个软件。安装时它是在静默安装，并没有告诉用户是否要安装这个软件。当前流行的流氓软件大致都是由捆绑而产生的。软件捆绑的种类繁多，几乎涉及了计算机日常使用的方方面面，归纳起来大致有以下几类：即时通信、网络浏览、网络搜索、病毒查杀、影音播放、英汉词典、文字处理、图像处理等，这些捆绑软件在运行主程序安装时大多以可选框的形式出现，比如 Windows 优化大师捆绑的 3721 上网助手。

2. 捆绑软件营销的含义

捆绑软件营销是指软件制造商为了推广自己的网站、软件以及 APP 程序等，与知名互联网企业合作，依靠知名互联网企业的声誉及软件产品的高市场占有率，把自己的相关产品嵌入到合作企业的产品中，当下载合作企业产品的时候一并下载自己的产品，从而达到推广自己产品的目的。例如，360 安全卫士通过"杀毒"和"装机必备"两个重要的推荐栏目，为合作伙伴带去大量的装机量和销售量，同时获得了不菲的佣金。360 安全卫士的捆绑几乎改变了一个软件甚至一个行业的格局。几年前跟卡巴斯基合作的时候，就让这一款国内毫不知名的杀毒软件迅速占领了市场的半壁江山。同样 360 浏览器推出时，360 安全卫士同样采取捆绑的手法，在没有任何提示的情况下悄然安装，使得 360 浏览器超越百度和腾讯浏览器，位居国产浏览器榜首，占据浏览器市场一半的市场份额。

3. 捆绑软件营销的注意事项

（1）选择知名互联网企业的软件产品进行捆绑

知名互联网企业的产品在市场上有很高的占有率，美誉度也很高，与这些企业合作能够快速推广自己的产品，并且被市场所认可。

（2）在进行捆绑安装的时候要有"选择框"

强行的捆绑软件下载安装会造成用户的反感和抵制，因此在下载和安装的时候要有"选择框"提示，让用户在自愿的前提下使用。

（3）要实时监测用户的使用情况，允许用户反馈

一旦用户安装了你的产品，那么要对用户的使用情况进行实时监测，在产品中要有反馈的功能，及时收集用户的反馈信息，以便对产品进行改进及质量升级。

（4）争取合作企业的推广支持

由于合作企业的产品在市场上有很高的占有率，在合作的过程中，尽量争取合作企业的推广支持。权威企业的赞美和支持比自己吹嘘要有用得多。

步骤 3　知晓热点捆绑式营销

1. 热点捆绑式营销的含义

公众人物或团体通过社交媒体产生热点源，再由个人或官方用户通过社交媒体参与互动扩大话题传播范围和影响程度，最后品牌对热点进行捆绑传播也未离开社会化媒体平台。美国著名设计师唐纳德·A·诺曼提出"使人愉悦的东西会让使用者觉得更有用"。诺曼的这一观点也同样适用于传播领域，轻松娱乐的互动较之冰冷说教的宣传更容易被受众接受和认可，进而拉近受众与品牌之间的距离。"热点捆绑式"营销模式不同于传统的宣传公告营销，其抓住当下热门话题，巧妙融入品牌价值观念，用轻松娱乐的方式对热点话题进行再演绎。以"友谊的小船说翻就翻"事件为例，其中世纪佳缘推出漫画广告"单身人士的独木舟屹立不倒""BANG""单身人士的独木舟说被撞翻就被撞翻"，切入点到位且融合度高，采用诙谐幽默的方式极度巧妙地将品牌与事件进行了捆绑，使受众心里一乐的同时留下品牌印象。

通过对这两年热点话题的梳理分析，不难发现，"热点捆绑"已经成为某些品牌的营销方式的必然选择。从 2015 年"世界那么大，我想去看看"的辞职信事件、李晨和范冰冰的"我们"事件、郭富城的"这样开车要慢一点"事件等，到 2016 年"太阳的后裔"引发的宋仲基热潮、科比退役事件、杜蕾斯三小时直播事件等，每一个热点话题之后都紧随着各大品牌的捆绑营销，捆绑方式或巧妙或生硬，营销效果或理想或荒谬，但是无疑可以得出一个结论："热点捆绑式"营销方式已经出现，并且将会持续存在，如何玩转这种营销模式是不少品牌面临的巨大考验。

2. 选择热点捆绑式营销的原因

（1）绑热

从 AIDMA 模型来看，最终促成购买行动是通过引起注意、产生兴趣、形成记忆、培养欲望的累积，行动的起源来自关注，广告主的传播行为是否成功，在一定程度上取决于是否引起受众注意，形成关注受众才可能产生兴趣并促成购买行动。热点话题本身所具有的热点性是广告主选择主动捆绑营销的主要原因。在当今时代，信息消费化日趋明显，受众热衷于成为热点话题的参与者与传播者，而非传统被动接受外界的信息，因此，具有社会话题性的热点一经出现，受众便会化被动为主动，引发话题热潮，使话题的不断升温成为可能。以宋仲基热潮事件为例，随着《太阳的后裔》超十亿的点击量，"国民老公"宋仲基本身就具有巨大的号召力，国内品牌期望借助与宋仲基建立联系以吸引消费者关注也是在情理之中。

（2）绑情

人是一种独特的生物，需要情感上的满足。以科比退役事件为例，科比宣布退役之后，超 50 家品牌在微博、微信等平台对该热点展开一系列捆绑营销，如杜蕾斯在官方微博发出"A.M. 04:00 ONE MORE GAME"；可口可乐推出"传奇继续，这感觉不可取代"；奔驰"致敬执着，致敬伟大，致敬为了每一次胜利而不懈奔驰"，勾起了无数人的情怀，对那段英雄岁月的致敬，自然而然就能引发相当一部分人的情感共鸣，成为热点话题也是情理之中。此时的相关品牌进行捆绑式营销就是希望能够造成消费者的情感迁移，将特定的品牌与这种情怀人为地建立关联，转移受众的情感寄托，从而使相关品牌本身得到受众的关注和认可，达到"爱屋及乌"的理想效果。当代社会生活中，有文化的商品更具创造力，有故事的品牌更具生命力，品牌广告主们通过各种广告活动以塑造一种人格化的品牌形象，从而建立一种品牌黏性，形成良性的受众社群生态系统。在热点事件捆绑营销过程中，不仅是为了获得关注度，而且是希望通过捆绑进而传递品牌的格调、品性和情绪，以吸引具有该种感情需求的目标受众，而目标受众的每一次参与都是对品牌价值的认可和传播，最终增强受众与品牌的黏性。

（3）绑利

品牌营销的最终目的是扩大产品销售量，获得企业利益的最大化。"热点捆绑式"营销方式较之传统的营销方式而言，具有明显的成本优势。首先，从热点本身来说，热点话题本就是已经引起社会广泛热议的事件，在经过企业有意或受众无意地通过微信、微博等社交性媒体平台的加工传播之后，会进一步扩大该话题的讨论度，易形成所谓的"现象级"事件，在社会生活中产生巨大的影响力。其次，对于品牌的自身营销而言，营销人员进行捆绑营销时需要做的仅仅是在热点事件发生后的第一时间做出反应，巧妙地找到品牌与热点事件之间的关联点，最后选取切入的角度进行广告的设计以及传播。由于新媒体平台自身的独特优势，这种营销方式的宣传成本相对较低，甚至可以等同于免费。最后，即便热点捆绑的影响力不足，营销结果并未达到预期效果，也同样不会给企业带来成本上的压力。因此，品牌利益因素应该是企业选择"热点捆绑式"营销方式的最根本的原因，也是最终的营销目的。

3. 热点捆绑式营销策略

（1）要速度——"唯快不破"

"天下武功，唯快不破。"说的是世上的武功招数没有哪一种是不能被拆招的，所以唯有先发制人，速度快到对手根本来不及反应，在对手还没有出招前，就将对手出局，在很多情况下，该方式同样适用于营销领域。

第一，在新媒体时代背景下，品牌营销人员不能闭门造车，而是应时常关注微博、微信等社交网络平台动态，同时可以参考百度指数、微信指数、微博指数，监测热度变化，把握最新的舆情动态，在最短的时间内做出最恰当的回应。研究表明，所有的热点话题的热度都是呈现曲线型，并且热点事件都有一定的保质期，特别是像一些娱乐事件，甚至短短持续几个小时后便会成为旧闻，"一般认为 6 个小时以后的热点就失去了时效性"。因此，品牌营销人员在捆绑热点时可以把握的时间段十分有限，尤其是在热门事件或是话题人物出来后的热点高峰期，品牌营销人员需要在几分钟内制作并传播跟品牌形象相关联的广告文案，第一时间让目标受众知晓，且产生转发并互动的欲望，这样的营销行为才能够既有娱乐的敏感性又能产生受众流量，达到品牌理想的传播效果。

第二，未雨绸缪，先发制人。热点话题一般可以分为可预期热点和不可预期热点，面对不可预期热点时只能见招拆招，灵活应对。但是如情人节、圣诞节、毕业季、高考等时间节点或是有预告准确时间的大事件，可以提前准备捆绑好的宣传图文。以2016年的六一儿童节为例，奥迪推出系列广告"不一样的时光，同样的激情"，运用童年记忆中的小三轮车、套圈圈、过家家元素提前制作广告作品，在"六一"儿童节当天及时进行了捆绑营销。

（2）要契合——"蛇打七寸"

对于品牌营销人员来说，在进行热点捆绑营销时，不仅需要抓住时机，而且要准确找到品牌与热点的最佳契合点。热点话题是客观存在的营销素材，而不同的品牌会有不同的解读，并不是所有进行捆绑营销的品牌宣传都可以达到预期的传播力，成功的捆绑营销必然需要准确地洞悉目标受众的真实情感需求，结合品牌特有的格调和内涵，巧妙地找出话题的切入点加以捆绑热点话题的价值导向，巧妙的文案加之生动的图片，这样具有创意性的捆绑营销也有可能带动用户的主动参与，形成具有规模的传播热潮。热点天天有，什么是一个品牌能够去结合的？热点那么多，品牌的态度是什么，和品牌的诉求的结合点是什么？结合热点是否成功的评判标准是什么？这些问题的答案回答了品牌应该如何契合捆绑热点，是捆绑营销的关键点所在。

（3）要持续——"善始善终"

"热点捆绑式"营销方式的"爆发型"效果特征既指出了传播效果的即时性，也体现了传播效果的瞬时性。热点事件本身所具有的突发性和偶然性，使得热点捆绑营销的效果持续性难以实现，常常会陷入虎头蛇尾的尴尬境地。目前很多品牌在进行热点捆绑营销时仅关注速度和力度，打一枪换一个阵地，而忽视塑造稳定持续的品牌人格化形象。那么如何才能做到"善始善终"呢？

首先，将热点与品牌的核心价值相结合去做捆绑传播，注重品牌文化的持续性表达。通过持续性地选择格调相符的热点话题进行捆绑，传递出稳定的人格化品牌形象，保证品牌形象的一致性。其次，在进行捆绑营销的过程中制定奖励机制，吸引更多的目标受众主动参与，扩大传播效果的同时适当延续话题性。最后，拓展营销传播渠道，在新媒体平台进行传播的同时适当增加线下的多渠道配合，通过多样立体化的捆绑营销模式最大可能地突破热点的时间限制，获得持续性的传播效果。

（4）要底线——"心中有戒"

品牌进行热点捆绑营销要做到"有底线，有立场，有态度，有情怀"，在处理法律与道德的界限问题时，坚持原则性十分必要。热点事件层出不穷，本身所具有的正负色彩也不一样，品牌营销人员在进行热点捆绑过程中要善于分辨，灵活挑选，巧妙切入，承担企业的社会责任，保证品牌形象的正面性传播，打造具有正能量的"民间舆论场"。

以优衣库事件为例，通过微博疯狂传播一则关于优衣库试衣间的视频，内容隐晦不堪，但是在社交媒体平台上传播甚广，虽然视频很快被删除，但是一些品牌却在很短时间内借着事件热议的浪潮进行捆绑传播，比如，ZARA的文案"来我们ZARA吧！试衣间比优衣库更敞亮！"诸如此类的捆绑广告将舆论浪潮推上新的高度，一方面延长了此类不良信息的传播周期，阻碍了网络环境的净化；另一方面也有损品牌的正面形象塑造，甚至带来品牌的污化。当然也有品牌化腐朽为神奇，巧妙利用了事件的负面性进行营销，如百度推出"寻找美好的，总能超越荒谬的"，将冥王星与优衣库的百度搜索次数进行对比，得出正面性的结论，在不错过热点的同时坚守了品牌的道德底线。

触类旁通

恶意捆绑安装　起底"流氓软件"暴利链

近期，不少计算机和手机用户的屏幕上出现了很多所谓的"流氓软件"。所谓"流氓软件"是指用户在使用手机或计算机提供的应用软件时被恶意捆绑、强制安装的用户不需要的或无实质作用的广告、色情等不良软件。显然这些软件会使大量的计算机或手机用户遭受重大损失。

2015 年 8 月 6 日，网络安全技术人员向记者指出流氓软件的入侵过程。点击一个色情网站安装播放器的提示后，"流氓软件"会在后台运行，自动给计算机装上若干个软件，侵占电脑存储空间。

一、大量入侵用户的手机、计算机，某"流氓软件"半年获利达百万

在计算机和手机的屏幕上，"流氓"日渐猖獗。2015 年 7 月底，工信部发布当年第二季度电信服务质量通告显示，在对 40 余家手机应用商店应用软件进行的技术检测中，共发现有 80 款应用软件存在问题，其中大部分软件是恶意相互捆绑、强制安装在手机上的，也就是俗称的"流氓软件"。

不仅是手机，计算机"流氓软件"同样大行其道。有网络安全机构发布数据显示，目前存在于 PC 端用户的"流氓软件"有数百款，其中不乏较为知名的软件，不少软件的用户数高达百万级。

新京报记者调查发现，在"流氓软件"肆虐的背后，是一条渐成产业的灰色利益链条。"流氓软件"作者采用强制捆绑、欺骗安装等方式推广软件，并从软件厂商或职业推广人处获取利益。据了解，通过这条利益链，一款捆绑五款软件的"流氓软件"半年获利达数百万元，软件厂商、职业推广人和"流氓软件"作者等均从中获益。而大量因此遭受损失的手机和计算机用户，维权困难重重。

专家认为，"流氓软件"侵权行为很明显，但举证过程太过艰难，相关部门应该加强网络监管，同时还应完善相关法律法规，严惩软件"耍流氓"。

二、新手机装了 35 个软件，待售手机被预装大量应用软件，暗藏"流氓软件"难卸载

王成发现他的手机不对劲儿是在 2014 年 8 月初。他新买的手机预装了一款游戏软件，随后不久，这部手机在没有数据流量、没有通话，且还有 60 余元剩余话费的情况下，突然被停机。

经向通信运营商营业厅查询，王成发现自己的话费全被游戏"吸"走。该款游戏每过一个关卡都会要求点击"领道具"，"我都是习惯性的点击，可能触发了扣费链接"。

类似王成遭遇"流氓软件"的经历层出不穷。去年央视"3·15"晚会曾曝光，被预装在手机里的"流氓软件"，除了植入木马吸费，还会泄露用户的个人隐私。

新京报记者以购机者身份来到公主坟一家大型连锁手机店，店员小李拿出多个品牌的智能手机，每个都有多达数十款预装应用软件，其中既有手机生产厂商自带的，也有通信运营商开发的以及来自第三方的应用软件，最多的一款手机被预装了 35 个第三方应用软件。

"手机预装软件都可以卸载掉，"当有用户对手机上的预装软件表示反感时，小李一边解释，一边演示卸载方法。但记者注意到，小李只是演示部分手机应用软件，一些已装入手机系统 ROM 包的"流氓软件"，他无法卸载。

手机安全专家万仁国表示，区分预装是普通推广还是"流氓软件"，一个重要的指标就是看预装软件能否被用户轻易卸载，"不能卸载的，就是一种流氓行为"。

记者注意到，早在 2006 年，中国互联网协会就公布了"流氓软件"的定义，其特征包括强制安装、难以卸载、浏览器劫持、广告弹出、恶意收集用户信息，恶意卸载，恶意捆绑等。

万仁国还提醒，预防手机"流氓软件"，除了安装手机安全应用、去正规软件市场下载外，还要特别注意"权限最小化"，用户应尽量拒绝不合理的权限要求，避免隐私被泄露。"如果有一款手电筒应用，却提出要读取、修改你的短信，这时候就应该警惕，拒绝或者直接卸载"。

三、"静默安装"防不胜防、计算机"流氓软件"伪装花样百出，20 分钟被偷装 11 款软件

"流氓软件"不只出现在手机里，计算机也有其"耍流氓"的空间。

"我的计算机怎么这么慢？"中国青年政治学院大三学生刘玲对自己的计算机很无奈。这台笔记本式计算机是她在大一开学时，花了 4000 元买的。"几乎每学期都要重装一次系统，但也只能维持两个星期"，刘玲说，计算机"卡得要死"，打开个 Word 文档要 3 分钟，打开个浏览器要 5 分钟，甚至都不能很顺畅地打字。

计算机和网络知识欠缺的刘玲，只是记得自己在安装软件时，桌面上经常会出现其他软件的图标，一般装好系统后两个月左右，桌面上就能堆上 20 多个软件。

刘玲的计算机为何会"卡得要死"？网络安全专家安扬经过检测给出了答案：计算机上被"静默安装"了一大批"流氓软件"。"所谓'静默安装'实际上是一个执行程序"，安扬解释，该程序被运行后，会在用户毫不知情的情况下安装大量软件。

在安扬的指点下，记者登录一个暗藏"静默安装"的网页，点击该网页上的视频链接后，并不能播放视频，而是弹窗提示需下载一款名为"T 云播"的播放器后，方能在线观看视频。但按照提示下载，出现在计算机上的并非"T 云播"，而是某音乐软件的安装包，安装后电脑桌面上会接连出现其他软件。

Windows 任务管理器显示，20 分钟共"静默安装"了来自不同软件公司的 11 款软件，仅杀毒软件就有 5 款，在此过程中计算机完全处于死机状态，无法打开任何一个页面。专业人士表示，同时运行多个杀毒软件会导致计算机死机。

安扬表示，在正常情况下，软件公司为推广软件、扩大用户量，会与另一软件公司合作，通过捆绑的方式将对方用户转化为自己的用户，用户则自主勾选决定是否接受捆绑。但现实是，很多软件在推广时，受利益驱动肆意捆绑多款软件，并采用"静默安装"方式，用户下载一款软件或点击广告位时，计算机在不知情的情况下被安装其他软件，内存被占用，拖慢了计算机的运行速度。

四、软件推广"潜规则"，软件推广联盟催生职业推广人，招揽人员散布"流氓软件"

业内人士介绍，在预装软件和"静默安装"背后，是一些软件公司为了增加用户量，会与推广联盟合作或成立自己的软件推广联盟，推广自己的软件产品。厂商在联盟上提供了安装包，供注册会员下载。

但其中一些"静默安装包"会被"流氓软件"利用，而注册于各推广联盟，从事推广各类软件的职业推广人也随之出现。

业内人士称，职业推广人会发展一些软件编程人员，由这些人员将所需推广的软件捆绑到自己的软件上，将下载链接隐藏于广告位，甚至用木马病毒进行推广，这些软件最终"静默安装"到用户计算机或手机里。

安扬坦言，这类推广方式，即使网络安全从业人员，也很难监测到相关安装轨迹，并固定证据进行维权。

"一次装机，终身领工资"，在一个大型的软件推广联盟网站，其注册页面上的广告语非常有吸引力。在这个网站上，职业推广人完成注册后，就能在这里获取带有"流氓软件"的安装包，然后通过木马病毒等方式伪装传播，一旦有人安装，他们就会得到积分。

该联盟网站规定，注册的职业推广人可在固定时间通过网站查询积分情况，1000 积分相当于 1 元钱，可兑换现金或在官网商城换取礼品。

记者从该网站下载了"一键安装合集 7 月第一版"安装包，内含 11 款软件，报价从 0.2 元到 1 元不等。安装包名称还含有每名会员专属的推广代码，通过这个代码可以进行计费。

在这个安装包的功能选项里，"设置网址导航为 IE 主页""设置默认浏览器""添加网址导航到 IE 收藏夹"三项被默认勾选。如此一来，被安装的计算机运行时，从打开浏览器到访问主页，都会自动运行所勾选的操作。

此外，安装选项还默认勾选了"不显示安装进度"，使之变成一个"静默安装包"。同时，网站提示了几种锁定主页的"技巧"，其中包含不要安装一些杀毒软件等。

根据报价，安装包内软件有效安装一次，可获得 200 到 1000 不等积分。该联盟官网自称已有 300 万个注册会员从联盟领取"工资"。知情人士透露，这些"工资"本质上都来自需要推广自己软件的厂商。

通过查询该联盟报价不难发现，杀毒软件安装的报价最高，赚钱最多，基本上每被有效安装一次，职业推广人都能获得 1～2 元。

五、暴利驱使"流氓软件"肆虐，以截图软件面目出现，捆绑五款软件，影响 116 万用户

"流氓软件"泛滥成灾背后，离不开利益驱动。在记者计算机里被"静默安装"的一款杀毒软件，安装程序后面有一个 ID 号。

"这个 ID 号就对应了会员在推广联盟注册的账号"，安装完成后，软件厂商会自动为这个 ID 做一次安装成功的记录。同时软件厂商通过安装成功次数对该 ID 号进行积分，达到一定积分量后，ID 号的注册者即可相应兑换变现。安扬说，根据网络联盟报价估算，记者计算机上被"静默安装"的 11 款软件，能让推广者获利近 10 元。

软件开发人员张原向记者回忆，他半年前曾做过一款小软件，并把下载地址传到某网络论坛上，留下 QQ 号希望大家试用后提些建议。

建议还没等来，他却等来了"商机"。"一些软件职业推广人加我为好友，上来就说有好产品推荐给我做。"张原说，这些职业推广人希望用他的软件捆绑其他软件进行推广，同时发来的报价单里，还有各种推广软件报价，其中一款视频软件有效安装一次就可以赚 2 元，按安装量每周结算一次。

据互联网安全机构 2015 年上半年的统计，一款作为"流氓软件"的截图软件，被捆绑了 5 款软件，受影响的用户数量 116 万。其中一款软件每有效安装一次报价为 0.7 元，照此计算，该截图软件总共可从软件厂商处获利 81.2 万，捆绑的 5 款软件半年获利或达上百万元。

手机预装软件也是如此，公主坟迪信通店店员小李说，新手机内预装的软件，分别来自厂商、通信公司开发和第三方应用。

业内人士还透露，手机从出厂到销售有多个环节，如果某一环节重复预装上一环节已经预装过的同一款应用软件，在软件厂商的统计中不予计量，无法获得收益。因此各环节进行手机预装时，往往会卸载掉一部分已经预装的软件，再重新进行预装。一款手机到达消费者手中时，被预装几十款软件也就不足为奇。

此外为了提高预装软件效率，一些环节还会使用一种"装机神器"的设备，一两个人几分钟就可以预装好几十部手机。

六、软件"治安"需法律完善，"流氓软件"侵权举证难度大，违法风险低，维权成本高

有互联网安全机构2015年7月提供的数据显示，PC端"流氓软件"每月"静默安装"的软件数量高达1.09亿个。手机端今年第二季度共截获安卓移动平台新增恶意程序样本550万个，平均每天截获新增手机恶意程序样本近6.04万个，累计监测到移动端用户感染恶意程序6573万人次，平均每天恶意程序感染量达到了72.2万人次。

据统计，这些新增恶意程序主要是资费消耗，占比高达80.5%，其次为恶意扣费和隐私窃取。

2015年7月28日，工信部发布《2015年二季度检测发现问题的应用软件名单》，共有80款手机应用软件因强行捆绑其他无关应用软件或恶意吸费被下架。

面对"流氓软件"的进攻，部分杀毒软件虽然可以做到部分拦截查杀，但对"静默安装"的知名厂商软件却无能为力。"如果杀毒软件发现这种捆绑并进行查杀了，人家以不正当竞争为由来告你，一告一个准儿"，安扬说。

安扬表示，很多"流氓软件"的"静默安装"列表放在网络服务器上灵活配置，不断变化，在不同地区和不同环境还会有不同表现，这对于监管部门的调查取证带来了较大难度。同时"流氓软件"法律风险比较低，违法者有恃无恐，更通过各种各样的技术手段隐蔽自己。

中国互联网协会信用评价中心法律顾问、北京志霖律师事务所律师赵占领称："流氓软件"在没有明确告知或告知不明显的情况进行捆绑，侵犯了用户的知情权和选择权。如果网络联盟和被捆绑软件厂商对"流氓软件"行为知情，也存在侵权嫌疑。但是要证明其知情，举证难度很大。因为维权成本过高，很少有人做出维权选择。

亚太网络法律研究中心主任、北师大教授刘德良称，"流氓软件"静默推广、恶意吸费、盗取信息等行为涉嫌侵犯用户知情权、网络空间所有权、债券、隐私权、信息财产权益等多项法律规定权益，牵涉消费者权益保护法、物权法、不正当竞争法等多项民法，性质比较分散、复杂，因此法律条文中并没有对种种侵权行为有具体界定，若要解释，除了在民事立法领域需要完善，一旦"流氓软件"推广行为涉及侵权行为，涉及行政法、刑法范畴的，还要在这些法律上加以规范。

任务5　E-mail营销

E-mail营销对于市场拓展具有非常重要的作用。美国的博恩崔西先生是世界上最著名的三大潜能开发、心理学与管理学研究者和实践应用者，他亲自创建的心灵海国际教育集团，是亚太顶级的管理培训机构。心灵海国际教育集团的目标客户是中国大中型企业的总裁、总经理、销售总监、人事经理。如何找到这些目标客户的联系方式（姓名、电话、传真、E-mail地址、公司地址、公司名称等），并通过电子邮件把课程内容传达给目标客户，是心灵海在大力开拓中国市场时最希望得到解决的问题。

任务要点

关　键　词：E-mail、电子邮件营销。

理论要点：新闻组的定义、特点及命名原则。

实践要点：新闻组软件的使用。

任务情境

邮件列表是 E-mail 营销的一个重要的模式，它是对客户 E-mail 信息进行收集、整理的重要工具。国内外上线的邮件列表很多，"希网"是其中比较具有代表性的一个。本课题任务是通过指导学生进行"希网"免费的邮件列表进行注册、登录、列表管理等邮件列表相关操作，启发学生对 E-mail 营销进行深层次的探索。

任务分析

许可 E-mail 营销的实际过程，正确认识许可营销的思想和方法，重点了解邮件列表营销的实现方法和后台管理功能。通过实验，谈谈自己对许可 E-mail 营销的认识，可以重点突出对某一方面的理解，比如邮件订阅过程（获得用户许可的过程）、邮件内容测试、退回邮件管理等。

任务实施

步骤 1　了解 Email 营销的含义

1．E-mail 营销定义

E-mail 营销是在用户事先许可的前提下，通过电子邮件的方式向目标用户传递有价值信息的一种网络营销手段。强调了三个基本因素：基于用户许可、通过电子邮件传递信息、信息对用户是有价值的。三个因素缺少一个，都不能称之为有效的 E-mail 营销。

2．E-mail 营销的分类

按是否经过用户许可分为许可 E-mail 营销和未经许可的。

按 E-mail 地址的所有权分为内部 E-mail 营销和外部 E-mail 营销。

按 E-mail 营销策划分为临时 E-mail 营销和长期 E-mail 营销。

按 E-mail 营销功能分为顾客关系 E-mail 营销、顾客服务 E-mail 营销、在线调查 E-mail 营销和产品促销 E-mail 营销。

步骤 2　掌握许可 E-mail 营销的方法

1．许可 E-mail 营销的常见方法

实际上，邮件营销是个广义的概念，其通常包括两种方式，一种是内部邮件、一种是外部邮件。所谓内部邮件列表是指企业在自己已有的客户资料建立起的邮件营销，也就是对老客户的追销设计；而外部邮件列表，就是指通过网络广告、网站投入邮件列表服务等获得潜在客户的邮箱信息并进行邮件营销的过程，也就是说企业本身没有这些客户的邮箱资料。对于企业营销来说，两种邮件营销方式要两手抓，一手抓潜在客户，一手追销老客户。

2．许可 E-mail 营销的原则

1）及时回复：在收到 E-mail 的时候，要养成及时回复的习惯，即使是"谢谢，来信已

经收到"也会起到良好的沟通效果，通常 E-mail 应该在一个工作日之内回复客户，如果碰到比较复杂的问题，要一段时间才能准确答复客户，也要简单回复一下，说明情况。实在没有时间回复，也可以采用自动回复 E-mail 的方式。

2）避免无目标投递：不采用群发的形式向大量陌生 E-mail 地址投递广告，不但收效甚微，而且变为垃圾邮件，损害公司形象。

3）尊重客户：不要向同一个 E-mail 地址发送多封同样内容的信件，当对方直接或者间接拒绝接受 E-mail 的时候，绝对不可以再向对方发送广告信件，要尊重对方。

4）内容要言简意赅：客户时间宝贵，在看 E-mail 的时候多是走马观花，所以信件要言简意赅，充分吸引客户的兴趣，长篇累牍会使客户放弃阅读你的 E-mail。在发送前一定要仔细检查 E-mail 内容，语句通顺，没有错别字。

5）附上联系方式：信件一定要有签名并附上电话号码，以免消费者需要找人协助时，不知如何联络。

6）尊重隐私权：征得客户肯定前，不得转发或出售发信人名单与客户背景。

7）坦承错误：若未能立即回复客户的询问或寄错信件，要主动坦承错误，并致歉。不能以没有收到 E-mail 做借口，弄巧成拙，不但无法吸引客户上门，反而把客户拒之门外。

3．创建邮件列表

以网易为例，介绍网易邮件列表的创建和使用。网易邮箱的邮件列表是网易公司开发的能够一次性、快速给多人或群体发送邮件的服务。它由管理员创建账户，或由其他人申请加入，同时也可以由管理员邀请加入组成，最终可以实现由一个账户发送邮件，整个邮件列表中的所有成员都可以看到。

1）打开浏览器并登陆已有的网易邮箱账户，如图 4-11 所示，然后单击菜单栏的"通讯录"按钮。

图 4-11　网易邮箱"通讯录"页面

2）单击左侧菜单栏中最下方的"邮件列表"项，如图 4-12 所示。

图 4-12　通讯录"邮件列表"页面

3）单击右侧的"创建邮件列表"按钮，如图 4-13 所示。

图 4-13　单击"创建邮件列表"按钮

4）输入邮件列表的详细情况，包括邮件列表的账号、名称、分类、描述以及隐私设置等，单击下方的"创建邮件列表"按钮，如图 4-14 所示。

图 4-14 "创建邮件列表"页面

5）此时邮件列表就创建成功了，如图 4-15 所示。可以复制最下方的链接地址给好友，邀请好友加入。

图 4-15 "创建邮件列表"页面

6）还可以在邮件列表的主菜单上单击下方的"邀请"按钮，如图 4-16 所示。

图 4-16 通信录"邀请"页面

7）通过下方的两种方式：一、复制下面地址给好友，邀请加入，如图 4-17 所示。二、通过从通讯录中选择已有好友邀请加入邮件列表，如图 4-18 所示。"成员邀请"发送如图 4-19 所示，这样等到对方看到邀请信后，就会加入了。

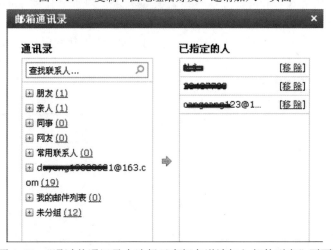

图 4-17　"复制下面地址给好友，邀请加入"页面

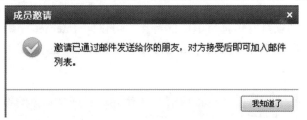

图 4-18　"通过从通讯录中选择已有好友邀请加入邮件列表"页面

图 4-19　"成员邀请"页面

许可 E-mail 营销的含义

　　许可式电子邮件营销是指在用户事先许可的前提下，通过电子邮件的方式向目标用户传递有价值信息的一种网络营销手段。这种 E-mail 营销有 3 个基本因素，包括用户许可、电子邮件传递信息、信息对用户有价值。

　　由此可见，要进行邮件营销是需要一定条件的，在许可电子邮件营销的实践中，企业最关心的问题是：许可 E-mail 营销是怎么实现的呢？获得用户许可的方式有很多，如用户为获得某些服务而注册为会员，或者用户主动订阅的新闻邮件、电子刊物等，也就是说，许可营销是以向用户提供一定有价值的信息或服务为前提。

　　可见，开展 E-mail 营销需要解决 3 个基本问题：向哪些用户发送电子邮件、发送什么内容的电子邮件以及如何发送这些邮件。

小链接 4-6

E-mail 营销的特点

　　1）成本与传统营销方式相比要低得多。

　　2）回应率与其他营销方式相比效果显著。

　　3）可以通过电子刊物来促进顾客关系。

　　4）可以满足用户个性化的需求，根据用户的兴趣预先选择有用的信息。

　　5）反应迅速，它的传递速度是传统直邮广告无法比拟的。

　　6）可以实现营销效果监测，可以根据需要监测若干评价营销效果的数据，如送达率、点击率、回应率等。

　　7）具有相对保密性。与媒体广告、公关等其他市场活动相比，E-mail 营销并不需要大张旗鼓地制造声势，信息直接发送到用户的电子邮箱中，不容易引起竞争对手的注意，除非竞争者的电子邮件地址也在邮件列表中。

　　8）针对性强，减少浪费。

触类旁通

邮 件 列 表

1. 什么是邮件列表

　　邮件列表也叫 Mailing List，是 Internet 上的一种重要工具，用于各种群体之间的信息交流和信息发布。邮件列表具有传播范围广的特点，可以向 Internet 上数十万个用户迅速传递消息，传递的方式可以是主持人发言，自由讨论和授权发言人发言等方式。

2. 邮件列表的特点

　　邮件列表（Mailing List）是一个虚拟的网络社群，它具有以下的特点：

　　1）如果需要向某一邮件列表发送电子邮件，则只要将此电子邮件发送到某一具体的地址，系统提供自动转发。

2）注册和取消注册非常方便，只要电子邮件发送时在信体中写"subscribe listname"，可以注册 listname 邮件列表；写"unsubscribe listname"，可以取消注册 listname 邮件列表。

3）邮件列表还提供很多其他功能（如注册方式可以是 OPEN、OPEN+CONFIRM、AUTO、CLOSE、CLOSE+CONFIRM）等，可以实现用户的不同需求。

3．邮件列表的形式

邮件列表的应用范围很广，具体形式有：

1）专题讨论组：志趣相投的网友可以方便地加入某个邮件列表，就大家感兴趣的话题进行讨论和交流。

2）发布消息：该邮件列表的创建者或管理者及用户可在该邮件列表中发布新闻、产品信息等。

3）电子邮件邮购业务：创建商业邮件列表的用户可以通过电子邮件开展邮购、产品宣传和网络广告等方面的业务。

4．邮件列表的价值

邮件列表具有很高的商业应用价值，主要体现在以下几个方面：

1）每个邮件列表都是针对特定某一用户群，例如，有一个 WIN7-Skill 的邮件列表，加入这个邮件列表的用户都是对 WIN7 操作技巧感兴趣的用户。

2）既然每个邮件列表都有特定的用户群，在邮件列表中投递针对此邮件列表的广告肯定会有特定的效果，同时在邮件列表中投递的广告是以电子邮件的方式直接发送到订户的电子邮件信箱。

3）由于邮件列表都有特定用户群，因此，在邮件列表中同时可以开展对该产品的产品调查、新产品发布等。

4）邮件列表的历史文档也有重要的参考价值，例如：有关 WIN95-Skill 的邮件列表的历史文档可以作为 WIN95 应用程序开发者的参考文档，同时用户可以通过查询此邮件列表的历史文档，获得有关问题的解答。

5．我国邮件列表的现状

1）邮件列表的数量很少。

2）很多邮件列表的邮件都是经过整理以后再发送给用户，造成邮件的延时，用户得不到及时的反馈。

3）邮件列表的主题都是由这些邮件列表供应商提供的，用户只能在这些邮件列表中进行讨论和交流。

4）邮件列表的分类不明确，用户所得到的信息可能并非自己最关心的。

任务 6　即时通信营销

近几十年来，通信技术借助现代网络科技正在飞速发展，特别是对电子商务的发展产生了重要影响。随之而产生的即时通信工具在网络营销中扮演着重要角色。即时通信工具成了企业与用户之间的沟通桥梁，并广泛地应用于网络营销中。本任务介绍即时通信工具在网络营销中的应用。

任务要点

关 键 词：即时通信、微信、QQ、陌陌、网络营销。
理论要点：即时通信营销的含义、特点及优势。
实践要点：运用即时通信工具进行网络营销。

任务情境

近几年，我国的电子商务飞速发展，即时通信工具在网络营销的应用中体现出了重要作用。企业与用户之间建立了非常紧密的在线关系，越来越多的企业使用即时通信工具来作为网络营销的手段。即时通信工具通过在线交流的方式逐渐建立与客户之间的情感，潜移默化地传播品牌，更好地发现和挖掘消费者潜在需求，要在不断地深入探讨和研究中利用即时通信工具为网络营销更好地服务。

任务分析

本任务通过介绍即时通信营销的含义、特点及优势等，让学生知晓即时通信营销的基本原理。通过即时通信网络营销的案例，指导学生实践即时通信营销的使用，使学生能够有意识地将现代化互联网工具与网络营销结合起来，提升学生的网络营销能力。

任务实施

步骤 1　知晓即时通信营销

1．即时通信的含义

人们在生活中使用得最多的网络工具就是即时通信工具。即时通信（Instant messaging，IM）是一个终端服务，允许两人或多人使用网络即时传递文字信息、档案、语音与视频。即时网络工具最初的诞生是为了方便人们沟通与交流，但它的作用早已超出了聊天的范畴，已成为人们上网时最常用的工具之一，可以即时交流沟通的通信方式让人们对它依赖越来越大。

2．即时通信工具的分类

目前的网络即时通信工具主要分为三大类：第一种是门户网站提供的即时聊天工具，例如，QQ、微信、MSN 等；第二种是电子商务平台服务商提供的即时聊天工具，例如，阿里旺旺的三个版本，淘宝版、贸易通、口碑网等；第三种是主流电信公司发布的即时工具，例如，灵信、超信、飞信等。

3．即时通信工具在网络营销中的优势

（1）降低沟通成本

利用即时通信工具可以进行网络电话、在线视频、群发短信等功能，可以达到无纸化办

公，节约办公成本，提高工作效率。客户以往想联系商家，多半都是电话联系，有时会遇到接电话的人不专业无法准确回答相关疑问，更有甚者语音电话无法接通。企业专业人员再对客户的电话回访或跟踪也相应增加了成本。沟通不畅给企业带来的隐性成本损失无法估计，这种情况并不在少数。企业利用即时通信工具后，客户访问网站可以直接通过即时通信工具在线咨询沟通，企业也解决了成本增加、利润减少的问题。

（2）发掘潜在客户

电子商务的快速发展，让企业认识到网络推广的重要性，加大了各种网络推广力度。各大搜索引擎或门户给企业网站带来了流量，但订单的成功率并未提高。那这是为什么呢？流量高并不代表着订单成功率高，是因为人们点击进来，没有任何人进行引导和接待，使企业错失商机。就像一个人因为看了电视广告慕名而去了一家商场，结果商场里面没有营业员，想更进一步地咨询却没有人接待，就只有走了。那么企业利用各种网络推广手段因作用不大，而逐步降低了对网络营销的信心。企业迫切需要与来访的客户进行即时的交流与沟通，及时回答客户咨询的各种问题，让客户准确地了解到企业相关信息，让企业的网站会说话，让客户与企业即时交流互动起来。在即时交流的过程中实现潜在客户的转化，也同时宣传企业。

（3）提高订单成功率

大多数顾客在访问网站时都希望获得即时在线服务。这种即时服务是最受欢迎的在线顾客服务手段之一。特别是在网上购物商城中，即时通信的服务对提高订单成功率有很大帮助。与在日常生活中去超市购物不一样，可以眼见为实，网购时人们对无法确定是否要购买的商品一般是先放入购物车，而在最终结算时很多选择放弃；或者，当看到一件新奇的商品没有商家可以咨询，而选择放弃。这种现象背后都存在一个问题：网站缺乏即时交互性。即时服务正好可以发挥这方面的优势，通过在线服务对顾客进行介绍讲解，充分答疑，有助于顾客进行决策，提高订单成功率。

4．即时通信工具在电子商务网站中的应用

（1）C2C电子商务网站

C2C网站中最有代表性的就是淘宝网。淘宝网为了方便与客户的交流，开发了一款即时通信工具，就是阿里旺旺（淘宝版）。这款即时工具除了最常用的功能：收发信息、自动回复、快捷短语、多方洽谈、免费商机等，还有网络推广功能：①阿里旺旺签名助推广。即使不在线，添加的联系人或好友的列表中就有显示，例如"美国本土专业代购""专营母婴用品，澳新奶粉代购"。②旺旺群发。当有最新活动消息，可以第一时间发给平日里建立起来的客户组。但是要注意一点，不要随意群发。如果乱投广告，会让客户产生厌烦，好不容易建立起来的客户群就会迅速瓦解。发的内容要针对客户的需求，站在客户的角度去想，语言措辞要有亲和力。③旺旺头像。不要忽视了旺旺头像的重要性，一个好的旺旺头像会带来更多的客源。客户不一定记得网站名，但一定会记得商家的头像。头像的选择要有辨识度，要让客户通过头像就知道经营项目。例如，开花店的头像最好是选择有代表性的花卉，不仅展示了店里的商品，也进行了推广。

（2）B2B电子商务网站

B2B网站中最有代表性的就是阿里巴巴网站。如果称淘宝网是零售商城，那么阿里巴巴网则是批发市场。阿里巴巴网站所使用的即时工具是阿里旺旺（贸易通版）。网络即时通信技术是阿里巴巴网站第一次应用于商务领域，使网络即时通信工具不仅用于聊天。阿里巴巴网站拥有百万的商人信息库，这巨大的资源可以使用户轻易地用即时通信工具中的搜索功能对符合产品关键字的商家进行搜索。可以加对方为好友，建立客户群，和对方即时交流沟通，进行在线商务洽谈，也可以维护和整理客户的关系，达到长期合作的目的。

（3）B2C电子商务网站

即时通信在B2C电子商务网站中的应用面临着一些困难。没有客户上门愁客户，但如果数以千计的客户在线信息同时到达，多数电子商务网站都无法接纳，也不能对每条提问做出相应的回复。例如"双11"时，因客流量太大，多数即时信息工具启动自动回复功能，或回复滞后。其次，即时通信工具标准繁多也阻碍了它在该领域内的应用。但是即时通信工具在B2C电子商务同站中有其独特的用途：即时通信在B2C网站中做成功，客户体验能够大大提升，客户黏性也会提高，比如，当当网和京东网，顾客的交互体验相似，如果说京东提供客户端，而当当网站没有，那么下次用户在网购的时候就可能会偏向京东。顾客在挑选商品的过程中发现有什么问题，不用去查找网页，翻出公司的售后服务部电话号码咨询，有了即时通信工具就有针对客户各种问题的专业解答客服人员，对于客户来说上网购物的便利增强，进而对企业来说，可以节约售后服务的成本，提高工作效率。

因此，对于很多B2C电子商务网站来说，可以通过使用即时通信工具软件，提供更优质的售后服务，建立更加良好的客户关系，提高客户满意度，同时可以大幅降低服务成本。

步骤2　知晓微信营销

1. 微信营销的含义

作为腾讯公司在聊天工具QQ之后创新发展的又一款即时通信工具，微信自2011年推出以来，至今已经迭代6个版本，从版本1.0时期注重即时通信，到版本6.0全面引入多媒体互动，微信平台利用五年时间完成了对于金融支付、企业账号、多平台同步以及第三方插件生态的全面整合，目前成为普及范围最广的主流社交工具。微信的快速发展有其内在的特性基础，例如相对微博等开放式公共平台更加注重私有性，相对单一通信工具更加注重互动性，在人群传播使用方面具有更强的黏稠性等。通过将这些特性进行整合，借助于移动互联体系和扁平化社交体系的成熟，微信迅速具备了平台营销的基础条件。

作为一种营销模式而言，微信营销是利用微信对自己的产品进行宣传的一种方式，进而实施对产品的营销活动。通过微信的使用，使得企业和用户之间距离的限制得以消除，当用户在微信上进行注册以后，能够和周围也进行注册的其他人之间构建一种联系。

2. 微信营销的特征

（1）群体的年轻化

从微信的特征来看，年轻化是其整体的特征。当智能手机得到了推广与流行之后，微信才渐渐进入人们的日常生活当中，而其中年轻人是接受能力最强，应用范围最大的群体。

（2）实现了百分百的信息传递，点对点的精准化营销

随着互联网技术的发展，使得很多技术以及产品也应运而生，只要有一个手机，注册一个账号，不用通过PC客户端，用户就能够通过对微信二维码进行扫描对其感兴趣的所有微站进行关注。通过微信营销，企业能够将其所发送的所有信息都百分百地传递给客户。此外，因为微信具有较强的定位功能，能够对数量较多的客户群进行定位，加之智能手机越来越得到普及，让企业能够及时把企业的产品信息传递给客户，从而实现点对点的精准化营销。

（3）具有高效与高互动的特征

智能手机所具有的功能十分强大，携带起来十分便捷，这样用户就能够在任何场所、任何时间内都接收产品的信息，进而极大地方便了微信营销的模式，具有高效的特征。另外，微信具有较高的交互性，尤其是微信通道公共平台能够使用户和企业之间在很大程度上增强互动和沟通的频率，并且能够从中赢得更为真实的客户群，能够为企业提供利益的群体，具有较强的互动性。

3. 微信营销的模式策略

商业企业注意到微信作为普及人群数量迅速增长的公众化平台在信息推送和提升消费者体验方面的潜在力量，纷纷开始在微信平台上开展营销，广告推送、功能嵌入、企业公众号宣传和推广等营销形式层出不穷。从麦肯锡的"4P营销理论"维度展开分析，企业将产品（Product）、价格（Price）、地点（Place）以及促销（Promotion）均纳入了微信营销的发力范围：公众号文章和媒体广告的推送可以最大限度地使消费者形成产品印象；金融支付工具的引进将商家和消费者的成交价格透明化；地理位置服务（LBS）的引进打通了线上和线下的地点联系；第三方购物平台功能插件为消费者及时获知促销信息提供便利。

商业企业在基于微信平台实施营销行为的过程中，结合传统营销理论思维，综合利用互联网进行创新，逐渐形成4种类型的营销模式策略，分别为内容营销、互动营销、病毒营销以及整合营销。

（1）内容营销

在传统营销理论框架中，克莱·舍基提出的"湿营销"从概念上概括了商家和消费者在交易活动中应该具备的黏性和吸引力，从平台信息推广的角度看，决定这种黏性和吸引力的即是营销的信息内容。微信平台的内容营销改变了消费者"先产生消费需求、再产生消费行为"的一般供求关系，通过主动对潜在消费者进行内容营销刺激，企业从订单需求的被动接受者变为订单需求的主动创造者。

（2）互动营销

微信营销在注重互动性方面达到了马斯洛需求层次理论的"社交需求"与"尊重需求"高度，微信用户不只是企业产品营销信息的被动接受方，通过企业公众账号的基本功能选项和微信平台基于大数据分析的精准广告推送，用户对于产品的评价以及接受程度可以得到企业和微信平台管理者的迅速反馈，进而通过变革单向信息通道为双向信息通道而提升用户体验。此外，双向信息通道配合信息公开机制也为微信营销创造了独特的用户群监督机制，消费者对于企业产品营销信息及产品质量的反馈可以同时被企业和其他消费者获知，进而在买卖双方中形成双向公平的交易过程。

（3）病毒营销

病毒营销是营销学理论中较为形象化的理论之一，以病毒的复制和扩散类比信息的横向和纵向传播。一般来说，微信用户形成的社交圈层具有网格化和垂直化的双重特性，信息流在微信用户群之间可以由点到线、由线到面、由面到立体的快速渗透，精心设计的产品营销信息即为"病毒"，潜在消费者即为"易感染人群"，企业作为"病毒"的投放者，对"易感染人群"进行积极的主动情绪管理，精心设计"病毒"，要求"病毒"达到有趣、震撼、煽情、新鲜等标准，充分研究"易感染人群"心理，使得"病毒"投放的广度和扩散速率达到最优，以实现最大程度挖掘潜在购买力的目的。

（4）整合营销

"整合营销"并不是互联网营销领域出现的新概念或新名词，美国营销学家唐·舒尔茨早在 20 世纪 90 年代就提出了整合营销的概念。整合营销需要做到"5R"，即"关联（Relevance）、可接受（Receptivity）、反应（Responsive）、认可（Recognition）、关系（Relationship）"，而企业基于微信平台的营销则充分做到了这一点。首先，对于微信运营平台来说，其不仅借鉴了国内外已经较为成熟的 B2C 以及 C2C 电子商务营销模式，还在众多 B2C 平台尚未发展成熟的 O2O 领域吸引商户，自身也获得较为可观的现金流量。其次，对于企业来说，基于微信平台的营销整合了产品或服务内容、功能、价格、交易通道、消费者回馈、售后服务以及品牌推广等多项资源，相比线下整合营销资源节约了大量成本。

触类旁通

京东商城微信营销模式策略

作为微信平台重点引入的 4 家第三方消费平台之一（其他 3 家为"美丽说""58 到家""大众点评"），京东商城的微信营销涵盖了上面总结的全部营销模式策略，具体而言：

1）内容营销。京东商城在内容营销方面做出的实践以"品牌闪购""特价秒杀""新品首发""天天拼便宜"以及公众号文章为核心功能选项。一方面，京东商城利用微信平台作为企业主体窗口之外的另一主要流量来源，向潜在消费者及时推送产品促销、打折、上新、团购等内容信息，扩大消费需求来源。另一方面，京东商城同样作为平台型企业，与制造业企业和其他服务性企业一样，基于企业微信公众号和媒体公众号向微信用户推送企业运营、文化、新闻以及公告类内容信息，充分利用微信的媒介窗口功能，提高企业对外宣传效率，以间接营销辅助直接营销，扩大营销工作的广度。

2）互动营销。京东商城在互动营销方面做出的实践以"微信购物圈""10 点福利社""个人中心""在线客服""我的衣橱"为核心功能选项。对于"微信购物圈""10 点福利社"以及"我的衣橱"功能，京东商城采用的做法实际上是在微信朋友圈之外、基于微信平台内部再创一个消费朋友圈，利用同类产品消费者的消费共性而搭建互动生态，增强京东商城在微信的消费黏性。另一方面，"个人中心"以及"在线客服"功能从微信用户心理预期出发，为用户在京东商城的微信平台窗口搭建了具有个体归属感的驻地，并通过在线客服功能打通用户与企业的联系，通过消费者心理诉求的满足来搭建互动营销。

3）病毒营销。京东商城在病毒营销方面做出的实践以"同好活动""领取 APP 红包"为核心功能选项。其中"同好活动"是指京东商城以微信平台为推介基础，为具备相同或类似爱好的微信用户组织从线上到线下的交流契机，例如，京东商城基于微信平台而发起的"CBA巅峰对决、谁是霸主由你猜"活动，为篮球爱好者创造了良好的交流平台，附加商业信息在篮球爱好者之间的传播数量和范围呈指数化扩散。"领取 APP 红包"为京东商城从微信平台向自身 B2C 平台转移流量提供了通道，通过揣摩消费者心理、设置隐秘化转移渠道，京东商城在微信植入的"病毒"实质上最大限度地占有了微信用户的线上购物选择权利。

4）整合营销。京东商城在整合营销方面做出的实践以"搜索商品"和"京东到家"为核心功能选项。一般而言，在线"搜索商品"选项只出现在企业自身的平台内容上，京东商城选择将该选项下沉至微信平台，实际上是整合了自身与微信平台的资源，这一点做到了舒尔茨"5R"理论的"关联、反应、关系"三点核心要素，即平台关联、同步反应、战略合作关系。"京东到家"是京东商城在整合营销方面的亮点，核心在于其在微信平台内向京东商城以下继续连带下沉了一层，吸引了别的商家入驻，植入包括但不限于 C2C、O2O 的电子商务模式，树立社区商务模式，京东商城以整合者的角色获取了流量的二次开发赢利。

 项目小结

　　网络营销职能的实现需要通过一种或多种网络营销工具与方法，网络营销的常用工具主要有搜索引擎、E-mail、邮件列表、新闻组，另外，论坛、网上服务工具（FAQ）、网上商店、即时通讯服务、博客、病毒营销、社交网站、捆绑软件、网络广告、交换链接、信息发布等也被经常使用。只有合理地选择网络营销工具，才能有效解决商务运作和营销实务中的各种问题。

 项目综合训练

江苏九鼎集团网络营销实施

　　江苏九鼎集团是以国家二级企业如皋市玻璃纤维厂为核心，以 4 家中外合资企业、1 家境外企业、1 家房地产开发公司等为紧密层组建而成的企业集团。现有职工 2000 多人，其中专业技术人员 420 名，总资产 2.6 亿元。主要生产经营玻璃纤维和玻璃钢及其制品，并跨行业开发了化工、服装、红木、丝毯及绗缝等产品。先后有 4 个产品被列为国家级重点新产品，3 个项目列入国家星火计划和火炬计划，4 个产品获国家专利。集团先后获得省先进集体、省建材行业科技进步企业、南通市建材行业排头兵等光荣称号。

　　该集团的主产品有多次为我国东风系列火箭及人造卫星配套的特种航天用布，用于建筑物防渗补漏的不干胶、用于土建工程（如筑路、固坝等）的玻纤土工格栅、主要用于城市电网的玻钢灯杆等。主产品 85% 以上畅销美、德及东南亚等 30 多个国家和地区。1997 年集团获得进出口自营权。1999 年共完成工业产值 2.56 亿元，实现销售收入 2.48 亿元、利税 1929 万元，同比分别增长了 15.3%、48.3% 和 138.4%。

　　一、集团实行网络营销的背景

　　1997 年，席卷东南亚的金融危机，使得国内的玻纤行业受到影响。九鼎集团有 85% 以上的产品销往国外，也面临着在东南亚市场萎缩的严峻挑战。激烈的市场竞争逼迫企业重新审视自己的营销策略。一些传统的营销手段已远远跟不上市场、客户需求信息的变化。随着科学技术的不断发展，利用大众传媒，操纵客户的偏好及对产品的认知已日渐落后，科技创新为企业的营销开辟了一个更快捷、更完美的天地。在对国外营销市场的了解和考察后，企业发现了"网络营销"。

　　二、集团的具体做法

　　（1）建立企业自己的网站　要想通过互联网，在全球范围内宣传企业的产品，建立自己的网站是必不可少的。起初，集团在世界资源网（www.word.com）上申请了一个二级网址。经过一段时间的运行，虽然有不少客户访问，但毕竟是别人的网站，各类信息的发布、反馈量总是受到很大的影响。不久，集团又申请了一级国际、国内及保护域名，在国内较大的东方网景上，采用租"虚拟主机"的方式建立了自己的网站，网页也进行了不断地更新、完善。

（2）充分利用国际贸易公告板　互联网上有很多专门从事国际贸易的网站，也有某一行业的专业网站。这些网站大多有公告板，通过它人人都可以在上面发布自己企业的各种贸易信息。利用这些免费网站，不断将自己的产品信息及时登录上去。这样做的效果很明显，成交的许多订单都是靠这种方式联系上的。

（3）充分利用搜索引擎　搜索引擎是互联网上快速查找信息的一种工具，只要输入感兴趣的产品的关键词语，就可以发现很多有关的信息，例如，世界各地与该产品有关的制造商、销售商、中间商、买卖信息甚至技术资料等，从而能挖掘出有用的商贸信息，可以找到有可能使用公司产品的潜在客户。1998年，利用某个搜索引擎，发现了澳大利亚一家公司经营的产品与公司的相似，就主动与之联系，现已形成正常的销售关系。

（4）充分利用电子邮件列表　电子邮件列表是就某一特定的话题进行讨论的电子邮件和BBS的组合，很多国际贸易网站都有这种服务。只要把自己的电子邮件地址输进去，这些网站就会定期发送电子邮件。很多网站发送的是该网站近期收到的买卖信息或介绍新加入该网站资料库的公司、新的贸易网站等。加入到某一电子邮件列表后，可以在上面发布自己的产品信息，也可以从中发现对自己有用的营销信息。利用这种方式，集团也找到过一些新网站，接触到很多新的客商。

三、网络营销对企业的影响

通过一步步的摸索，逐步掌握了一些网络营销的窍门，同时借助网上信息的反馈，也把企业自身的发展推向了一个新的起点：

（1）网络营销促进了新产品的开发　网络使集团的产品直接地接受着国际市场的考验。通过互联网联系的客户，在对集团的产品感兴趣的同时，对产品的结构、质量甚至包装都提出了更高的要求。某美国公司看上了公司生产的玻纤砂轮网布，但认为该产品没有外包装，不符合国际规范，就派人专程来集团提供了外包装样品，从而改变了集团出口产品的形象。

（2）网络营销促进了企业内部信息系统的完善　互联网让集团乘上了信息公路的特快车。网络营销作为企业现代营销战略的车头，必须有一个完善的内部管理信息系统提供运行保证。1997年以来，配合网络营销的需要，集团先后投资100多万元加强企业管理信息系统的建设，完成了企业内部网的建设，采用了集财务管理、进销存管理、仓储管理及决策支持系统等功能为一体的企业级财务软件系统——ERP M。现在该系统已进入稳定的试运行阶段，为实现企业信息化奠定了基础。

（3）网络营销促进了国际市场的全新开拓　现在，每周都会收到新客商的电子邮件。几年来，公司前后已接触到几十家国外大大小小的客户，范围遍及亚洲、欧洲、南美洲、北美洲、大洋洲、非洲，国家有新西兰、新加坡、土耳其、澳大利亚、美国、科威特、巴西等。其中，新西兰和巴西是集团首次进入的市场，从而实现了对大洋洲和南美洲销售"零"的突破。网络营销目前在集团销售总额中的占比虽不足以左右形势，但已显示出强劲的增长势头，终有一天将会成为牵动全局的主导方式。

案例分析：

在通信及网络迅速发展的今天，企业应该及时抓住机遇开展网络营销，为企业打开新的局面，也作为一个非常具有潜力的营销手段去抓，使企业更能在新时期面临各方面的挑战，在市场上站稳、站久脚跟。同时，企业在开展网络营销的时候，要充分考虑各方面因素，分析利弊，充分预估风险，稳扎稳打，而不是盲目跟风。另外，企业要时刻收集市场及消费者的信息，不断发展，使自身适应市场、适应消费者的变化。

问题：

① 江苏九鼎集团充分利用了哪些网络营销工具？简要说明是如何使用这些工具的。

② 网络营销的实施为九鼎集团带来了什么样的变化？

微信营销成功案例

1．可口可乐——我们在乎

前段时间，可口可乐"我们在乎"席卷朋友圈，它的自身是一份肩负企业 CSR 这一重担的"可持续开展报告"，内容虽力图形象，但仍然难掩厚重。为了在社交新时期更接地气，可口可乐试着用 H5 为报告"瘦身美容"：选取报告中的一些中心数据，用 15 页的画面，直观展示可口可乐的努力，变成顺应网络传播特性，特别是移动端观看及分享需求的方式。部分页面示图如图 4-20 所示。

营销启示：杂糅图片、文字和视音频等多媒体是 H5 的又一大优势。而当这种生动的方式与一些严肃的内容相遇，常常发作出其不意的化学反响。

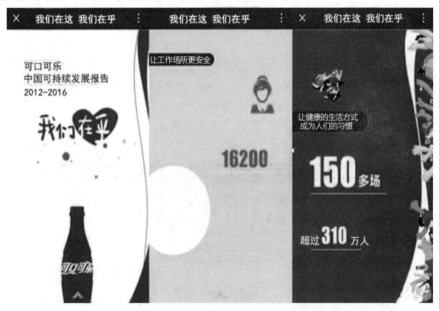

图 4-20　可口可乐微信活动页面

2．Burberry——从伦敦到上海的旅程

21 世纪最吃香的是什么才？全才！Burberry 深谙这个道理，所以在"从伦敦到上海的旅程"上，就能看出一些端倪。要进入这个浑身上下散发着浓浓文艺气息的 H5，第一步，得先"摇一摇"；第二步，单击屏幕进入油画般的伦敦清晨；第三步，摩擦屏幕使晨雾散去；第四步，单击"河面"，河水泛起波纹；最后单击屏幕上的白点，到达终点站上海，页面如图 4-21 所示。总而言之，你能想到的互动方式，Burberry 都用在里面了。

营销启示：技术的精进最大程度满足了移动营销多元化的交互与联动。

图 4-21　Burberry 微信活动页面

3．天创时尚——亲们，爱吧！

以上案例都偏重在技术，但真正得人心的微信营销，应该是经过激起人们的情感因子来持续的，比如天创时尚在 2014 年推出的"亲们，爱吧！"。作为行业内首款带有慈悲捐款功能用的 H5 互动游戏，"亲们，爱吧"经过鼓舞用户上传本人的语音或选择明星的声音定制专属的语音卡，呼吁群众要及时向亲人朋友们表达爱，而用户只需胜利分享，品牌方即代用户捐出一定款项作为公益基金，同时，用户还能取得在门店消费的现金券以及产品等多种奖励机制。突破了 H5 常规的视觉互动，首创个人定制的"语音示爱卡"，并约请当红明星参与其中，产生视觉和情感的双重效应。线上产品的鼓励，同时也引导用户完成到店消费的行为，整体即完成了情感传送又能达到企业销售 O2O 的导流目的，顺利带动实体门店的销售环节，足以成为时尚品类微信营销的年度模范，如图 4-22 所示。

营销启示：营销 3.0 时代将从产品导向、满意度导向上升为价值导向，能产生消费者情感共鸣的移动营销才是成功的营销。

图 4-22　天创时尚微信活动页面

4．澳贝婴幼玩具——小鸡砸金蛋

不论是黑猫还是白猫，抓到老鼠就是好猫；不论是技术还是情感，吸收到消费者的就是好传播！这款界面有趣、互动简单的"砸金蛋"游戏，就把品牌传播回归根本，直接把产品软性植入其中，从而博得更多的曝光点。用户进入活动页面后，单击金蛋抽奖，一旦中奖就能够领取现金券，继而跳转至微店购置运用。而未中奖用户，依照指引分享到朋友圈或分享给好友，还能够再取得一次抽奖时机，如图 4-23 所示。经过兴趣游戏互动，以产品为利益驱动，使用户有了乐趣体验的同时还能取得奖品利益，而对企业来说，即到达了品牌的宣传，又能达到粉丝引流的效果，对于一个全新上线的企业微信号来说，未尝不是一种能够自创的有效方式。

营销启示：最简单的用户体验，有时就能带来最直接、最成功的传播效果。

图 4-23　澳贝微信活动页面

问题：

① 微信营销注意事项是什么？

② 以上案例采用了哪些微信营销策略？

项目 5

收集发布网络商务信息

网络商务信息对于传统商务信息而言，无论从数量上还是从获取的方法与手段上都存在巨大的差异。在网络环境下，企业能否及时获取相应的内部和外部信息资源，是摆在企业管理和营销人员面前的一道难题，因为互联网上的信息量浩如烟海，良莠不齐。作为企业的网络营销人员，掌握网络信息的收集与发布的方法与技巧是基本技能。

 学习提示

学习目标

- ⊃ 知识目标：知晓网络商务信息的概念及特点、明晰网络商务信息的分级、知晓常用的网络商务信息收集工具、明晰发布网络商务信息的工具与具体方法。
- ⊃ 能力目标：能够正确认识几种常见的网络商务信息处理工具，并能熟练运用网络商务信息处理工具，对相关商务信息进行收集与发布。
- ⊃ 情感目标：培养勇于创新、坚韧不拔的精神，养成善于观察思考、精研业务、认真工作的习惯。

本项目重点

网络商务信息的特点、网络商务信息收集与发布工具、网络商务信息收集与发布方法。

本项目难点

网络商务信息的分级、网络商务信息收集与发布工具、网络商务信息收集与发布方法、网络商务信息收集与发布的方法运用。

任务 1　认识网络商务信息

 任务要点

关　键　词：信息、商务信息、网络商务信息。

理论要点：网络商务信息的概念、特点、分级。

实践要点：区分信息与网络商务信息、对网络商务信息进行分级。

任务情境

随着以计算机技术、通信技术、网络技术为代表的现代信息技术的飞速发展，人类社会正从工业时代阔步迈向信息时代，"信息化"已成为一个国家经济和社会发展的关键环节，信息化水平的高低已经成为衡量一个国家、一个地区现代化水平和综合国力的重要标志。对于广大企业尤其是中小型企业来说无疑是一次千载难逢的发展机会。对于这些企业从事营销的工作人员来说同样也提出了更高的要求和挑战。

任务分析

在当今社会，信息起着越来越重要的作用，特别是互联网信息的无限性，使信息量越来越大。国际互联网是一个集中了全世界最大规模，内容最丰富的信息资源的信息库，信息库每天都在补充和添加大量的新信息，对于利用网络从事商务活动的厂商和营销人员来说，拥有这样巨大的信息库，无疑要比利用传统信息渠道获取信息的厂商处于更有利的竞争地位。网络营销离不开信息，有效的网络商务信息必须能够保证源源不断地提供适合于网络营销决策的信息，但是要想更好地让这些海量信息能够有效地为我们所用，首先我们必须要先认识什么是网络商务信息以及它具有什么样的特点等。

任务实施

步骤1 知晓信息与网络商务信息的概念

信息（Information）广义地讲是物质和能量在时间、空间上定性或定量的模拟型或其符号的集合。信息的概念非常广泛，从不同的角度对信息可下不同的定义。一般地讲，信息是指反映客观事物的可传递的知识，是人们对数据进行相应处理后产生的对特定对象有用的结果。

在商务活动中，信息通常指的是商业信息、情报、数据、密码、知识等，即通常所说的商务信息。

网络商务信息是指存储于网络并在网络上传播的与商务活动有关的各种信息的集合，是各种网上商务活动之间相互联系、相互作用的描述和反映，或称为以网络为依附载体并有助于提高用户经济效益的网络信息。网络商务信息限定了商务信息传递的媒体和途径，只有通过计算机网络传递的商务信息（包括文字、数据、表格、图形、影像、声音以及内容能够被人或计算机察知的符号系统），才属于网络商务信息的范畴。

步骤2 认识网络商务信息的特点

网络商务信息不仅是企业进行网络营销决策和计划的基础，而且对于企业的战略管理、市场研究以及新产品开发都有着极为重要的作用。相对于传统信息而言，网络商务信息具有以下特点：

1．实效性强

传统的商务信息，由于传递速度慢、传递渠道不畅，经常导致"信息获得了但也失效了"。网络商务信息则可有效地避免这种情况。由于网络信息更新及时、传递速度快，只要信息收集者及时发现信息，就可以保证信息的实效性。

2．准确性高

网络信息的收集，绝大部分是通过搜索引擎找到信息发布源获得的。在这个过程中，减少了信息传递的中间环节，从而减少了信息的误传和更改，有效地保证了信息的准确性。

3．便于存储

现代经济生活的信息量是非常大的，如果仍然使用传统的信息载体，把它们都存储起来难度相当大，而且不易查找。网络商务信息可以方便地从互联网下载到自己的计算机上，通过计算机进行信息的存储及管理。而且在原有的各个网站上，也有相应的信息存储系统，自己的信息资料遗失后，还可以到原有的信息源中再次查找。

4．检索难度大

虽然网络系统提供了许多检索方法，但全球范围的各行各业的海量信息，常常把企业工作人员淹没在信息海洋或者说信息垃圾之中。在浩瀚的网络信息资源中，迅速找到自己所需要的信息，经过加工、筛选和整理，把反映商务活动本质的、有用的、适合本企业情况的信息提炼出来，需要相当一段时间的培训和经验。

步骤3　明确网络商务信息的作用

1）网络商务信息是企业进行营销决策和计划的基础。对于现代企业来说，如果把人才比作企业的支柱，信息则可看作是企业的生命，是企业不可或缺的法宝，更是企业进行网络营销决策和计划的基础。

2）网络商务信息是营销管理和控制的依据。网络营销是有别于传统的市场营销的新营销手段，它可以在控制成本费用方面、市场开拓方面和与顾客保持关系等方面有很大的竞争优势。但网络营销的实施不是简单的某一个技术方面的问题，也不是某一个网站建设的问题，它还涉及从企业整个营销战略方面、营销部门管理和规划方面以及营销策略制定和实施方面都应该进行调整，而要对网络营销这些方面进行更好的管理和控制的前提恰是收集一定的网络商务信息。

3）网络商务信息对于企业的战略管理、市场研究、新产品开发等具有重要的意义。对于一个企业而言，如果不能够很好地掌握相关的市场信息，就无法制定合理的企业发展战略。因为企业战略管理是对企业战略的设计、选择、控制和实施，直至达到企业战略总目标的全过程，涉及企业发展的全局性、长远性的重大问题，比如企业的经营方向、市场研究、新产品开发、科技发展等。

步骤4　明晰网络商务信息的分级

不同的网络商务信息对不同用户的使用价值（效用）不同，根据网络商务信息本身所具有的总体价值水平，可以将它粗略地分为四个等级。

1）免费商务信息。这些信息主要是社会公益性的信息，是对社会和人们具有普遍服务意义的信息，大约只占信息库数据量的5%左右。这类信息主要是一些信息服务商为了扩大本身的影响，从产生的社会效益上得到回报，推出的一些方便用户的信息，如在线免费软件、实时股市信息等。

2）收取较低费用的信息。这些信息是一般性的普通类信息。这类信息的采集、加工、整理、更新比较容易，花费也较少，是较为大众化的信息大约占信息库数据量的10%～20%，只收取基本的服务费用，不追求利润，如一般性文章的全文检索信息。信息服务商推出这类信息一方面是为了体现为社会服务的意义，另一方面是为了提高市场的竞争力和占有率。

3）收取标准信息费的信息。这些信息属于知识、经济类信息，收费采用成本加利润的资费标准。这类信息的采集、加工、整理、更新等比较复杂，要花费一定的费用。同时信息的使用价值较高，提供的服务层次较深。这类信息约占信息库数据量的60%左右，是信息服务商的主要服务范围。网络商务信息大部分属于这一范畴。

4）优质优价的信息。这类信息是有极高使用价值的专用信息，如重要的市场走向分析、网络畅销商品的情况调查、新产品新技术信息、专利技术以及其他独特的专门性信息等，是信息库中成本费用最高的一类信息，可为用户提供更深层次的服务。一条高价值的信息一旦被用户采用，将会给企业带来较高的利润，给用户带来较大的收益。

 触类旁通

网络商务信息检索的基本要求

网络商务信息检索是指在网络上对商务信息的寻找和调取工作。这是一种有目的、有步骤地从各个网络站点查找和获取信息的行为。一个完整的企业网络商务信息收集系统包括先进的网络检索设备、科学的信息收集方法和业务精通的网络信息检索员。

网络营销离不开信息。有效的网络商务信息必须能够保证源源不断地提供适合于网络营销决策的信息。网络营销对网络商务信息收集的要求是：及时、准确、适度和经济。

1）及时。所谓及时，就是迅速、灵敏地反映销售市场发展各方面的最新动态。信息都是有时效性的，其价值与时间成反比。及时性要求信息流与物流尽可能同步。由于信息的识别、记录、传递、反馈都要花费一定的时间，因此，信息流与物流之间一般会存在一个时滞。尽可能地减少信息流滞后于物流的时间，提高时效性，是网络商务信息收集的主要目标之一。

2）准确。所谓准确，是指信息应真实地反映客观现实，失真度小。在网络营销中，由于买卖双方不直接见面，因而准确的信息就显得尤为重要。准确的信息才可能导致正确的市场决策。信息失真，轻则会贻误商机，重则会造成重大的损失。信息的失真通常有三个方面的原因：一是信源提供的信息不完全、不准确；二是信息在编码、译码和传递过程中受到干扰；三是信宿（信箱）接收信息出现偏差。为减少网络商务信息的失真，必须在上述三个环节上提高管理水平。

3）适度。适度是指提供信息要有针对性和目的性，不要无的放矢。没有信息，企业的营销活动就会完全处于一种盲目的状态。信息过多、过滥，也会使得营销人员无所适从。在当今的信息时代，信息量越来越大，范围越来越广，不同的管理层次又对信息提出不同的要求。在这样的情况下，网络商务信息的检索必须目标明确，方法恰当，信息收集的范围和数量要适度。

4）经济。这里的"经济"是指如何以最低的费用获得必要的信息。追求经济效益是一切经济活动的中心，也是网络商务信息检索的原则。许多人上网后，看到网络上大量的可用信息，往往想把它们全部复制下来，但到月底才发现下载费用十分高昂。应当明确，人们没有力量，也不可能把网络上所有的信息全部收集起来，信息的及时性、准确性和适度性都要求建立在经济性基础之上。此外，提高经济性，还要注意使所获得的信息发挥最大的效用。

任务 2　收集网络商务信息

任务要点

关 键 词：搜索引擎、电子邮件、新闻组。

理论要点：客户资料的内容、建立客户档案的要求。

实践要点：能够设计客户跟踪记录表、设计企业基本情况调查表、把握回访客户的最佳时机、建立客户档案。

任务情境

互联网的迅速发展，导致了网上信息的爆炸性增长，同时也使得网上信息的内容变得十分广泛，真可谓是有限的网络无限的信息。目前，全球的网页超过 20 亿个，如何在如此浩瀚的信息海洋中快速找到自己想要的信息，已经是摆在每一个网民面前最现实的问题。

任务分析

网络商务信息的收集与发布在网络营销中处于十分重要的地位。在进行网络营销的各种策略之前必须先要收集有关的网络市场的相关信息，以便对相应的网络营销问题做出决策。决策做出后，接下来的问题就是如何将相关信息进行合理地发布并尽快地让这些决策在网络营销中发生作用并达到预期的效果。这也正是本任务的主要内容。

任务实施

步骤 1　认识常用的网络商务信息收集工具

1．专题讨论

专题讨论方式是指借用邮件列表（Mailing Lists）和网上论坛（或称电子公告牌、BBS）的形式进行的。

2．搜索引擎

搜索引擎是 Internet 上进行信息资源搜索和定位的基本工具，是为了帮助用户从成千上万个网站中快速有效地查询到所需要的信息而出现的。如果说 Internet 上的信息浩如烟海，那么搜索引擎就是海洋中的导航灯。只有通过搜索引擎的查询结果，用户才会知道信息所处的网上地点，然后再去该地点获得相关的详细资料。对浏览者而言是如何掌握搜索引擎的使用方法查找所需要的信息；对营销企业而言却是如何利用搜索引擎，让更多浏览者找到自己企业的网站和产品。常用的搜索引擎主要有 Baidu、Yahoo 等世界级搜索引擎。

小链接 5-1

常用搜索引擎

- 百度：http://www.baidu.com
- 网易：http://www.youdao.com
- 搜狐：http://search.sohu.com
- 新浪：http://search.sina.com.cn
- 搜狗：http://www.sogou.com
- Bing（必应）：http://bing.com.cn
- 中国搜索：http://www.zhongsou.com

步骤 2　熟练运用搜索引擎收集网络商务信息

熟练运用搜索引擎，实现不同的搜索目标。主要有针对不同的搜索目标选择合适的搜索引擎、合理地确定搜索关键字、优化搜索关键字以及实现一些特殊的搜索，如天气、股票、邮编、手机号码归属地等一些特殊的搜索与查询。

1．选择一款合适的搜索引擎

搜索引擎的工作方式不同，导致信息覆盖范围的差异，而用户在进行信息搜索之前就要对众多的搜索引擎有所选择，以实现搜索效率的最大化。为了实现搜索目标，有时人们还不得不尝试多种搜索引擎的综合使用。

2．合理地确定搜索类别及搜索关键字

要在搜索引擎上搜索网络信息，必须先输入搜索关键字，可以说搜索关键字是一切搜索的开始。大部分情况下找不到所需要的信息都是因为在搜索关键字的选择和确定方面存在问题。学会从复杂的搜索意图中提炼出最具代表性和指示性的关键字，对提高搜索效率至关重要。下面使用百度以搜索"海尔冰箱"为例进行举例如下。

第 1 步，连接 Internet，启动浏览器。

第 2 步，在地址栏中输入 URL 地址 http://www.baidu.com，按<Enter>键，如图 5-1 所示。

第 3 步，在搜索文本框中输入"海尔冰箱"，选择"网页"，单击"搜索"按钮，可以找到有关海尔冰箱的网页，如图 5-2 所示。

第 4 步，进入海尔商城网站，在网页信息栏中找到海尔冰箱有关的销售信息，如图 5-3 和图 5-4 所示。

图 5-1　百度网站

图 5-2　百度网站网页信息搜索

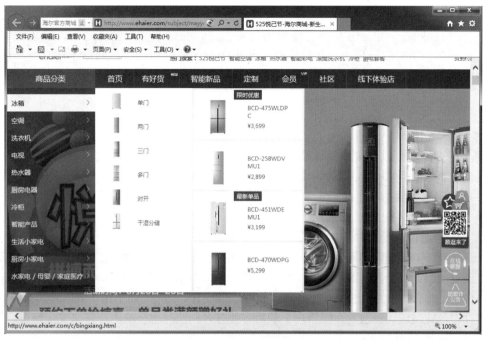

图 5-3　海尔冰箱网站 1

图 5-4　海尔冰箱网站 2

步骤 3　使用电子邮箱进行网络商务信息收集

第 1 步，获得客户的电子邮件地址。

获得电子邮件地址是利用电子邮件来搜集商务信息的第 1 步，搜集邮件地址的方法主要有：

1）查阅企业原有客户的通讯录文件或者数据库，以获得原有客户的电子邮件地址录。

2）在企业网站上建立客户留言簿供访问者留言。在每个客户留言之前，要求他们必须先行注册，在会员的注册页面中巧妙地获得他们的电子邮件地址。在网站上建立与产品或者服务内容相关联的讨论，以吸引客户参加并留下他们的电子邮件地址。

3）通过专门的电子邮件地址服务商租用或者购买电子邮件地址。

4）通过专用的电子邮件地址搜集邮件，在特定的范围内搜集电子邮件地址。

第2步，制作网上调查问卷。

网上调查问卷可以直接根据传统的市场调查问卷形式制作。问卷可由多个问题组成，问题既可以包括需要用户输入信息的填空题，也可以是单项或多项选择题，并可指定必答项或非必答项。问卷生成前和生成后都可即时修改。问卷应清楚写明自己企业所在地的通信地址和联系方式。

第3步，通过电子邮件向客户派发。

一般情况下，调查问卷可以通过电子邮件直接派发。只要写一封信，告诉客户有关目的，并贴上调查问卷即可。若调查问卷比较大，则可以选用"附件"进行发送。当然最好还是选择发送多媒体电子邮件，因为用这种方式打开邮箱可以直接看到问卷，而不用下载附件再打开。如果以"附件"形式发送调查问卷，则用户下载后方能打开，同时也会给用户带来安全嫌疑。

第4步，汇集反馈。

在自己的信箱中接收客户反馈信息，汇集反馈信件，并计算问卷返回比例，对调查问卷的相关信息进行整理，以获得目标信息。

小链接 5-2

使用电子邮件收集商务信息的技巧

1）主动收集。主动收集就是想方设法让客户参与进来，如竞赛、评比、猜谜、网页特殊效果、优惠、售后服务、促销等用这种方式来有意识地营造自己的网上客户群，不断地用 E-mail 来维系与他们的关系。这个客户群就是销售者的最大财富。如果是企业网站，则应建立一个用户登记电子邮箱的页面，定期向客户发送本企业的产品信息和产品的正确使用方法和保养方法。

2）定位准确。发送电子邮件要注意受众，如果滥发则很容易被当成垃圾邮件，效率很低。所以在发送邮件时要注意对受众进行分析，了解哪些是潜在客户后再进行发送。

3）注意发送周期。发送电子邮件要根据内容注意发送周期，如果发送的是新闻信息，则周期不宜过长，如果是一般信息则不要过于频繁，否则可能客户开始会很感兴趣，后来就变成一种负担了。

4）避免邮件内容繁杂。电子邮件宣传不同于报纸、杂志等印刷品广告，篇幅越大越能显示出企业的实力和气魄。电子邮件应力求内容简洁，用最简单的内容表达出诉求点。如果必要，可以给出一个关于详细内容的链接（URL），收件人如果有兴趣，会主动点击链接的内容。否则，内容再多也没有价值，只能引起收件人的反感。对于免费邮箱的使用者来说，因为有空间容量限制，太大的邮件肯定是被删除的首选对象。

5）避免邮件内容采用附件形式。有些发件人为了省事，将一个甚至多个不同格式的文件作为附件插入邮件内容，自己省事，却给收件人带来很大麻烦。由于每人所用的操作系统、应用软件会有所不同，附件内容未必可以被收件人打开。

触类旁通

百度产品体系图解

作为全球非常大的中文搜索引擎公司，百度公司一直致力于让网民更平等地获取信息、找到所求。随着移动互联网的发展，百度公司网页搜索完成了由 PC 向移动端的转型，由连接人与信息扩展到连接人与服务，用户可以在 PC、iPad、手机上访问百度主页，通过文字、语音、图像多种交互方式瞬间找到所需要的信息和服务。

目前，百度公司的产品体系主要包括百度营销工具、百度用户产品和百度商业产品，如图 5-5 所示。其中百度用户产品主要是用来提供流量贡献，而商业产品则主要是提供收入贡献，如图 5-6 所示。

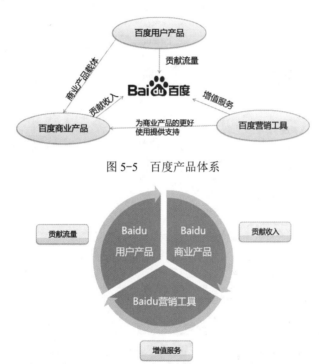

图 5-5　百度产品体系

图 5-6　百度产品贡献

百度用户产品主要分为搜索类、社区类和无线类三种，搜索类主要有网页、新闻、图片、视频、地图等。社区类包括贴吧、知道、百科以及文库等，如图 5-7 所示。

百度商业产品主要可以分为百度站内产品、百度站外产品和百度无线产品三种。百度站内产品主要包括关键字体系、精准体系和轮播体系；百度站外产品有网盟推广和鸿媒体；百度无线产品包括无线凤巢、无线品牌专区以及无线应用推广。如图 5-8 所示。

百度营销产品是百度致力于为各行各业的企业提供一个可以展示企业品牌思维、进行网络推广的平台，包括营销决策工具、广告投放工具和站长工具三类，如图 5-9 所示。企业在做出少量投入以后，就可以在短期内得到百度为其带来的全方位、多层面的品牌营销和推广。

图 5-7　百度用户产品

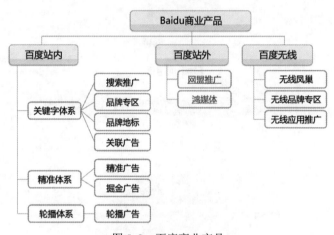

图 5-8　百度商业产品

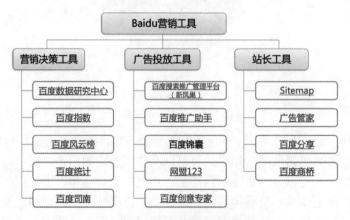

图 5-9　百度营销工具

　　除了以上百度的主要产品之外，百度还拥有百度糯米、百度快照、百度联盟、百度开发者中心、百度金融、百度医疗、百度人工智能等众多产品业务。同时，百度公司还投资了星美控股、万达电商、猎豹、去哪儿网等互联网公司。历经十几年，李彦宏和他的百度逐渐走向强大，走向国际市场。现在的百度在国际上也享有盛名，同时也是我国企业在国际上的代表之一。

任务 3　发布网络商务信息

任务要点

关 键 词：邮件群、邮件列表、企业网站、交易平台、网络博客。
理论要点：网络商务信息的发布工具与方法。
实践要点：能熟练运用网络信息发布工具发布网络商务信息。

任务情境

在网络营销中，对商务信息的处理包括两个方面——收集与发布。虽然二者对信息的处理方向不同，但是却有许多共同之处，有许多信息收集工具同时也可以用来进行商务信息的发布，如前面讲到的电子邮件和新闻组等，它们均可以作为信息收集和发布的工具来使用。本任务着重讲解如何利用专业信息网站发布商务信息。

任务分析

在当今的信息时代，一个企业不管是生产型企业还是销售型企业，发布信息是必需的。假如企业不发布信息，永远不会找到生意。而发布信息是决定企业是否能找到生意的关键所在，同时发布信息质量的好坏也决定了反馈是否会很多，更决定了企业的利润空间甚至生存空间。因此，作为企业的网络营销工作人员，必须要学会选择合适的网络信息发布工具将企业的相关信息向外界发布。

任务实施

步骤 1　利用邮件群发商务信息

通过电子邮件群发可在几秒内将商业推广信及商业广告发送到数千万客户电子信箱中，只需对方打开信箱便可看到商业信件。它的广告宣传效果完全可以与花费几十甚至上百万资金的广告相媲美，而成本只需每天几元钱的上网费用，并且简单易用，无须专业知识。

邮件列表其实也是一种邮件群发技术，但是它只能给已经加入邮件列表的电子邮件地址发送电子邮件。一般而言，它群发的邮件量还是十分有限的。真正的邮件群发是利用邮件群发软件来实现的。目前，市场上有相当多的邮件群发软件，这些软件都能实现大批量（万封邮件以上）的邮件群发，如，迅达商务信息群发系统等。

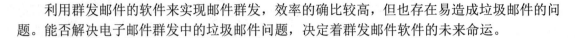

利用群发邮件的软件来实现邮件群发，效率的确比较高，但也存在易造成垃圾邮件的问题。能否解决电子邮件群发中的垃圾邮件问题，决定着群发邮件软件的未来命运。

步骤2　利用邮件列表发布网络商务信息

如果要在网上成立一个企业家网络俱乐部，并想与世界各地的企业家经常交流，一种办法是通过多条途径找到各企业家的姓名和电子邮件地址，然后通过 E-mail 工具和他们互相通信。这个办法的缺点：一是名单找不全，二是太浪费时间。有没有更好的办法呢？答案是肯定的。

假如把世界上对此俱乐部感兴趣的企业家组织起来，设定一个公共地址，如果向公共地址发出邮件就等于向这组人中的每一个人发出了电子邮件，这个问题就解决了。

在 Internet 上，邮件列表服务成功地实现了上述设想。网上有许多对某个问题感兴趣的组，每个组少则几十人，多则几百上千人，这些人散布于 Internet 的各个地方。每个组都有一个别名，即一个公共的电子邮件地址。任何发送到别名中的邮件都会自动地邮寄到组中的每一个人，而无须知道每个人的 E-mail 地址。这些公共电子邮件地址的集合或各组别名的集合称为邮件列表，Internet 的这项服务称为邮件列表服务。

邮件列表和 E-mail 营销在很多方面类似，但 E-mail 直接向用户发送促销信息，而邮件列表是通过为用户提供有价值的信息，在邮件内容中加入适量促销信息，实现营销目的。

企业还可以创建自己的邮件列表。这些邮件列表可以是关于企业产品的，也可以是关于企业供应商的，还可以是关于企业客户的，针对性极强。然后，企业向网络营销的对象宣传本企业的邮件列表信息，若他们对该邮件列表的信息服务感兴趣，则会主动订阅该邮件列表。当订阅用户人数达到一定规模时，企业便可以以该邮件列表为阵地向客户发送相关信息。

步骤3　利用本企业网站发布商务信息

提到如何将自己的商务信息发布到互联网上时，大家都不约而同地想到以上提到的两种方式，但往往忽略了企业可以充分利用自己的网站发布商务信息的优势。其优势主要表现在以下几个方面：

1）成本低。在本企业网站上发布商务信息，对信息量占用的空间不受限制。

2）自主性大。发布何种信息、以何种形式发布都由本企业决定。

3）不利影响小。此种方式不会对客户产生任何类似垃圾邮件类的不利影响。

4）宣传效果直接。在企业网站上发布商务信息可以对本企业的网站进行直接宣传，这是其他任何方式所不能及的。

但是，这种方式可以发挥作用的前提是企业网站在消费者和客户群中须具有一定的知名度。

步骤4　利用行业门户或交易平台发布商务信息

专业发布供求信息的网站知名度较高，在此类网站上发布商务信息的企业较多，如阿里巴巴中国站（www.alibaba.com.cn），而且这类信息网站一般效果也都不错，整合了相关领域的多数企业，为相关企业提供有关领域的供求信息，具有一定的针对性和高效性。如果想要在阿里巴巴网站上发布商务信息，则首先要注册成为该网站的会员企业，注册后会得到阿里巴巴网站的更多服务。而后该网站便提供一个会员管理系统，供会员对自己的企业信息进行管理。具体操作是：

第1步，在地址栏输入https://www.1688.com/，打开阿里巴巴网站，如图5-10所示。

图5-10 打开阿里巴巴网站

第2步，在阿里巴巴首页单击"免费注册"链接，打开填写注册信息页面，根据企业实际情况填入电子邮箱，确认无误后，滑动验证，并进入下一步，如图5-11所示。

图5-11 企业会员注册

第3步，查收邮件，进入注册邮箱，完成注册，如图 5-12 和图 5-13 所示。

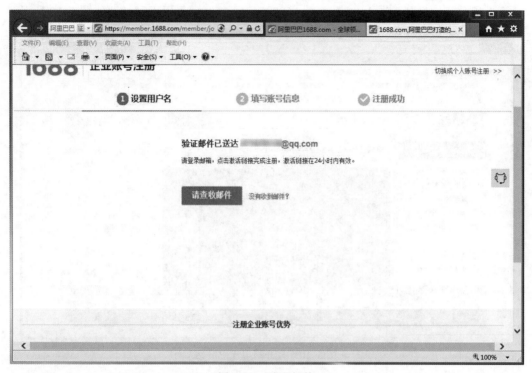

图 5-12　验证邮件

图 5-13　完成注册

第 4 步，填写账号信息，将企业信息补充完整，然后进入下一步手机验证，如图 5-14 所示。

图 5-14　填写账号信息

第 5 步，验证手机，单击"确认"按钮，完成企业账号注册，如图 5-15 所示。

至此，本企业已经成为它的企业注册会员了。回到阿里巴巴首页，输入会员名称和密码登录后，进入"我的阿里巴巴"界面，可以搜索、发布和管理商务信息以及建立和管理企业在阿里巴巴网站的店铺，如图 5-16 所示。

第 6 步，在图 5-17 中，企业会员可以在"账号信息"中细化注册的企业信息，完成后，发布商业信息。

第 7 步，填写企业要发布的商业信息内容，而后单击"提交发布"按钮即可将该信息发布到阿里巴巴网站上，所有登录阿里巴巴网站的浏览者都可以看到该信息。

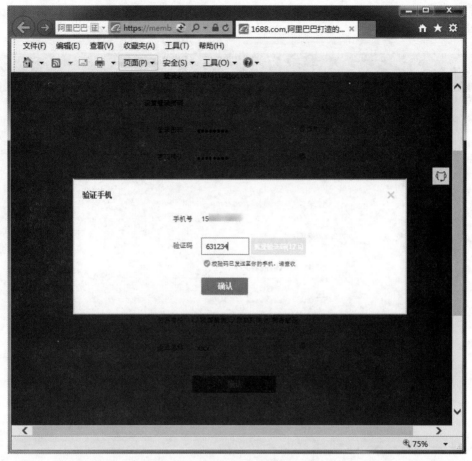

图 5-15　验证手机

图 5-16　会员登录

图 5-17　企业账号管理

步骤 5　利用网络博客发布商务信息

　　博客就是网络日记（WEBLOG，缩写 BLOG）。博客这种网络日记的内容通常是公开的，自己可以发表自己的网络日记，也可以阅读别人的网络日记，因此可以理解为一种个人思想、观点、知识等在互联网上的共享。博客是一个前所未有的展现个性和特色的平台，包括企业。一个典型的博客结合了文字、图像、其他博客或网站的链接及其他与主题相关的媒体，能够让读者以互动的方式留下意见。大部分的博客内容以文字为主，仍有一些博客专注在艺术、摄影、视频、音乐、播客等各种主题。博客是社会媒体网络的一部分，比较著名的有新浪、网易等博客。许多博客是个人心中所想之事的发表，也有博客是一群人基于某个特定主题或共同利益领域的集体创作。博客是网络传达的实时信息。

　　随着博客快速扩张，它的目的与最初的浏览网页心得已相去甚远。网络上数以千计的博主发表和张贴博客的目的有很大的差异。不过，由于沟通方式比电子邮件、讨论群组更简单和容易，博客已成为家庭、公司、部门和团队之间越来越盛行的沟通工具，因为它也逐渐被应用在企业内部网络（Intranet）中。

　　博客在中国经历近 20 年的发展，已经从早期的博客，兼具自媒体属性和交互属性，是公众交流信息、展示自我的重要平台，转变为如今创作者主要是精英人群，创造的内容也趋于专业化，博客的阅读者主要把博客当成获取信息的渠道来源。

小链接 5-3

微博小常识

　　微博（Weibo）即微型博客（MicroBlog），也是博客的一种，是一种通过关注机制分享简短实时信息的广播式的社交网络平台。

　　微博是一个基于用户关系信息分享、传播以及获取的平台。用户可以通过 Web、WAP

等各种客户端组建个人社区，以 140 字（包括标点符号）的文字更新信息，并实现即时分享。微博的关注机制分为可单向、可双向两种。

微博作为一种分享和交流平台，其更注重时效性和随意性。微博客更能表达出每时每刻的思想和最新动态，而博客则更偏重于梳理自己在一段时间内的所见、所闻、所感。因微博而诞生出微小说这种小说体裁。

2014 年 3 月 27 日晚间，在中国微博领域一枝独秀的新浪微博宣布改名为"微博"，并推出了新的 Logo 标识，新浪色彩逐步淡化。

微博包括新浪微博、腾讯微博、网易微博、搜狐微博等，但如若没有特别说明，微博就是指新浪微博。

触类旁通

信息发布系统简介

1．多媒体的概念

现代社会中，多媒体信息无处不在。多媒体信息发布系统的多媒体信息包括文字、声音、图形、图像、动画、视频等等。"多媒体"是指能够同时获取、处理、编辑、存储和展示两个以上不同类型信息媒体的技术，也称多媒体信息发布系统。现在多媒体技术往往与计算机联系起来，这是由于计算机的数字化及交互处理能力，极大地推动了多媒体技术的发展。通常可以把多媒体看成是先进的计算机技术与视频、音频和通信等技术融为一体而形成的新技术或新产品。因此多媒体是计算机综合处理文本、图形、图像、音频、视频等多媒体信息，使多种信息建立逻辑连接，集成为一个系统并具有交互性。它是一种迅速发展的综合性电子信息技术，给人们的工作、生活和娱乐带来了深刻的革命。

2．多媒体信息系统

说到多媒体信息系统不得不提到计算机信息系统。计算机信息系统是指提供信息、辅助人们对环境进行控制和决策的系统，是基于计算机、通信网络等现代化的工具和手段，服务于管理领域的信息处理系统。它是由计算机科学、信息科学、管理科学等多个学科相互渗透而发展起来的一门学科。多媒体信息系统是计算机信息系统多媒体化的高级发展方向，是新一代高度集成的、功能强大的、智能化的信息系统。多媒体信息系统不仅局限于文本、数值，还可以大量地使用图像、动态视频、声音等各种媒体的信息，具有更好的信息表现效果、更好的交互性、更大的信息使用范围。

3．多媒体信息发布和传播的原理

信息的发布和传播是指信息从发送者到接收者的传递过程，这个过程有 3 个基本要素：发送者、接收者和传播渠道。从传播渠道看有两种方式——单向和双向。单向的传播是发送者单纯将信息发送和传递出去，不关心接收者是否收到和是否有反馈；双向的传播是接收者对信息的反馈会传递给接收者，双方会有交互和互动。作为信息发布系统除了具有多媒体、云计算等高科技的特性，从传播学角度，该系统作为信息的传播渠道还应该是一个双向的沟通网络。

 项目小结

　　企业能否及时、准确地收集到合适的信息，并对相关信息进行有效的处理，决定了企业网络营销的成败。网络商务信息的特点决定了它和传统商务信息的不同，这种不同主要表现在网络商务信息的收集与发布两个方面。网络商务信息的收集主要是在互联网上以网络工具为手段来收集，收集的方式和工具主要有搜索引擎、电子邮件、邮件列表、新闻组等。网络商务信息发布的方式主要有邮件列表、邮件群发、企业网站、专业信息发布平台以及网络博客等。

　　通过本项目的学习，不仅会对网络商务信息有一个全面的理解和清楚的认识，还会使利用各种网络工具进行商务信息的收集与发布的操作更加娴熟。

 项目综合训练

【案例】

谁来为电子商务信息的真实性负责

　　"来自全世界的造假者出现在了总部位于杭州的阿里巴巴网站上，该网站已经成为世界各地假货供应商和批发商汇集的地方。"一封名为《阿里巴巴被国际反伪联盟推荐上榜特别"301"黑名单》的匿名传真被发送到上万名阿里巴巴的注册客户手中。一时间，不利于阿里巴巴公司的传闻四起，甚至还传出了"阿里巴巴在美国的服务器被查封"的消息。

　　阿里巴巴公司副总裁金建杭对外辟谣说，流传的关于阿里巴巴的匿名传真事件，"是一次被某些竞争对手公司幕后操控的不正当竞争行为，是将商业竞争上升到政治高度的下三烂策略，是又一起电子商务界的'戴尔邮件门'事件。"

　　阿里巴巴中国法务部负责人俞思瑛表示，"在互联网上输入IACC白皮书中所列举的阿里巴巴相关产品网址，结果是无此信息。国际反伪联盟是否通过阿里巴巴网站购买此等货品并从而确定阿里巴巴网站上出售假冒伪劣产品值得怀疑。即使阿里巴巴网站上真的有过上述产品，也不能得出阿里巴巴已经成为了世界各地假货供应商和批发商汇集的地方的结论，因为阿里巴巴网站的产品信息已达数百万条之多，凭其中两条产品信息得出前述结论，显而易见为以偏概全。"

　　2004年通过阿里巴巴网站出口的中国商品金额超过100亿美金。作为B2B电子商务企业的代表，阿里巴巴受到了全球众多经济机构和政府的关注。在这次"301黑名单"事件中，阿里巴巴的商业诚信受到了考验。

　　据副总裁金建杭介绍，电子商务企业的信息真实性问题是一个全球化的问题。在众多电子商务同行中，阿里巴巴是第一个采用机器人和人工双重审查信息真实性的企业。但是作为一家每天发布信息超过40万条的企业，保证每一条信息都真实可靠，显然是"不可能做到的"。

　　"在企业的发展过程中，我们一直都在探索解决这个问题的办法。"金建杭说，"目前阿里巴巴的原则就是，对企业发布的虚假信息一律永久保留，让造假企业生不如死。通过这套企业信誉互相评价的市场监督的体制，加上阿里巴巴对信息的审查系统，尽可能地保证假货不会出现。"

金建杭同时承认，杜绝假货和虚假信息的出现，目前还是件不可能完成的任务。

有业内人士认为，虽然从表面上看，这起事件有被人为扩大化的嫌疑，但作为全球B2B电子商务企业的龙头，阿里巴巴无法杜绝假货和虚假信息的出现，这也是值得大家深思的问题。这也对利用互联网络手段获取网络商务信息的用户带来确认信息真伪的麻烦。

请思考以下问题：

① 现阶段电子商务领域中的信息真实性是否真的存在像本案例中的问题？

② 如果要使电子商务领域中的虚假信息减少，你认为应当从哪些方面努力？

③ 你认为阿里巴巴公司应如何提高自己网站上各企业发布信息的真实性，来维护自己在电子商务领域中的地位？

项目 6

调研网络市场

在市场竞争日益激烈的今天，"酒香不怕巷子深"恐怕已无法完全代表所有的优质产品和服务，没有强有力的市场营销活动，很难保证企业产品的成功。通过网络市场调研，可以了解到市场的供求状况、消费者行为、竞争者状况等，有助于确定企业的生产计划和销售方案。因此，首先要了解网络市场调研的方法、步骤，并合理设计网络调研问卷。

学习提示

学习目标

- ⊃ 知识目标：知晓网络市场调研的含义，明晰市场调研的特点和内容，明晰网络市场调研的步骤，理解网络市场调研的方法和技巧，学会利用网络调研问卷的设计程序，设计合理的网络调研问卷。
- ⊃ 能力目标：能在认识市场调研意义的基础上，熟练运用网络调研的方法进行各类调研活动。
- ⊃ 情感目标：提高学生解决问题的能力。

本项目重点

网络市场调研的特点、内容、步骤和方法。

本项目难点

设计合理的网络市场调研问卷。

任务 1 认识网络市场调研

全球互联网上的大量信息、几万个搜索引擎的免费使用已对传统市场调研和营销策略产生了很大的影响。它大大丰富了市场调研的资料来源，扩展了传统的市场调研方法，特别是在 Internet 在线调研、定性调研和一手资料调研等方面具有无可比拟的优势。

任务要点

关 键 词：网络市场、网络调研。
理论要点：网络市场调研的特点、内容。
实践要点：运用网络市场调研的内容进行调研对象分析。

任务情境

李明和王华都是刚毕业的高职学生，他们一起来到了爱思巧克力公司应聘市场开拓员一职，市场部经理对他们俩都很满意，于是给予他们两个月的试用期，分别为爱思巧克力做一份完整的市场报告，以这一任务作为雇佣他们的标准。

接到任务后，李明马上投入工作，连夜设计了问卷，确定了爱思巧克力的几大销售市场作为问卷调研的主要地点。然后申请了调研基金，聘请了数名兼职人员，在这几个市场上展开了问卷调查。在调研过程中，由于问卷题目过多，调研实施的非常困难，但李明坚持不懈，最后都一一解决了。最后回收问卷，统计数据并分析结论。而王华却整天待在计算机前，也没有走入市场。两个月后，李明信心满满地将调研报告交给市场部经理，心里期待着经理的夸奖。

市场部经理将李明和王华都叫到了办公室，说："我们此次录用的市场开拓员是王华。"

李明非常惊讶，问道："为什么？"

市场部经理解释道："首先，王华用了一个月就完成了调研报告，而你用了两个月时间；其次，此次调研你用去了将近 1 万元，而王华用了不超过 5 百元；还有，他的调研报告比你的更完整全面。"

李明不解，向王华询问为何他能这么快就做完了报告。

王华笑了笑说："其实我和你一样，确定了问题，也做了调查问卷，然后回收问卷并做分析报告。不同的是，我没有雇佣兼职，而是通过网络进行了调研。"

李明："网络？"

王华："是的。我利用了几个免费的在线调查网站，上传我的调查问卷，短短两个星期就回收了来自各大城市近 2000 份问卷，该网站同时提供了已经统计好的数据。我利用这些数据很快就完成了调研报告。"

李明此时才恍然大悟，想起了还有网络的存在，他为自己的盲目而懊悔，但此时他已经与一份工作失之交臂了。

任务分析

试用期中的李明刻苦努力，坚持不懈的精神最终帮他完成了调研报告，然而没有获得市场开拓员的职位却并非在意料之外。相反，王华仅通过计算机网络就快速完成了调研报告，成功谋得了这一职位，这正是网络的魅力。

爱思巧克力公司的市场部经理想知道有关爱思巧克力全面的市场信息，因此这样的市场调研任务量非常大，要涉及巧克力调查的方方面面，包括爱思本身的营销绩效、消费者的信息，竞争者的信息和市场的总体信息。如果采用传统的市场调研形式，势必加大工作量，仅凭李明一个人的力量难以完成任务。而如果借助互联网，借助专业在线调查网站进行市场调研，相当于一个专业调研团队在完成一个任务，当然事半功倍。Internet 作为 21 世纪新的信息传播媒体，它的高效、快速、开放已经催生了一种崭新的调研方式——网络调研随之产生。

 任务实施

步骤 1　区分网络市场调研与传统的市场调研

市场部经理交给李明和王华的任务就是做一次市场调研，李明所运用的就是传统的市场调研，而王华采用的是网络市场调研。网络市场调研就是基于互联网，系统地进行调研问题的发布、收集、整理、分析和研究的方式。通过李明和王华的调研活动可以发现，网络调研较之传统市场调研有很明显的优势，主要表现在缩短调研周期、节约费用、不受地理区域限制等方面，见表 6-1。

表 6-1　网络市场调研与传统市场调研的比较

比较项目	网络市场调研	传统市场调研
调研费用	较低，问卷调研几乎为零	昂贵，包括问卷设计、印刷、发放、回收、聘请兼职等方面的费用
调研范围	全国乃至全世界，数量庞大	地区和样本数量有限
调研时效性	全天候进行，很快完成	访问时间有限，至少需要 2～6 个月才能得出结论
被访问者便利性	便利，自由决定时间、地点	不太方便
调研适用性	适合长期大样本调查以及迅速得出结论的调查	适合深度访谈调查

小链接 6-1

网络市场调研的含义

调查是调研的基础，调查是针对客观环境的数据收集和情报汇总，而调研是在调查的基础上对客观环境收集数据和汇总情报的分析、判断。调研为目标服务，市场调研就是为了凸显管理目标而进行的信息收集和数据分析。一般把基于 Internet 而系统地进行营销信息的收集、整理、分析和研究的过程称为网络市场调研。

步骤 2　知晓网络调研的特点

从表 6-1 中可以看出，网络调研的特点主要表现在以下 6 个方面：

1．信息的及时性和共享性

由于网络的传输速度非常快，网络信息能够快速地传送到连接上网的任何网络用户，而且网上投票信息经过统计分析软件初步处理后，可以看到阶段性结果而传统的市场调研得出结论需经过很长的一段时间。同时，网上调研是开放的，任何网民都可以参加投票和查看结果，这又保证了网络调研的共享性。

2．方式的便捷性和经济性

在网络上进行市场调研，无论是调查者或是被调查者，只需拥有一台能上网的计算机就可以进行网络沟通交流。调研者在企业站点上发出电子调查问卷，提供相关的信息或者及时修改、充实相关信息，被调研者只需在计算机前按照自己的意愿轻点鼠标或填写问卷，之后调研者利用计算机对访问者反馈回来的信息进行整理和分析即可，这种调研方式将是十分便捷的。

同时，网络调研非常经济，它可以节约传统调查中大量人力、物力、财力和时间的耗费。省去了印刷调研问卷、派访问员进行访问、电话访问、留置问卷等工作；调研也不会受到天气、交通、工作时间等的影响；调查过程中最繁重、最关键的信息收集和录入工作也将分布到众多网上用户的终端上完成；信息检验和信息处理工作均由计算机自动完成。所以网络调研能够以最经济、便捷的手段完成。

3. 过程的交互性和充分性

网络的最大优势是交互性，这种交互性也充分体现在网络市场调研中。网络市场调研某种程度上具有人员面访的优点，在网上调查时，被访问者可以及时就问卷相关的问题提出自己的看法和建议，可减少因问卷设计不合理而导致的调查结论出现偏差等问题。消费者一般只能针对现有产品提出建议甚至是不满，对尚处于概念阶段的产品则难以涉足，而在网络调研中消费者则有机会对从产品设计到定价和服务等一系列问题发表意见。这种双向互动的信息沟通方式提高了消费者的参与性和积极性，更重要的是能使企业的营销决策有的放矢，从根本上提高消费者满意度。同时，网络调研又具有留置问卷或邮寄问卷的优点，被访问者有充分的时间进行思考，可以自由地在网上发表自己的看法。把这些优点集合于一身，形成了网络调研的交互性和充分性的特点。

4. 结果的可靠性和客观性

相比传统的市场调研，网络调研的结果比较可靠和客观，能够反映消费者的真实要求和市场发展的趋势。主要原因有：1）企业站点的访问者一般都对企业产品有一定的兴趣，被调查者是在完全自愿的原则下参与调查，调查的针对性强。而传统的市场调研中的拦截询问法，实质上是带有一定的"强制性"的；2）被调查者主动填写调研问卷，说明填写者一般对调查内容有一定的兴趣，回答问题就会相对认真，所以问卷填写可靠性高；3）网络市场调研可以避免传统市场调研中人为因素干扰所导致的调查结论的偏差，因为被访问者是在完全独立思考的环境中接受调查的，能最大限度地保证调研结果的客观性。

5. 调研信息的可检验性和可控制性

利用互联网进行网上调研收集信息，可以有效地对采集信息的质量实施系统的检验和控制。网络问卷可以附加全面规范的指标解释，有利于消除因对指标理解不清或调查员解释口径不一而造成的调查偏差。此外，问卷的复核检验由计算机依据一定检验条件和控制措施自动实施，保证检验与控制的客观公正性。在调查中还能对被调查者进行身份验证，以有效地防止信息采集过程中出现的舞弊行为。

6. 无时空和地域的限制性

传统的市场调研往往会受到区域与时间的限制，而网络市场调研可以24小时全天候进行，同时也不会受到区域的限制。

步骤3 熟知网络调研的内容

网络市场调研主要是针对特定市场或特定产品展开的，企业进行的市场调研也因其具体需求不同涉及的内容而不同。为了满足对商业情报的需求，都需要了解市场需求、市场供给、消费者行为、营销因素以及竞争者状况等信息。

1. 市场需求调研

市场需求调研主要是了解市场知名度、占有率、市场现有规模及发展潜力、产品需求发展趋势、同类产品销售状况、营销策略、销售渠道等。帮助经营者掌握目标市场的整体运作情况。

2．市场供给调研

了解产品货源质量、供应商、货源渠道、供货能力、货源竞争格局，掌握货源供给的来源渠道、价格、可信度、供货能力，清楚供货商的商品设备、资金、员工的工作能力等。

3．消费者行为调研

消费者行为调研能让企业充分了解客户，这正是客户关系管理中的关键所在。首先要了解人口数量结构，如年龄结构、性别结构、家庭状况结构、教育程度结构等；其次要了解消费结构，如吃住行等各大类消费比例关系；再次还要掌握消费者消费行为，如购买动机、消费时间地点、购买量、购买方式、获取商品信息的渠道、期望的商品价格、消费水平、消费者消费习惯、影响消费者消费行为的因素、消费者的特殊爱好等。

4．竞争者状况调研

清楚了解竞争对手的优势和劣势，可以帮助企业设计和检验创新战略，了解品牌给消费者的信任程度，判断品牌建设在营销组合中的作用。首先要清楚整个市场竞争对手的状况，如分销渠道、销售状况、营销策略等；其次要了解竞争对手的市场占有率、产品设计、定价策略、产品价格、利润状况等；再次要掌握竞争者提供的销售服务和质量保证等相关信息；最后还要了解主要竞争者的相关信息，如市场份额、发展策略、优劣势等。

5．营销因素调研

营销因素调研主要是对企业内部环境的调查，如本企业的产品、价格、营销手段、广告、商品服务、品牌和企业形象等信息。把握这些信息能够提高企业对市场的敏感度，有助于对在线信息和离线信息的调整。掌握这类信息对企业的经营成功至关重要。

小链接 6-2

网络市场调研的常用策略

1）科学地设计在线调查问卷；2）吸引尽可能多的网民参与调查，特别是被动问卷调查法；3）充分利用数据库资料；4）提高网络市场调查的质量；5）选择合适的方式发布网络市场调查，同时尽可能把多种调研方式结合在一起。

 触类旁通

CNNIC——中国互联网络信息中心

CNNIC 为中国互联网络信息中心，中国科学院计算机网络信息中心承担其运行和管理工作，由国内知名专家、各大互联网络单位代表组成的 CNNIC 工作委员会，对 CNNIC 的建设、运行和管理进行监督和评定。

1997 年，经原国务院信息化工作领导小组办公室和 CNNIC 工作委员会研究，决定由 CNNIC 联合 4 个互联网络单位来实施中国互联网络发展状况的统计工作。在统计报告发表后，受到各个方面的重视，被国内外用户广泛引用，并不断有用户要求 CNNIC 提供最新的统计报告。为了使这项工作制度化、正规化，从 1998 年起 CNNIC 决定将于每年 1 月和 7

月推出该统计报告，其即时性和权威性已得到了业界的公认。截至 2017 年 4 月，共进行了 39 次中国互联网络发展状况统计报告，所提供的有关我国互联网上网计算机数、用户人数、信息流量分布、域名注册等方面情况的统计信息，对我国政府和企业动态掌握互联网在我国的发展情况，提供决策依据有着十分重要的意义。截至 2016 年 12 月，中国网民规模达 7.31 亿，全年共计新增网民 4299 万人。互联网普及率为 53.2%，较 2015 年底提升了 2.9%。

调研的主要内容分为两大部分：一是中国互联网络发展的宏观概况，包括我国网民人数、我国上网计算机数、我国域名数及其地域分布、我国网站数及其地域分布、我国 IP 地址总量及其地域分布、我国国际出口带宽总量；二是中国网民的相关情况，包括网民基本特征（如性别、年龄、婚姻状况、文化程度、职业、收入状况等）、网民对互联网的使用情况及满意度、网民对互联网热点问题的回答。

任务 2　制定网络市场调研方案

"凡事预则立，不预则废。"对网络市场调研也是如此。不管市场调查要搜集什么样的信息，也不管市场调查通过什么样的方式，都需要一套完整的调研计划方案。

任务要点

关　键　词：网络市场调研、网络调研步骤。
理论要点：网络市场调研的计划、网络调研的步骤。
实践要点：制定网络市场调研方案。

任务情境

安徽特酒集团是我国特级酒精行业的龙头企业，全套设备及技术全部从法国引进。其主要产品是伏特加（Vodka）酒及分析级无水乙醇。其中无水乙醇的销量占全国的 50% 以上。伏特加酒通过边境贸易，向俄罗斯等周边国家出口达到 1 万吨，总销售额超过 1 亿元。伏特加酒作为高附加值的主打产品，是安特集团利润的主要来源。但是，随着俄罗斯等周边国家的经济形势的日趋恶化，出口量逐年减少，形势不容乐观。安特集团审时度势，决定从 1998 年的下半年开始通过互联网进行网络营销调研，并在此基础上开辟广阔的欧美市场。集团确定了营销调研的三个方向：价格信息、关税、贸易政策及国际贸易数据、潜在客户的详细信息。首先通过搜索厂方站点、利用生产商协会的站点和讨论组收集生产商的报价，再通过销售商站点中的报价、政府酒类专卖机构的价格、商务谈判中的定价了解销售商的报价。然后通过大型数据库检索、向已建立联系的各国进口商询问、查询各国相关政府机构和新闻机构的站点收集关税及相关政策和数据。接着利用 Yahoo 等目录型的搜索工具、数量型的搜索工具、地域性的搜索引擎、YellowPage、专业的管理机构及行业协会和各国的酒类专卖机构掌握各国进口商的详细信息。

历经半年安徽特酒集团基本上把握了国际伏特加酒市场的脉搏，圆满地完成了市场调研工作。这些工作为以后的网上谈判、选择代理商等网络营销工作打下了良好的基础。

任务分析

从以上案例中可以看出，安徽特酒集团的此次市场调研非常成功。他们先是确定了调研方向，然后通过搜索互联网上相关厂方站点、世界百科信息库、各国相关政府机构、新闻机构、生产商协会等站点以及讨论组收集了以上三个方面的情报，对于世界上伏特加酒的贸易状况有了基本的了解，掌握了世界伏特加酒交易的价格走势，认清了安特牌伏特加酒所处的档次水平。可见，网络市场调研与传统市场调研一样，应遵循一定的步骤，以保证调研过程的质量。

任务实施

步骤1 明确问题与确定调研目标

明确问题和确定调研目标对使用网上搜索的方式来说尤为重要。因此，在开始网上搜索时，头脑里要有一个清晰的目标并留心去寻找。首先需要清楚以下几个问题：为什么要调查（调查的目的）、调查中想了解什么、调查结果有什么样的用途、谁想知道调查的结果等。

步骤2 确定调研对象

网络调研对象主要分为企业的顾客或消费者、企业的竞争者、企业合作者和行业内的中立者。

1．企业的顾客或消费者

消费者通过网上购物的方式来访问企业站点。营销人员可以通过互联网来跟踪顾客，了解他们对产品的意见及建议。通过对访问企业网站的人数进行统计，进而分析访问者的分布范围和潜在的消费市场的区域，以此制定相应的网络营销决策。

2．企业的竞争者

企业所面对的竞争者很多，在众多竞争中主要是行业内现有企业的竞争、新加入者的竞争、来自替代产品的竞争，它们对企业的市场营销策略有很大影响，竞争者的一举一动都应引起企业的高度警觉。因此市场调研人员要随时掌握竞争者的有关信息，对比优势与劣势，为及时调整营销策略做好准备。

3．企业合作者和行业内的中立者

企业合作者和中立者，能站在第三方的立场上，提供一些既有价值的信息和比较客观的评估分析报告。因此市场调研人员也要随时掌握它们的有关信息，为客观充分地调整营销策略做好准备。

步骤3 制定调研具体计划

网上市场调研的第三个步骤是制定出最为有效的信息搜索计划。具体来说，要确定调研的题目、时间、框架、具体实施问题、格式、要求和实施方法等。

1．选择资料搜集的方法

利用互联网进行资料搜集是一种非常有效的方式。确定资料来源包括两种：收集第一手资料和第二手资料。前者适用于推定消费者的嗜好及其他特质的分析，如许多企业在网站上设置在线调查表，用以搜集用户反馈信息。在线调查常用于产品调查、消费者行为调查、顾客意见、品牌形象调查等方面，是收集第一手调研资料的有效工具，但如何提高在线调查结果的质量是开展网上市场调研过程的关键。选择一手资料时，可以采用问卷形式、电子邮件方式等，问卷可以通过软件自动生成、发布，电子邮件可以通过邮件列表自动发送，调查结果自动汇总。后者适合测定销售量和其他市场分析。选择二手资料时，要考虑资料的可信度、正确性以及是否符合本次调查目的。二手资料的搜集可以采用常用的询问法、观测法以及实验法等。在搜集资料前，为了便于资料的统计和处理，应当使用标准化的格式。

2．样本的选择与控制

根据调查目的确定调查群体、样本性质、大小及分配，如调查地点、调查人群等。在抽样时需要注意，调查者首先需要具备被调查群体总体的 E-mail 或 IP 地址，然后再进行随机抽样。如果做不到这一点，就无法达到随机抽样的要求。

3．编制调查计划表

在调查计划确定之后，应当编制完整的网络市场调研调查计划表。

步骤4 收集相关信息

网络通信技术的突飞猛进使得资料收集方法迅速发展。Internet 没有时空和地域的限制，因此网络市场调研可以在全国甚至全球进行。同时，收集信息的方法也很简单，直接在网上递交或下载即可。这与传统市场调研的收集资料方式有很大的区别。

如某公司要了解各国对某一国际品牌的看法，只需在一些著名的全球性广告站点发布广告，把链接指向公司的调查表就行了，而无须像传统市场调研那样，在各国找不同的代理分别实施。诸如此类的调查如果利用传统的方式是无法想象的。

在问卷回答中访问者经常会有意无意地漏掉一些信息，这可通过在页面中嵌入脚本或 CGI 程序进行实时监控。如果访问者遗漏了问卷上的一些内容，其程序会拒绝递交调查表或者验证后重发给访问者要求补填。最终，访问者会收到证实问卷已完成的公告。在线问卷的缺点是无法保证问卷上所填信息的真实性。

步骤5 分析信息

收集信息后要做的是分析信息，这一步非常关键。分析信息资料的目的是根据收集的信息资料解释问题和推出结论。一般要分析获得信息资料的渠道是否可靠；分析信息资料内容的准确性；分析信息资料间的相互关系和变化规律。组织和分析数据可采用单向频率分布法、交叉表格法和精确的统计分析法等。为了分析信息资料间的相互关系和变化规律，可根据调研所得到的有用的数据和资料，用有关图标表示信息的相互关系及其状况，用模型来显示其规律性。

步骤6 提交报告

调研报告的撰写是整个调研活动的最后一个阶段。报告不是数据和资料的简单堆砌,调研人员不能把大量的数字和复杂的统计技术扔到管理人员面前,否则就失去了调研的价值。正确的做法是把与市场营销关键决策有关的主要调研结果报告出来,并以调研报告所应具备的正规结构写作。

作为对填表者的一种激励或犒赏,网上调研应尽可能地把调研报告的全部结果反馈给填表者或广大读者。如果限定为填表者,只需分配给填表者一个进入密码。对一些"举手之劳"式的简单调研,可以实施互动的形式公布统计的结果,效果更佳。

小链接6-3

市场调研计划表

项　　目	内　　容
调研目的	为什么调查、需要了解什么、有何用途
调研方法	问卷法、询问法、电话法、邮寄法、观察法等
调研地区	被调研者居住地区、居住范围
调研对象、样本	对象的选定、样本数量、样本选取
调研时间、地点	所需时间、开始日期、完成日期、在外调研时间等
调研项目	调研表的内容
提交调研报告	报告书的形式、份数、内容、中间报告、最终报告
调研进度表	策划、实施、统计、分析、提交报告书
调研费用	各项开支数目（资料费、文件费、差旅费、统计费、劳务费等）
调研人员	策划人员、调研人员、负责人

小链接6-4

调研样本的选择

网络市场调研样本是从网络用户总体中抽取的被调研的部分用户人群。进行网络市场调研必须要选择合适的样本,也就是判断哪些用户人群最适合参加网络市场调研。在确定"谁"的问题时,应考虑到以下几点:

1. 目标范围

选择网络市场调研样本的目标范围一般是在全球范围、在一个区域范围、在一个国家范围、在一个城市范围或是按照邮政编码随机选择的范围。

2. 被调研者的状况

被调研者的状况主要包括人口特征（性别、年龄、受教育程度等）、经济收入和社会生活方式（收入水平、职业固定性、网络生活的程度等）、消费心理特征（上网需求动机、上网需求兴趣）等。

3. 样本大小和抽样框

样本的大小是指定完成访问的人群数量。抽样框起着划定总体界限的作用。

当然,网络市场调研最主要的缺点就是样本对象的局限性,主要表现在:使用互联网的人口对于人口总体来说代表性小,如果调研问卷是放在一个公司的网站上的,则样本的采集仅局限于对该公司有积极兴趣的人,这样的样本肯定不能代表整个市场。网络调研的回应率非常低。

小链接 6-5

调研报告的内容

调研报告一般分为专门性报告和一般性报告。专门性报告是专供市场研究人员和市场营销人员使用的内容详尽具体的报告。一般性报告是供职能部门管理人员、企业领导使用的内容简明扼要而重点突出的报告。调研人员通常既要准备书面报告又要准备口头报告。这些报告应该根据对象的不同而采取不同的形式。

调研报告主要包括以下4个方面的内容：

1．题页

题页点明报告的主题。包括委托客户的单位名称、市场调研的单位名称和报告日期。调研报告的题目应尽可能贴切，而又概括地表明调研项目的性质。

2．目录表

3．调研结果和有关建议的概要

这是整个报告的核心，要简短，并应切中要害。使阅读者既可以从中大致了解调研的结果，又可从后面的本文中获取更多的信息。有关建议的概要部分则包括必要的背景、信息、重要发现和结论，有时根据阅读者之需要，提出一些合理化建议。

4．本文主体部分

包括整个市场调研的详细内容，含调研使用方法，调研程序，调研结果。对调研方法的描述要尽量讲清是使用何种方法，并提供选择此种方法的原因。在本文中相当一部分内容应是数字、表格，以及对这些的解释、分析，要用最准确、恰当的语句对分析做出描述，结构要严谨，推理要有一定的逻辑性。在本文部分，一般必不可少地要对自己在调研中出现的不足之处说明清楚，不能含糊其辞。必要的情况下，还需将不足之处对调研报告的准确性有多大程度的影响分析清楚，以提高整个市场调研活动的可信度。

 触类旁通

问 卷 星

1．问卷星简介

问卷星是一个专业的在线问卷调查、测评、投票平台，专注于为用户提供功能强大、人性化的在线设计问卷、采集数据、自定义报表、调查结果分析系列服务。与传统调查方式和其他调查网站或调查系统相比，问卷星具有快捷、易用、低成本的明显优势，已经被大量企业和个人广泛使用，典型应用包括：

1）企业：客户满意度调查、市场调查员工满意度调查、企业内训需求登记、人才测评、高校：学术调研、社会调查、在线报名、在线投票、信息采集、在线考试等。

2）个人：讨论投票、公益调查、博客调查、趣味测试等。

2．问卷星的使用步骤

问卷星的操作流程主要包括以下几个步骤：

1）在线设计问卷：问卷星提供了所见即所得的设计问卷界面，支持多种题型以及信息栏和分页栏、并可以给选项设置分数（可用于量表题或者测试问卷），可以设置跳转逻辑，同时还提供了数十种专业问卷模板供选择。

2）发布问卷并设置属性：问卷设计好后可以直接发布并设置相关属性，例如，问卷分类、说明、公开级别、访问密码等。

3）发送问卷：通过发送邀请邮件，或者用 Flash 等方式嵌入到贵公司网站或者通过 QQ、微博、邮件等方式将问卷链接发给好友填写。

4）查看调查结果：可以通过柱状图和饼状图查看统计图表，卡片式查看答卷详情，分析答卷来源的时间段、地区和网站。

5）创建自定义报表：自定义报表中可以设置一系列筛选条件，不仅可以根据答案来做交叉分析和分类统计（例如，统计年龄在 20～30 岁之间女性受访者的统计数据），还可以根据填写问卷所用时间、来源地区和网站等筛选出符合条件的答卷集合。

6）下载调查数据：调查完成后，可以下载统计图表到 Word 文件中进行保存、打印，或者下载原始数据到 Excel 中导入 SPSS 等调查分析软件做进一步的分析。

任务 3　选择网络市场调研方式方法

互联网上有各种各样的信息资源，汇集了海量的信息。尽管有些传统的市场调研方法可以延伸到互联网上，但是网络市场调研也需要结合互联网的特性进行创新。

任务要点

关 键 词：调研方法、调研方式、策略。

理论要点：网络市场调研方法。

实践要点：能灵活运用各种网络市场调研的方式和方法。

任务情境

王华任爱思巧克力公司市场开拓员一职不到一个月，就全权负责了"天使"巧克力这一新口味巧克力的市场开拓工作。作为一个新人，王华受到了巨大的压力，但是动力也十足。只要这次推广活动成功，那么将确立他作为一个新人在市场部中的地位。

王华先是通过网上搜索引擎门户网站 Yahoo！进行在线的资料搜索，决定以"天使爱思，你的情感世界"为名，开展网民有关巧克力情感故事的征集。以此建立"天使巧克力"的概念，吸引受众进入并完成调查问卷。王华主要利用了问卷星（www.sojump.com）、网题（www.nquestion.com）和爱思企业网站及一些论坛、聊天室、聊天工具（QQ）进行了有关"天使"巧克力问卷调查，甚至提供多种外包装让被调查者选择。王华每天都观察相关网站本次调查的访问量，也通过相关网站的论坛和聊天室举行专题 BBS，观察消费者对巧克力的不同看法以及他们的兴趣、爱好和习惯。然后锁定了一部分目标顾客后，王华又通过电子邮件和提供免费的试吃巧克力针对性地跟踪目标客户，取得进一步的资料。最后王华还将调研结果进行了公布。

历时 2 个月的市场开拓非常成功，不仅获得了消费者对"天使"巧克力的关注，同时也获得了消费者心目中"天使"巧克力的形象，为"天使"巧克力的下一步推广工作奠定了良好的基础。为此，王华也获得了公司总经理的好评。

任务分析

王华利用网络出色地完成了领导交给的任务。在整个推广过程中，王华采取了调查式营销，借助一些专业的在线调查网站以及本企业网站建立网民"天使"巧克力的调查，通过情感故事的叙述，引起网民对爱思"天使"巧克力的关注，并获得共鸣。

王华的这次调研共经历两个阶段。第一个阶段是撒网式调研，首先利用搜索引擎找到专业的在线调查网站，借助专业网络市场调研公司和爱思公司自己的网站进行问卷调研，利用论坛、聊天室以及聊天工具等手段获得更多消费者的直接意见，通过多种方式锁定了目标顾客。第二个阶段是针对性调研，王华利用了电子邮件对目标顾客进行深层次的追踪调研并获得了结果。可见，王华充分利用了网络调研的各种方式方法，使两个阶段逐步推进，层层深入。此外还巧妙地利用了一些网络调研的策略技巧，如"通过电子邮件有针对性地跟踪目标顾客""利用免费商品吸引访问者""聊天工具"等，充分与被调查者沟通，吸引并识别目标顾客。

王华的工作能力很出色，但从他的工作过程中不难看出，网络调研有其特有的方式和方法。目前，随着互联网应用的日渐普及，网络用户人数不断增加，网络调查软件日益成熟，网络调研正逐渐成为主流的市场调研方式。欧洲许多国家，比如意大利、法国等已经把互联网作为政治选举中进行民意调查的重要手段。

任务实施

步骤 1　知晓网络市场直接调研法

网络市场直接调研是为实现专门目标而在网上收集一手资料或原始信息的过程。

1．网上观察法

观察是日常生活和网络市场调研不可缺少的活动和手段。通过观察去了解周围的各种现象，从而获得第一手资料。网上观察法的实施主要是利用相关软件和人员记录登录网络浏览者的活动。如案例中的王华就搜集其调研问卷网站的点击率、每个浏览者的浏览时间等数据。

网站还可以对本站的会员和经常浏览本站的 IP 地址的记录进行分析，掌握他们上网的时间，点击的内容及浏览时间，从而了解他们的兴趣、爱好和习惯，为各类营销提供有效信息。

网上观察法大大节省了人力、物力和财力，在不惊动被观察者的情况下，可以保护被观察者的真实行为和想法。

2．在线问卷法

王华充分利用了在线问卷法，通过在站点上发布问卷、E-mail 传送问卷以及论坛、聊天室等上传问卷，将传统的问卷调研法应用到了网络上。

1）将问卷发在专业调研网站或企业自有网站等各种站点上，等待访问者访问时填写问卷。在这种站点上填写问卷的被调查者往往是出于自愿的心理。

2）通过 E-mail 方式将问卷发送给被调研者，被调研者完成后将结果通过 E-mail 返回问卷。这可以有效有选择地控制被调查者，可是也容易引起被调研者的反感。

3）在相应的论坛或通过聊天室和聊天工具上传调研问卷。这可以引发网民们对相关感兴趣的问题进行调研，不足的是问卷的访问量较少。

3．专题讨论法

王华通过专题 BBS 掌握了被调研者的兴趣、爱好和习惯。为了深度分析的需要，企业可以通过专题 BBS 或者论坛来就某一个问题进行调查。现在很多论坛都提供"发起调查"功能，用户可以就某一个观点或者问题自发进行调查。这些对于企业了解某些特定顾客的特定问题比较有帮助，但"发起调查"功能通常提供的调查选项较少，一般限制在 10 个以内。所以，对于一些复杂的统计分析软件而言，调查问题过少会导致无法进行高层次的统计分析。

4．网上实验法

网上实验法可以通过网络做广告内容与形式、产品包装等实验。设计几种不同的广告内容和形式在网上发布，也可以利用电子邮件传递广告。王华就是利用网络发布了几种"天使"巧克力外包装供被调研者选择。同时，还可以利用查看客户的反馈信息量的大小来判断哪种形式或内容更好。

此外，新产品的试销也能通过网络进行，但是并非所有的新产品都适用，一些全新的产品，由于登录网络浏览者在网上不能看到实物，将会影响其购买行为的发生，对实验结果的准确性有影响。无须尝试或观看的新产品在网上试销的结果比较理想。

步骤 2　掌握网络市场间接调研法

网络间接调研是指利用互联网的媒体功能，从互联网收集二手资料的调研方法。网络间接调研主要利用互联网收集与企业营销相关的市场、竞争者、消费者以及宏观环境等信息。企业用得最多的还是网络间接调查方法，因为它的信息来源广泛，能满足企业管理决策需要，网络间接调研方法有：利用搜索引擎检索、网站跟踪访问、数据库查找等方法。

1）利用搜索引擎检索。利用搜索引擎检索，是互联网上使用最普遍的网络信息检索技术，主要包括主题分类检索和关键词检索。主题分类检索及通过各搜索引擎的主题分类目录查找信息。用户通过输入关键词来查找所需信息的方法，成为关键词检索法。使用关键词检索法查找资料一般分为三步：第一步，明确坚守目标，分析检索课题；第二步，采用一定的逻辑关系组配关键词，输入搜索引擎检索框，单击"搜索"按钮；第三步，如果检索效果不理想，则可调整检索策略，直到获得满意的结果。

2）跟踪访问相关网站。如果知道某一专题的信息主要集中在哪些网站，则可直接访问这些网站获得所需资料，与传统媒体的经济信息相比，网上市场新行情一般数据全，实时性强。

3）查找网上相关数据库。数据库查找是指借助于互联网上公开的一些数据库来查找有关的信息，中文网上数据库由中国知网、万方数据资源系统、重庆维普资讯网、超星图书馆、人大复印资料等。

此外还可以利用网上论坛、博客等进行市场调研。

识别访问者的策略

网络市场调研的目的是收集网上的消费者和潜在消费者的信息，加强与消费者的沟通，改进营销方式，并更好地服务于客户。因而网络站点的访问量至关重要，但网络营销调研中最明显的问题就是调查者不会确切知晓谁是本公司站点的访问者。网络营销人员必须采取适当的策略来识别访问者。

1．通过电子邮件有针对性地跟踪目标顾客

调研人员可以通过互联网或其他途径获得消费者或潜在消费者的电子邮件地址，可以直接利用电子邮件向消费者或目标消费者传递调研问卷，请求他们反馈回复。也可以在电子调查表中设置让消费者自由发表意见和看法的板块，请求他们为企业、产品、服务等方面提出见解和期望。

2．通过确定被调研者的邮编来确定地区平均收入

不同地区，企业采取的营销策略也不一样，调研人员应了解各个地区的平均收入情况，以便采取不同的营销策略。在互联网上，要求被调研者填写邮编等相关信息，以确定被调研者所在的地区。

触类旁通

问 卷 网

问卷网是由上海众言网络科技有限公司于2013年7月创办，是中国最大的免费网络调查平台，能够为企业提供问卷创建、发布、管理、收集及分析服务。

问卷网具有以下几个特点：

1）用户可在线设计调查问卷，并可自定义主题。

2）拥有多种调查问卷模板，简单修改即能制作一份调查问卷。

3）支持十余种常见题型，专业逻辑跳转功能保证用户快速完成调研流程。

4）多渠道多方式推送发布，快速到达样本，便捷收获调研数据。

5）提供图形分析界面，并支持导出为Excel文件。

问卷网的使用流程分为下面几个步骤：

1）在线设计调查问卷：问卷网提供了在线设计问卷界面，支持多种题型以及信息栏和分页栏，可以设置跳转逻辑，同时还提供了数十种专业问卷模板供用户选择。

2）发送问卷：通过发送邀请邮件或者用网页代码等方式嵌入到贵公司网站或者通过QQ、微博、邮件等方式将问卷链接发给好友填写。

3）查看调查结果：可以通过柱状图和饼状图查看统计图表。

4）导出调查数据：调查完成后，可以把数据导出到Excel，也可以导入SPSS等调查分析软件做进一步的分析。

任务4　设计网络市场调研问卷

用互联网进行市场调查是一种非常有效的方式，但对于每个环节都要考虑周到，特别是要科学合理地设计网络市场调研问卷。

任务要点

关 键 词：网络市场调研、网络调研问卷。

理论要点：网络调研问卷的构成。

实践要点：能利用网络调研问卷的设计步骤，设计合理的网络调研问卷。

任务情境

王华为了更好地了解巧克力市场的需求，进行了一次巧克力网络市场调研。主要采用在线问卷调研的方法，利用在线调研网站（爱调研 http://www.idiaoyan.com/、问卷星 https://www.sojump.com/、中国调查网 http://www.zdiao.com/）、爱思企业网站、论坛、聊天室和 E-mail 等工具将问卷上传。问卷如下：

爱思巧克力市场调研问卷

先生、女士：

　　您好！为了更好地满足消费者对巧克力的需求，使我们更明确产品未来发展的方向，爱思巧克力特此设计了此份问卷。只需要您 5 分钟时间，恳请您回答一些问题。谢谢您的配合和支持！

1. 您的性别是？

　　○ 男　　　　　　○ 女

2. 您的年龄是？

　　○ 18 岁以下　　○ 19～29 岁　　○ 30～39 岁　　○ 40 岁以上

3. 您的职业是？

　　○ 学生　　　　　○ 上班族　　　　○ 自由职业　　　○ 其他

4. 巧克力对您来说意味着？

　　○ 必需品　　　　○ 零食　　　　　○ 礼品　　　　　○ 垃圾食品

5. 您最喜欢的巧克力的品牌是？（可多选）

　　○ 爱思　　　　　○ 德芙　　　　　○ 吉百利　　　　○ 费列罗

　　○ 雀巢　　　　　○ 金帝　　　　　○ 其他

6. 您是否经常购买爱思巧克力？

　　○ 经常　　　　　○ 偶尔　　　　　○ 从不

7. 如果您不经常或从不购买爱思巧克力，主要是因为

　　○ 价格高　　　　○ 品种少　　　　○ 口感太甜

　　○ 热量高，易发胖　○ 对该品牌不了解　○ 其他

8. 如果您经常购买爱思巧克力，主要是因为

　　○ 品牌　　　　　○ 口感　　　　　○ 包装　　　　　○ 价格

　　○ 广告效应

9. 您认为爱思巧克力的价格如何？

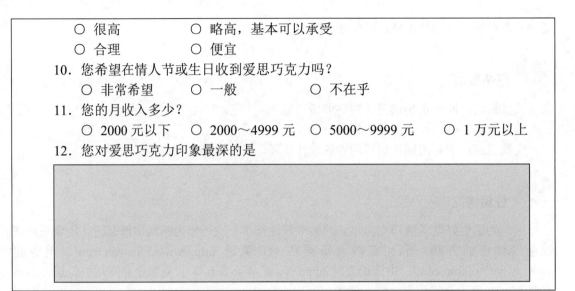

○ 很高   ○ 略高，基本可以承受

○ 合理   ○ 便宜

10. 您希望在情人节或生日收到爱思巧克力吗？

     ○ 非常希望   ○ 一般   ○ 不在乎

11. 您的月收入多少？

     ○ 2000元以下   ○ 2000～4999元   ○ 5000～9999元   ○ 1万元以上

12. 您对爱思巧克力印象最深的是

两天后，通过各大途径，王华收到了96份有效问卷，得到了96份有效数据，如第一题的性别问题得到如图6-1所示的数据；第四题得到如图6-2所示的数据。

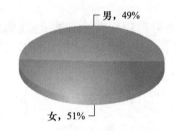

图6-1 您的性别是？答案数据分布图

图6-2 "巧克力对您来说意味着？"答案数据分布图

任务分析

王华设计了一份简单易填的网络问卷，并且通过爱调研（见图6-3）、问卷星（见图6-4）等网络在线调查系统将设计好的问卷上传，很顺利地获得了相关调研数据。这些在线调查系统都简单易操作，只需要按照其要求，逐个将问题输入就可以实现在线调查。

此外，王华还利用E-mail发送问卷，有选择、有针对性地按照已知的E-mail地址发出。被访问者回答完毕后再回复给王华，但是回收期较长、数量有限是E-mail问卷法的一大缺点。

在王华的问卷共12题，但内容完整符合了调查的要求，且提出的问题具体准确，每一题都做到了一题一问。在第五题"最喜欢的巧克力的品牌"的调查时，也避免了诱导性的提问，不带有暗示和倾向性。最后，王华将涉及个人收入的敏感性问题放在了问卷的最后。无论哪个国家，对个人信息都有不同程度的自我保护意识，要让用户了解调研目的并确信个人信息不会被公开或者用于其他任何场合。因此，类似个人收入问题、个人生活问题、个人政治倾向问题等都应尽可能避免涉及，如果实在要调查则应放在问卷的最后，而且在提问方式上也要简洁或婉转一些，把收入分层让被调查者选择的题型效果要明显优于让其直接填写收入的题型，因此应尽量采用前者。

图 6-3 爱调研

图 6-4 问卷星

 **任务实施**

步骤 1 了解调研问卷的概念及分类

调研问卷也称调查问卷，又称调查表，是调查者根据一定的调查目的精心设计的一份调查表格，是现代社会用于收集资料的一种最为普遍的工具。

按照不同的分类标准，可将调查问卷分成不同的类型。

1）根据市场调查中使用问卷方法的不同，可将调查问卷分成自填式问卷和访问式问卷两大类。

所谓自填式问卷，是指由调查者发给（或邮寄给）被调查者，由被调查者自己填写的问卷。而访问式问卷则是由调查者按照事先设计好的问卷或问卷提纲向被调查者提问，然后根据被调查者的回答进行填写的问卷。

一般而言，访问式问卷要求简便，最好采用两项选择题进行设计；而自填式问卷由于可以借助于视觉功能，在问题的制作上相对可以更加详尽、全面。

2）根据问卷发放方式的不同，可将调查问卷分为送发式问卷、邮寄式问卷、报刊式问卷、人员访问式问卷、电话访问式问卷和网上访问式问卷6种。其中前3类大致可以划归自填式问卷范畴，后三类则属于访问式问卷。

网上访问式问卷是在互联网上制作，并通过互联网来进行调查的问卷类型。此种问卷不受时间、空间限制，便于获得大量信息，特别是对于易引起敏感性的问题，相对而言更容易获得满意的答案。

步骤2　明晰调研问卷的组成结构

从王华的网络调研问卷不难看出，一份完整的在线问卷应包括标题、序言、问题与答案、结束语4部分。

1．标题

问卷的标题概括说明网络调研的主题，使被调查者对所要回答什么方面的问题有一个大致的了解。确定标题应简明扼要，易于引起被调查者的兴趣。如王华的问卷标题就告诉被调查者本次调查是有关爱思巧克力的调查。

2．序言

王华的调研问卷中提到："您好！为了更好地满足消费者对巧克力的需求，使我们更明确产品未来发展的方向，爱思巧克力特此设计了此份问卷。只需要您5分钟时间，恳请您回答一些问题。谢谢您的配合和支持！"该段序言主要说明网络调研的大致内容和进行此次调研的目的、意义，并说明调研者的身份。

3．问题与答案

各类问题、问题的回答方式及其指导语是问卷设计的主要内容，其设计水平的高低将直接影响受访者的回答率、问卷的回收率和信息的有效性。这也是调查问卷的核心部分。网络调研的问题一般以短小精悍、回答方式简单易行为准，如选择式问题和顺序式问题。

4．结束语

网络调研问卷的结束语一般在问卷的最后，采用开放式的问题，征询被调查者的意见。结束语要求简洁明了，有的问卷可以不要结束语，但对被调查者的感谢语句不可少。

步骤3　掌握问卷设计的步骤

为了满足企业以及厂家对于调查问卷的一些需要，现在无论是在新浪等一些知名网络还是在百度上面，都会看到非常多的关于调查问卷的相关内容，而且问卷模板也在不断地涌现出来，为了让企业得到更好的利用，这些问卷模板的一些分类也得到了更加多的扩展，方便了人们进行问卷设计工作。除此之外，其实问卷的设计还可以自己来进行设置，因为这样可以让问卷更有针对性。

　　具体设计调查问卷的步骤可以简单地分为几个步骤，首先就是针对商家或者产品的一些具体商品内容或者服务内容提出重点问题，然后围绕这个问题进行一些细致的提问，在设计这些问题的时候，还要注意问题要简洁明了，而且还要有一定的灵活性，因为这样可以吸引人们继续看下去，并认真地进行问卷的填写与回答。还有就是针对问卷的长度的设计，也是需要注意的细节问题。

　　在进行以上步骤的时候，如果可以找到符合自己要求的调查问卷模板就非常好，可以节省一些设计问卷的时间。如果没有，也不可以随便使用模板来进行问卷设计，这个时候就需要人们自己针对想要调查研究的具体事项进行一些问题的设计，让主题更加突出，也更加符合自身的情况。所以，无论是问卷的一些设计元素还是后期的一些完善工作，都需要专业的设计人员有责任心地进行相关的工作，这样才可以帮助调查问卷取得更好的效果。

　　为了能够在后期的整理工作中更加顺利，在设计问题的环节部分，根据一些回答者的学历等情况进行归纳总结也是非常重要的问题，这些问题都直接涉及了调查问卷的真正目的。因此，为了改善企业厂家的服务内容以及为了加强人们对于企业的信任度，这些工作都是值得注意的问题，也是人们在设计问卷的过程中需要不断总结的经验。

小链接 6-7　　问卷设计的一般程序

1．确定调查目的和主题

设计问卷的目的是为了更好地收集市场信息，因此在问卷设计过程中，首先要确定调研目的、主题。

2．确定所需资料、数据及其来源

要明确搜集的资料是一手资料还是二手资料，通过何种方式获得，即确定问卷调查的方法：E-mail 问卷法、交互式 CATI 系统、网络调研系统等。

3．确定调查问题及答案形式

根据所需的信息资料及数据来确定所需调查的问题及问题的应答形式。应答形式可采用开放式、封闭式及量表式。

4．确定问卷的流程和编排

问题不能随意编排，每一道问题的位置安排都应具有一定的逻辑性。问题联系越紧密，调查对象的思考和回答就可能越仔细，调查人员就越可能得到全面、完整、彻底的答案。

5．问卷评估和修改

问卷设计到这一步，草稿已初步完成。此时应做一些批评性的评估如：问题是否必要、问卷是否太长、问卷是否回答了调查目标所需的信息、给开放式问题是否留足空间、问卷说明是否用了明显字体等。

6．预先测试和修订

问卷初稿设计出来后，不能盲目地进行正式调研，而应选择少数被调查者进行预试调研，如通过 E-mail 问卷法寻找问卷中出现的问题。任何需要修改的地方都应及时改动，使问卷趋于完善，最后定稿采用。

7．定稿实施

此时，问卷可以根据不同的数据收集方法进行正式的网络市场调研。

小链接 6-8

在线调研系统

1．中国在线调查网（数据 100 在线调查网）：http://www.data100.net/

数据 100 在线调查网是一个在线互动调查服务的平台。客户可以通过它即时创建属于自己的问卷调查项目。从调查问卷设计（包括内容与界面的设计）、问卷发布到数据自动采集及在线数据处理与分析，并生成报告，所有这一切传统市场问卷调查的流程都能够在数据 100 在线调查网上完成。

2．爱调研：http://www.aidiaoyan.com.cn/

爱调研属于上海众言网络科技有限公司，是一个网络调研社区，具有很强的趣味性、娱乐性和互动性。爱调研为网民免费提供简单实用的调查软件。用户无须注册即可以发布小调查（投票），邀请朋友帮助自己出谋划策。如果是爱调研会员，则可以发布比较复杂的市场调查，支持的题型有单选、多选、填空，同时还支持单选题逻辑跳转功能。

3．iSurveylink：http://www.isurveylink.com/

它同属爱调研，是一个比爱调研更专业的调查服务系统。消费者研究是企业营销活动的市场基础和决策依据。借助 iSurveylink 系统企业可以及时、快速获取来自消费者的意见与态度，对品牌、产品以及广告营销策略做出科学诊断，从而制订适宜的营销计划。

4．问卷星：http://www.sojump.com/

一个免费的、公益性的公众调查平台，由 Sojump 团队打造。Sojump 团队成立于 2005 年 12 月，隶属于上海循环信息科技有限公司，专注于问卷星网站的研发和运营，是国内最早致力于提供自助式在线设计问卷以及相关服务的团队。

5．网题：http://www.nquestion.com/

网题是基于 SAAS（软件即服务）模式的在线调查系统，是问卷设计、问卷发送、问卷回收、数据统计与分析、生成报表的全流程在线调查解决方案。网题系统运行于服务器端，无须客户进行本地软件购买和部署，所有工作（包括所见即所得的问卷设计、复杂的图表工具）在浏览器中可全部完成。网题在全球范围内已拥有超过万名用户，其中包括专业市场研究公司、教育与科研机构、大型企业集团。网题已被广泛应用于互联网调查、网络投票、客户满意度调查、员工满意度调查等专业领域。

6．盛维中国：http://www.servor.cn/

盛维中国提供多方面的服务，包括：帮助企业进行网站规划，根据企业所属行业，设计出最适合企业的规划方案；注册国际、国内顶级域名；服务器托管、虚拟主机服务、邮箱、数据库服务；帮助企业加注国内外知名搜索引擎。其中就包括了问卷调查系统。

 触类旁通

国际市场调研

国际市场调研是指运用科学的调研方法与手段，系统地搜集、记录、整理、分析有关国际市场的各种基本状况及其影响因素，以帮助企业制定有效的市场营销决策，实现企业经营目标。在现代营销观念的指导下，以满足消费者需求为中心，研究产品从生产领域拓展到包括消费领域的全过程。一个企业要想进入某一新市场，往往要求国际市场调研人员提供与此有关的一切信息、包括该国的政治局势、法律制度、文化属性、地理环境、市场特征、经济水平等。

1．经济发展信息

这是企业确定国际市场发展方向和目标的重要依据，包括经济环境特征、经济增长速度、通货膨胀率、工商业周期趋势等一般信息和与之相关的价格、税收、外贸等方面政策的资料。

2．社会或政治气候信息

社会或政治气候信息包括影响企业海外业务经营的种种非经济性环境条件的一般信息，如，法律体系、语言文字、政治稳定性、社会风俗习惯、文化方式、宗教和道德背景等。

3．市场条件信息

市场条件信息包括有关国家市场结构与容量、交通运输条件等。还包括对本部门产品的获利能力分析、主要进出口国的需求总量、某商品进出口量在其国内消费或生产的比重等。

4．市场竞争者的信息

竞争者包括国内、当地及第三国的竞争者。调查的信息一般有市场竞争结构和垄断程度、主要竞争对手企业的占有率、当地供货商利用政治影响提高关税和非关税壁垒的可能性等。

5．科技发展的信息

科学技术的发展对实现企业长期目标有重大的战略意义。应当经常注意和搜集对本企业有用的、别人已经取得的科技成果或发明专利方面的详细信息资料。

 项目小结

市场调研是营销活动中的重要环节，没有市场调研，就把握不了市场。互联网作为高效、快速、开放的信息传播媒体一方面在调整和重组世界经济结构，形成了数字化、网络化、智能化与集成化的经济走向；另一方面强烈地影响着国际贸易环境，正在迅速改变着传统的市场营销方式乃至整个经济的面貌。

网络市场调研是企业了解市场的重要手段，通过网络市场调研可以对影响市场供求状况的因素及市场走势做出正确的判断，可以有针对性地制定营销策略，发挥本企业的优势，在竞争中不断提高经营管理水平，从而取得良好的营销效益。

 项目综合训练

【案例】

英特尔软件学院的网络市场调研

英特尔公司是全球最大的半导体芯片制造商，它成立于1968年，具有50年产品创新和市场领导的历史。1971年，英特尔推出了全球第一个微处理器。这一举措不仅改变了公司的未来，而且对整个工业产生了深远的影响。微处理器所带来的计算机和互联网革命，改变了这个世界。

英特尔多年来一直与中国的信息技术企业和软件开发人员共同发展，帮助中国的开发人员掌握最前沿的技术。英特尔软件学院隶属于英特尔软件与服务事业部，作为其对外专业培训机构，为全球的软件开发人员提供了丰富的最新技术培训课程。

自 2002 年成立伊始，英特尔软件学院就致力于培训软件开发人员掌握和应用英特尔的最新技术及经验，以提高软件技术人员的技术水平，提升产品开发技能。经过多年的稳定发展，英特尔软件学院在中国也已成为面向软件开发、项目管理及商业运营方向的优秀一站式培训服务基地。依托英特尔的强大师资力量，沿袭英特尔用户需求至上的传统，我们已经与国内多家知名公司、大学建立起长期的合作关系，迄今已有数万名工程师及大学教师参与了我们的技术培训，并学以致用。

英特尔软件学院一直是提倡使用网络技术的先驱，此次英特尔软件学院的网络市场调研也充分体现了这一点。这一次调研中，英特尔依然使用快捷高效、便于统计、节约成本的网络问卷方法进行相关的统计。

英特尔软件学院为了了解客户群的状态、英特尔软件学院的知名度和消息传播途径以及客户所关心的内容、客户的期望、客户的兴趣等设计此次网络问卷调查。

此次英特尔软件学院市场调查的主要内容有：

1）访客的身份和职位？

2）访客以前是否了解英特尔软件网络（ISN）？

3）访客是从哪个渠道了解英特尔软件网络的？

4）最喜欢上的分论坛？

5）最经常使用社区哪个功能（A．看博客，B．看技术文章，C．上论坛，D．看录像等其他功能）？

6）访问的主要目的是什么？

7）最希望增加什么形式的内容？

8）最希望获得以下哪种方式与 ISN 互动（A．邮件，B．网友见面活动，C．竞赛等各种活动）？

9）对英特尔软件学院提供的哪些培训感兴趣？

问题：

① 英特尔软件学院的网络市场调研主要采取了什么方法？

② 英特尔软件学院的网络市场调研问卷是否完善？

【案例点评】英特尔软件学院的市场调研问卷简单明了，设计目的明确，通过网络市场调研的方法获取软件学院访问对象的信息，通过了解访问的信息可以深入分析消息传播的渠道、访客的兴趣和爱好、人们愿意接纳的互动形式等。通过以上信息英特尔软件学院也更容易把握自身的条件和发现市场供应的多余与空白，做出弥补，提高自身的服务质量和信息的全面性。

项目 7

推 广 网 站

在电子商务活动中，不仅要创建富有个性、功能齐全的网站，而且还要努力进行网站的推广。网站推广是互联网营销的基本职能之一。网站推广的主要目的是让更多人知道网站的地址，了解自己的服务项目，从而提高网站的知名度，提高网站的访问量，不断争取到更多的新客户，留住老客户，创造更多的商业机会。

学习提示

学习目标

- 知识目标：知晓网站推广的概念、分类，理解网站推广的重要性，明晰网站推广的原则及方法。
- 能力目标：能够熟练运用网站推广原则简单规划个人网店或某企业网站推广方案，能够熟练运用网站推广方法实施企业网站推广。
- 情感目标：激发学生积极地实践网站推广的具体方法。

本项目重点

网站推广的原则、网站推广的具体方法。

本项目难点

网站推广方法应用。

任务 1　认识网站推广

任务要点

关 键 词：企业网站、网站推广、分类、原则。

理论要点：网站推广的概念、分类及原则。

实践要点：运用网站推广原则规划个人网店或某企业网站推广方案。

任务情境

在拥有了自己的域名并有了自己的网站之后，如果不及时把站点推广出去，网站没有人访问是非常遗憾的事。只有让买家知道你的网站，并知道你的产品，知道你的联系方式，才能真正拓展自己的客户源，将自己的产品推广出去。

在互联网经济时代，企业间的竞争结果在很大程度上将取决于网站在现实世界与虚拟世界的互通性，渗透性力度越强，越能吸引更多的关注与访问。因此，网站推广也被认为是一项综合工程。

任务分析

网站推广是网络营销的基本职能和主要任务，网络营销每种职能的实现需要通过一种或几种网络营销的手段。根据近期知名网络调查公司的调查，目前各大网站85%的访问量来自于搜索引擎的推荐，自由冲浪占6%，口碑宣传占4%，网络广告占2%，报纸、电视、偶然发现各占1%。由此可见，搜索引擎作为网站推广的首选媒介，在网站推广中起着十分重要的作用。

任务实施

步骤1　认识网站推广概念

电子商务网站推广是指在电子商务网站的建设和发展过程中，为了提高网站的知名度和影响力突出网站特色，提升网站浏览率和关注度，从而打造网站品牌并以此带动整个电子商务网站全部营销活动有效开展而进行的全部推广、宣传以及网站延伸建设活动。换言之，就是通过各种信息化技术手段，把网站展示到目标受众面前，让更多的用户知道网站的网址，让他们认识网站，并最终登录网站，成为网站的客户。

理解电子商务网站推广的含义，应把握以下几点：

1）电子商务网站推广工作贯穿电子商务网站建设的整个过程。电子商务网站推广是一个系统的、复杂的工程，必须在电子商务网站建设的各个环节充分认识并做好阶段工作，才能以较少的资源投入取得较好的效果。在电子商务网站建设策划阶段，应同时进行网站推广工作的策划。在电子商务网站建设过程中，应在策划的基础上，遵循利于网站推广的方式进行网站建设。如考虑如何使目标网站符合用户浏览习惯、对搜索引擎友好等，以免在网站建设完成后进行网站结构重新优化等返工。在电子商务网站建成发布之后，即开始网站推广的实质性工作。

2）电子商务网站推广必须有明确的目标。电子商务网站推广作为企业电子商务战略中的一项重要工作，有着特殊的使命。一般情况下，电子商务网站推广至少承担了以下目标之一：

① 扩大网站知名度、影响力。这是电子商务网站推广最直接的目标。网站的知名度和影响力上升了，才能给企业带来更多的潜在客户，提升企业在所属行业的影响力。也就是说网

站的知名度犹如传统企业所处的地理位置，网站知名度高了，就相当于传统企业坐落在一个繁华闹市的黄金地段一样，有着川流不息的人流，必将会带来莫大的商机。

② 塑造企业品牌形象，提升企业品牌价值。电子商务网站是企业区别于线下的另一重要渠道，网站的品牌就犹如传统环境下企业的品牌或者说是企业品牌的一个重要展示窗口。因此如何通过网站宣传、塑造企业品牌形象，是企业网站推广的重要目标。

③ 提高网站流量、交易额。无论是提升知名度还是塑造企业品牌形象，最终目的都是为获取利润做好准备。因此电子商务网站推广的另一关键目标是如何提升网站的客户访问量和客户转化率，最终促进企业商品或服务销售。

3）电子商务网站推广是企业电子商务战略的重要组成部分。传统企业在生产、经营、销售和客户支持等全环节实施电子商务，建设企业网站是重中之重。而一个企业网站也只有在宣传推广之后，具备一定流量、知名度的基础上，才能发挥其在企业电子商务化过程中的特殊作用。

4）电子商务网站推广需要借助各种信息化技术手段、媒体。电子商务网站推广不同于传统的企业推广，必须充分利用各种现代化信息技术手段、媒体，才能起到良好的宣传推广效果。这些手段、媒体包括互联网、无线网络、搜索引擎、网络广告等。

小链接 7-1

网站推广的系统性

1．网站推广不仅是对网址、首页的推广

网站推广不应只重视首页的推广，而是要注重整体推广效果。因为网站推广的目的并不是为了让用户记住网址，而是为了获得更多的潜在用户，直到增加企业收益的最终目的。

2．网站推广效果的影响因素是多方面的

网站推广受到多方面因素的影响，尤其是网站基本要素的影响，如网站结构、功能、内容等。

3．网站推广还要考虑外部环境因素

网站之所以需要进行推广，还有一个重要原因是因为行业环境因素，同一个行业有太多公司来争夺有限的潜在用户。

4．网站推广的作用表现在多个方面

网站推广应取得的效果是多方面的，如网站访问量增加带来直接销售的增长、网络品牌的提升等。

步骤 2　了解网站推广的分类

1）按范围分，网站推广可以分为对外的推广和对内的推广两大类。对外推广就是指针对站外潜在用户的推广。主要是通过一系列手段针对潜在用户进行营销推广，以达到增加网站 PV、IP、会员数或收入的目的。对内推广是专门针对网站内部的推广。比如如何增加用户浏览频率、如何激活流失用户、如何增加频道之间的互动等。以百度知道为例，其旗下有几个不同域名的网站，如何让这些网站之间的流量转化、如何让网站不同频道之间的用户互动，这些都是对内推广的重点。

2）按投入分，网站推广可以分为付费推广和免费推广两类。付费推广就是需要花钱才能进行的推广。比如，各种网络付费广告、竞价排名、杂志广告、CPM、CPC 广告等。做付费推广，一定要考虑性价比，即使有钱也不能乱花，要让钱花出效果。免费推广是指在不用额外付费的情况下就能进行的推广。这样的方法很多，比如，论坛推广、资源互换、软文推广、邮件群发等。随着竞争的加剧、成本的提高，各大网站都开始倾向于这种方式。

3）按渠道分，网站推广可以分为线上推广和线下推广。线上推广指基于互联网的推广方式。比如，网络广告、论坛群发等。现在越来越多的传统企业都开始认可线上推广这种方式，因为和传统方式比，线上推广性价比非常有优势。线下推广指通过非互联网渠道进行的推广。比如，地面活动、户外广告等。由于线下推广通常投入比较大，所以一般线下推广都是以提升树立品牌形象或是增加用户黏性为主，如果是为了提升 IP 或是 PV，效果不一定很好，要慎重考虑。

4）按目的分，网站推广可以分为品牌推广、流量推广、销售推广、会员推广和其他推广等几类。品牌推广是指以建立品牌形象为主的推广。这类推广一般都用非常正规的方法进行，而且通常都会考虑付费广告。品牌推广有两个重要任务，一是树立良好的企业和产品形象，提高品牌知名度、美誉度和特色度；二是最终要将有相应品牌名称的产品销售出去。流量推广指以提升流量为主的推广。销售推广指以增加收入为主的推广。通常会配合销售人员来做，具体情况具体对待。会员推广是指以增加会员注册量为主的推广。一般大家都以有奖注册或是其他激励手段为主进行推广。其他推广通常指其他一些项目或是细节的推广，主要是指以上几种推广之外的推广，比如某个具体活动等。

步骤3 把握网站推广的原则

要达到网站推广的目的，必须遵循以下几点原则：

1. 效益/成本原则

企业网站可以设置在线购买或在线招商等功能，并会有一定的短期利益。但是网站设计更重要的是传递企业的品牌内涵。品牌资产的上升将为企业赢得长期利益。因此，在激烈的市场竞争中，注意力和品牌形象将是企业网站推广首要考虑的目标。

2. 锁定目标受众原则

在茫茫"网"海中，有众多的网民，他们彼此身份不同，各自的消费需求也不一样。这就要求企业网站要有最大范围的覆盖面。提高网站知名度及传播规模的同时，也要锁定目标网民，锁定目标消费群，集中力量来影响这部分目标消费者。

3. 稳妥慎重原则

网站只有在建设好以后才能进行站点推广。建设好网站包括三方面的含义：第一，网站在建设技术上要过关，必须使目标消费群能迅速打开网站。第二，网站的美术设计要利于传递企业品牌内涵。第三，网站要方便目标消费者提高信息利用率及互动性，如设置本站收藏夹和意见反馈等。

4. 综合安排实施原则

互联网上目标消费者众多，消费需求和消费习惯都有明显差异，加上竞争对手手段多样化，市场复杂多变，企业产品各有其特点。因此企业在进行网站推广时，要紧紧围绕着企业品牌内涵进行综合运用，对站点推广的过程进行全面策划、监控和评估。

网站推广的误区

　　任何一家企业找网站推广公司的目的都是想要通过推广，让企业达到一定的营销效果，然而，并不是所有的网站推广公司都能够让企业如愿以偿。一开始准备推广网站时，就要确定自己的 SEO 优化已经做到位了，网站的结构完善好了。切忌不能在一边推广的时候，一边去进行修改和完善。一些经验不足的网站推广公司在做推广的时候，有可能会用一些自以为能够欺骗搜索引擎的办法，像桥梁页面、关键词堆砌、重复的内容等，但这些都是搜索引擎十分不喜欢的。做搜索引擎推广的时候，搜索引擎的提交要有精确性和选择性，像一些不太重要的搜索引擎就没有必要去花太多的精力过多进行提交，其原因是有可能它们所带来的流量是微乎其微的。做网站推广是一项稳定、持续且坚持的工作，如果无法保持稳定，甚至于半途而废，那么网站的进步也是不会稳定持续的。

触类旁通

网站推广的真实意义

　　1）塑造品牌形象。通过网站、软文、关键字搜索、关键字优化等展示公司及品牌形象，让客户通过网络容易找到公司，提高公司的知名度和客户忠诚度。

　　2）辅助销售。①网站为客户了解公司及产品提供方便；②通过在线沟通及时有效地解决客户咨询问题；③在客户常用的网站上看到相关推广可以增进好感拉近距离，不但可以增强记忆还方便随手点击联系；④在有竞争的情况下，网站的完美展示及网络的便捷性可以帮助抢占销售先机。

　　3）直接带来销售业绩。目标客户通过网络推广直接找过来，带来直接销售或合作，为公司带来销售业绩。

任务 2　网站推广方法运用

任务要点

　　关 键 词：企业网站、网站推广、方法。
　　理论要点：网站推广的具体方法。
　　实践要点：运用网站推广方法实施企业网站推广。

任务情境

　　电子商务高速发展的今天，如何运用网站优势为企业提供高效优质的服务，使企业在激烈的网上经营竞争中获得知名度与竞争优势，成为企业努力的方向。出色的网站推广是提高企业竞争力、增加商机的有效途径。因此，掌握企业网站推广的有效方法是十分必要的。

任务分析

企业网站推广就是为了让更多客户知道企业的网站，以提高企业网站的知名度，争夺有限的注意力资源，尽最大可能提高企业网站的访问量，吸引和创造商业机会。网站作为企业在网上市场进行营销活动的阵地，能够吸引大量用户登录访问是网络营销成败的关键，也是网络营销的基础。通过企业网站的宣传来吸引用户访问，树立企业网上品牌形象，以实现企业网络营销目标。企业网站推广的方式包括：通过传统媒体推广，通过网络技术方式推广，如搜索引擎推广、网络资源合作推广、网络社区推广、电子邮件推广、信息发布推广、软文推广等。

任务实施

步骤1　学会利用传统媒体进行网站推广

网络媒体的发展总是基于传统媒体的宣传和发展。传统媒体包括电视、广播、报纸、杂志、商家印刷品、户外的各类广告等，这些都可以用来宣传企业的网站，利用这类媒体可以给"网络营销做营销"。在我国，电子商务正飞速发展，网络普及程度不断提高，但传统媒体的受众仍然不比网络媒体的受众少。这正是传统媒体成为有效的网站推广方法的重要理由之一。同时网站推广是一个循序渐进的过程，一般来讲，在企业网站建成之后的首要推广方法之一仍然是利用传统媒体进行推广，在此基础上进一步采用各种推广方法的有效组合，形成更高级、更有效的网站推广手段，从而达到提高企业知名度、宣传企业产品、留住客户、留住利润的目的。

步骤2　掌握利用现代网络工具进行网站推广的常见方法

1. 搜索引擎推广法

搜索引擎推广法是最经典、最常用的网站推广手段方式。中国互联网络信息中心（CNNIC）最近几次发布的统计报告数据表明，在用户得知新网站的主要途径中搜索引擎占首位，因此，在主要的搜索引擎上注册并获得最理想的排名是网络营销的基本任务。搜索引擎注册成为网站推广第一步，而且与其他网站推广方式相比，搜索引擎注册具有相对稳定性，在完成注册后的相当长时间内一般都不需要重新登记，除非网站内容和定位做了重大调整或者排名过于靠后。另外，注册搜索引擎数量的多少也是判断一个网站质量的标准之一，也被认为是评价网络营销绩效的一个量化指标。

（1）常用搜索引擎推广方法

搜索引擎推广是指利用搜索引擎、分类目录等具有在线检索信息功能的网络工具进行网站推广的方法。由于搜索引擎的基本形式可以分为网络蜘蛛型搜索引擎（简称搜索引擎）和基于人工分类目录的搜索引擎（简称分类目录），因此搜索引擎推广的形式也相应地有基于搜索引擎的方法和基于分类目录的方法，前者包括搜索引擎优化、关键词广告、竞价排名、固定排名、基于内容定位的广告等多种形式，而后者则主要是在分类目录合适的类别中进行网站登录。随着搜索引擎形式的进一步发展变化，也出现了一些其他形式的搜索引擎，不过大都是以这两种形式为基础。

搜索引擎推广的方法又可以分为多种不同的形式，常见的有：登录免费分类目录、登录付费分类目录、搜索引擎优化、关键词广告、关键词竞价排名、网页内容定位广告等。其中关键词广告、关键词竞价排名和网页内容定位广告一般需要支付高额费用，较适合资金雄厚的大型企业网站，对于中小型企业网站要视企业情况和营销预算而定。搜索引擎优化（Search Engine Optimization，SEO）和登录免费的分类目录这些免费的搜索引擎推广方法则更适合中小型企业的电子商务网站。通过优化网站设计使自己的网站更容易被搜索引擎发现。登录一些大型搜索引擎提供的免费登录入口，往往也能收到不错的效果。另外，真正的搜索引擎对图片的识别能力很差，首页做成 flash 不仅不利于搜索引擎排名，而且还减慢了进入主页的速度，在一定程度上等于为客户设置了不必要的障碍。

从目前的发展趋势来看，搜索引擎在网络营销中的地位依然重要，并且受到越来越多企业的认可，搜索引擎营销的方式也在不断发展演变，因此应根据环境的变化选择搜索引擎营销的合适方式。

（2）搜索引擎注册的技巧

尽管大多数互联网用户对搜索引擎并不陌生，但真正能将搜索引擎推广方式发挥到最大的网站并不很多，同行的两个网站在同一搜索引擎中输入同样的关键词，两个网站的排名结果可能差距很大，这就是专业与否的差别。人工注册有一些技巧，需要仔细研究才能取得最理想的效果。一般说来，在注册之前，应该先做好充分的准备，这包括：关键词、网站描述、网站名称、URL、联系人信息等。

在决定要登记搜索引擎之前，最好做一个搜索引擎登记计划列表，先到各网站去熟悉一下各自的特点，比如，有哪个目录最适合自己的网站，对关键词和描述的要求如何，资料提交后大约多长时间可以更新等，有的放矢地针对各个不同的网站设计最理想的资料。

2. 网络资源合作推广法

网站之间的资源合作也是互相推广的一种重要方法，其中最简单的合作方式为交换链接。被其他网站链接的机会越多，越有利于推广自己的网站。尤其对于大多数中小网站来说，这种免费的推广手段是一种常用的、有一定效果的方法。

交换链接又称互惠链接、互换链接、友情链接等，是具有一定互补优势的网站之间的简单合作形式，即分别在自己的网站上放置对方网站的 Logo 或网站名称并设置对方网站的超级链接，使得用户可以从合作网站中发现自己的网站，达到互相推广的目的。

交换链接的作用主要表现在几个方面：获得访问量、增加用户浏览时的印象、在搜索引擎排名中增加优势、通过合作网站的推荐增加访问者的可信度等。不过关于交换链接的效果，业内人士还有一些不同看法，有人认为网站可以从链接中获得的访问量非常少，也有人认为交换链接不仅可以获得潜在的品牌价值，还可以获得很多直接的访问量。

3. 网络社区推广法

网络社区是网上特有的一种虚拟社会，社区主要通过把具有共同兴趣的访问者集中到一个虚拟空间，达到成员相互沟通的目的，网络社区是用户常用的服务之一，由于有众多用户的参与，因而已不仅具备交流的功能，实际上也成为一种营销场所。

（1）网络社区的主要形式和功能

1）论坛（或 BBS）：是虚拟网络社区的主要形式，大量的信息交流都是通过论坛（或

BBS）完成的，会员通过张贴信息或者回复信息达到互相沟通的目的。

2）讨论组（Discussion Group）：如果一组成员需要对某些话题进行交流，通过基于电子邮件的讨论组会觉得非常方便，而且有利于形成大社区中的专业小组。

3）网络即时通信（QQ、微信）：现在上网的人中多数都有 QQ 或微信，在线好友可以即时交流，也可离线留言，更有人喜欢用 QQ 群、微信群来交流，发送广告也非常方便。微信推广包含两个大的阵地，一个是朋友圈，一个是公众号，朋友圈"好友为王"，尽可能地加更多的好友，然后在朋友圈对这些"好友"进行维护运营推广，以获得好的推广效果；公众号是"关注为王"，通过推广、好文章来获取更多的关注，然后再发布营销型文章来获取更多的推广效果。微信平台的群发功能可以有效地将企业拍的视频、制作的图片或宣传的文字群发到微信好友。企业更是可以利于二维码的形式发送优惠信息，这是一个既经济又实惠，更有效的促销好模式。使顾客主动为企业做宣传，激发口碑效应，将产品和服务信息传播到互联网还有生活中的每个角落。

4）博客推广：企业或者个人通过博客这种网络应用平台进行自我宣传，以期达到宣传企业形象、企业产品、品牌以及个人品质的营销目的。博客是个人网上出版物，拥有其个性化的分类属性，因而每个博客都有其不同的受众群体，其读者也往往是一群特定的人，细分的程度远远超过了其他形式的媒体，而细分程度越高，广告的定向性就越准。对于博客推广，首先要学会维护博客，由于当前很多网站对广告的审核度越来越严格，因此，在建立博客的时候要尽量做到真实，同时在前期要尽可能地避免过多广告。在经过一段时间后，可以通过博客文章中嵌入所要推广的信息，以此来实现推广。

论坛和聊天室是网络社区中最主要的两种表现形式，在网络营销中有着独到的应用。网络社区可以增进和访问者或客户之间的关系，也可能直接促进网上销售。

（2）网络社区推广中的主要问题

在互联网发展的早期，网上专业的商业社区还比较少的情况下，一些 BBS、新闻组曾经是重要的营销工具，早期的网络营销人员利用网络社区发现了一些商业机会，甚至取得了一些成就。但是，实际上，网络社区营销的成功概率是非常低的，尤其是作为产品促销工具时。

另外，随着互联网的飞速发展，出现了许多专业的或综合性的 B2B、B2C 网站，其主要职能就是帮助买卖双方撮合交易，因此，一般的网络社区的功能和作用也发生了很大变化，网络营销的手段也更加专业和深化，网络社区的营销功能事实上已经在逐渐淡化，向着增加网站吸引力和顾客服务等方向发展，所以，当利用网络社区进行营销时，要正视这一手段的缺陷，不要对此抱太大的期望。

不过，一个优秀的社区在网站中所起的作用仍然不可低估，在可能的情况下，当规划和建设自己的网站时，应尽可能将网络社区建设作为一项基本内容。

小链接 7-3

增加博客人气的技巧

① 版面要好看简洁。如果博客设计得很乱或打开很慢，访客马上就会关掉。

② 写原创内容。独家的文章是最能吸引人关注的。

③ 多到别人的博客转转、留言、及时回访。

④ 多加圈子、交流群，这样自己的文章会被圈子自动抓取，方便别人发现。

4．电子邮件推广法

电子邮件推广主要以发送电子邮件为网站推广手段，常用的方法包括电子刊物、会员通讯、专业服务商的电子邮件广告等。其中专业服务商的电子邮件广告是通过第三方的用户 E-mail 列表发送产品服务信息，是需要付费的。多数企业采用电子刊物和会员通讯等免费途径来进行网站推广。这种方法通过会员注册信息、公开个人资料等方式获得目标客户的 E-mail 列表，然后定期按 E-mail 列表发送产品广告和促销信息，也可以在邮件签名栏留下公司名称、网址和产品信息等。E-mail 营销是网络营销方法体系中相对独立的一种，既可以与其他网络营销方法相结合，也可以独立应用。

5．信息发布推广法

将有关的网站推广信息发布在其他潜在用户可能访问的网站上，利用用户在这些网站获取信息的机会实现网站推广的目的，适用于这些信息发布的网站包括在线黄页、分类广告、论坛、博客网站、供求信息平台、行业网站等。信息发布是免费网站推广的常用方法之一，尤其在互联网发展早期，网上信息量相对较少时，往往通过信息发布的方式即可取得满意的效果，不过随着网上信息量爆炸式的增长，这种依靠免费信息发布的方式所能发挥的作用日益降低，同时由于更多更加有效的网站推广方法的出现，信息发布在网站推广的常用方法中的重要程度也有明显的下降，因此依靠大量发送免费信息的方式已经没有太大价值。不过一些针对性、专业性的信息仍然可以引起人们极大的关注，尤其当这些信息发布在相关性比较高的网站上时。

6．软文推广法

软文推广就是利用原创或者伪原创文章，将企业的商业信息隐含在一篇文章中。伪原创是先通过批量采集，然后利用软件加工处理或者通过人工处理再发布。这是最快最直接的方法，因为它能够很好地丰富网站内容。当然对于权重高的网站可以使用这种方法进行推广，但是对于权重不高的网站，如果使用这种方法进行推广则有可能引起百度的反感，很有可能收到更差的效果。

步骤 3　熟悉网站的推广策略

1．利用网络广告平台来进行高效的网站推广

在对平台的选取上要特别慎重，要选择效果好且明显的网络广告平台。网络广告是常用的网站推广策略之一，因为它在网络品牌、产品促销、网站推广等方面均有明显作用。网络广告的常见形式包括：Banner 广告、关键词广告、分类广告、赞助式广告、E-mail 广告等。也可以认为网络广告存在于各种网络营销工具中，只是具体的表现形式不同。将网络广告用于网站推广，具有可选择网络媒体范围广、形式多样、适用性强、投放及时等优点，适合于网站发布初期及运营期的任何阶段。

2．利用良好的媒介来做好网站推广的信息发布

一般地，可以在各种在线黄页、分类广告、留言簿、论坛、聊天室、新闻组、博客网站、供求信息平台、行业网站等发布信息做推广，但是要注意的是：一是要找人气旺、质量高的论坛或留言簿发布信息；二是要注意别让自己是做广告的这个目的太明显，因为这样不但会引起论坛网友的反感，也可能会被版主删除帖子甚至封账号。完全可以潜移默化地进行推广，

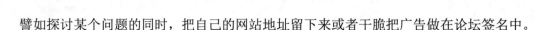

譬如探讨某个问题的同时，把自己的网站地址留下来或者干脆把广告做在论坛签名中。

3. 多使用一些促销的手段来进行网站推广

除了前面介绍的常用网站推广方法之外，还可以使用专用性、临时性的网站推广方法，如通过在各种媒体上发表文章推广网站；通过开展有奖竞猜、在线优惠券、有奖调查、针对在线购物网站推广的比较购物和购物搜索引擎等。有时甚至可以采用建立一个辅助网站来进行推广。有些网站推广方法可能别出心裁，有的网站则可能采用有一定强迫性的方式来达到推广的目的，例如，修改用户浏览器默认首页设置、自动加入收藏夹等，真正值得推广的是合理的、文明的网站推广方法，应拒绝和反对带有强制性、破坏性的网站推广手段。

4. 擅于利用软件来进行高效的网站推广

利用软件推广是最便捷的推广方式，可以节省大量时间和精力，对于推广初期的网站来说不失为一个好办法。常见的推广软件有：论坛群发软件、QQ 群发软件、邮件群发软件、搜索引擎登录软件，通过大量发帖，网站信息很快就能被上网者看到并被搜索引擎关注。

 触类旁通

网站推广计划

企业在网站建设的初期，尤其是一些中小型的企业，由于资金缺乏和意识的落后，并没有网站推广的计划。很多企业盲目实施网站推广，比如，没有制定合理的预算、目标和对推广效果的评价等，导致推广工作出现半途而废，而有些企业则耗费了巨大的人力和财力却得不到相应的回报。所以在网站推广实施前制订科学的网站推广计划显得至关重要。

网站推广计划不仅是推广的行动指南，同时也是检验推广效果是否达到预期目标的衡量标准。一般来说，网站推广计划至少应包含下列主要内容：

1）确定网站推广的阶段目标。如在发布后一年内实现每天独立访问用户数量、与竞争者相比的相对排名、在主要搜索引擎的表现、网站被链接的数量、注册用户数量等。

2）在网站发布运营的不同阶段所采取的网站推广方法。最好能详细列出各个阶段的具体网站推广方法，如登录搜索引擎的名称、网络广告的主要形式和媒体选择、需要投入的费用等。

3）网站推广策略的控制和效果评价。如阶段推广目标的控制、推广效果评价等。对网站推广计划的控制和评价是为了及时发现网络营销过程中的问题，保证网络营销活动的顺利进行。

任务3　解读经典案例

 任务要点

关 键 词：网络、网站推广、案例。

理论要点：通过企业网络推广实际案例进一步掌握网站推广方法。

实践要点：解读经典案例、熟练运用网站推广方法实施营销推广。

案例 1 京东商城成功的网络推广

【案例背景】

"京东商城"是中国 B2C 市场最大的 3C 网购专业平台,是中国电子商务领域最受消费者欢迎和最具影响力的电子商务网站之一。

【案例简介】

京东商城秉承"以人为本"的服务理念,全程为个人用户和企业用户提供人性化的"亲情 360"全方位服务,努力为用户创造亲切、轻松和愉悦的购物环境;不断丰富产品结构,以期最大化地满足消费者日趋多样的购物需求。相较于同类电子商务网站,京东商城拥有更为丰富的商品种类,并凭借更具竞争力的价格和逐渐完善的物流配送体系等各项优势,赢得市场占有率多年稳居行业首位的骄人成绩。面向所有具有 3C 产品购买需求的中国网民进行自身 B2C 商城的推广,在保证品牌影响力得到有力提升的同时,带动网站销售。在营销推广方面,选择媒体的主要标准为:覆盖率强、人群多样化(因为京东产品线的多样化)、媒体形象正面积极。基于此,京东商城选择谷歌进行宣传推广。京东商城主要采取 4 种网站推广的方法。

1.搜索引擎推广方法

统计表明,网站 60%的访问量来自各大搜索引擎,因此京东商城登录各大搜索引擎,进行网站推广。搜索引擎推广是指利用搜索引擎、分类目录等具有在线检索信息功能的网络工具进行网站推广的方法。从目前的发展现状来看,搜索引擎在网络营销中的地位依然重要,并且受到越来越多企业的认可,搜索引擎营销的方式也在不断发展演变,因此应根据环境的变化选择搜索引擎营销的合适方式。

京东商城和百度等搜索引擎合作,充分利用各大搜索引擎的作用,发展搜索引擎营销,尽可能将营销信息传递,以达到扩大网站宣传的目的。

2.电子邮件推广方法

邮件营销是快速、高效的营销方式,但应避免成为垃圾邮件广告发送者,参加可信任的许可邮件营销,向目标客户定期发送邮件广告,是有效的网站推广方法。京东商城以电子邮件为主要的网站推广手段,常用的方法包括电子刊物、会员通讯、专业服务商的电子邮件广告等。利用网站的注册用户资料开展邮件营销的方式,常见的形式如新闻邮件、会员通讯、电子刊物等。并且利用专业服务商的用户电子邮件地址来开展邮件营销,也就是电子邮件广告的形式向服务商的用户发送信息。在进行网站推广的同时也减少广告对用户的打扰、增加潜在客户定位的准确度、增强与客户的关系、提高品牌忠诚度等。

3.资源合作推广方法

通过网站交换链接、交换广告、内容合作、用户资源合作等方式,在具有类似目标网站之间实现互相推广的目的,其中最常用的资源合作方式为网站链接策略,利用合作伙伴之间网站访问量资源合作互为推广。

在这些资源合作形式中,交换链接是最简单的一种合作方式,调查表明也是新网站推广的有效方式之一。通过这种资源合作的方法京东商城在获得访问量、增加用户浏览时的印象、在搜索引擎排名中增加优势、通过合作网站的推荐增加访问者的可信度都有很大的发展。

4．信息发布推广方法

京东商城将网站推广信息发布在其他潜在用户可能访问的网站上，利用用户在这些网站获取信息的机会实现网站推广的目的，适用于这些信息发布的网站包括在线黄页、分类广告、论坛、博客网站、供求信息平台、行业网站等。

京东商城在网络投放广告，网站实施监控，建立网络广告投放监控体系：

第一，在京东商城建立自己的监控系统之前，有必要先做好自己的网站、页面美化、实际内容，网站页面结构细致，用户体验感好，从而增加广告流量，加快了转化率，像这样的广告投放肯定是有很好效果的。

第二，就是京东商城建立自己的监控系统，使用第三方统计器，如我要统计、站长统计、Yahoo 统计和 Google Analytics 等，这些统计器都可以精确到量，精确到用户的来路、回访、出入口、停留时间甚至用户的操作及行为，是不错的选择。

第三，京东商城及时通过对投放广告效果监控，例如，①监测网络广告的浏览量；②监测网络广告的点击量；③监测分析访问者的特征；④监测广告主网站的流量，及时发现投放广告的平台、广告文案的内容是否正确，是否达到广告投放前的效果预测。做到这几步，能提高广告投放的投资回报率，使网站的高速发展具有可持续性。

【案例分析】

一般来说，除了大型网站，如提供各种网络信息和服务的门户网站、搜索引擎、免费邮箱服务商等网站之外，一般的企业网站和其他中小型网站的访问量通常都不高，有些企业网站虽然经过精心策划设计，但在发布几年之后，访问量仍然非常小，每天可能才区区数人，这样的网站自然很难发挥其作用，因此网站推广被认为是网络营销的主要任务之一，是网络营销工作的基础，尤其对于中小型企业网站，用户了解企业的渠道比较少，网站推广的效果在很大程度上决定了网络营销的最终效果。京东商城积极开展网站推广效果显著，又拥有更为丰富的商品种类，并凭借更具竞争力的价格和逐渐完善的物流配送体系等各项优势，赢得市场占有率多年稳居行业首位的骄人成绩。

问题：

1）京东商城在网络上展开的一系列的网络营销与推广，其具体采用了哪些网络推广方式？

2）梳理京东商城的发展史，分析京东商城走向成功的关键是什么？

案例2　可口可乐火炬在线传递网络营销

【案例背景】

"可口可乐"在宣传推广中，以年轻人为目标消费者，运用年轻人喜欢的方式建立与消费者互动沟通的平台"iCoke"，整合策略联盟伙伴，以丰富多元化联结年轻消费群生活形态的服务内容，提供年轻族群独特的新鲜互动体验。

【案例简介】

可口可乐通过深入并全面化生活形态的体验传递，使"可口可乐"与消费者之间建立更为亲密的关系。针对主要目标族群 16～24 岁的中国年轻消费者，通过提供丰富的品牌网络活动：会员服务、积分兑换、酷奖中心、品牌视频、休闲游戏、桌面主题下载等品牌相关的丰富内容，将消费者对产品的支持转化为线上获得的奖励，进一步提高消费者对品牌的认知、强化体验以及忠诚度。

除了深化消费者对品牌的喜好度与黏性、增进产品销售之外，最重要的是洞悉与掌握年轻人的生活行为、兴趣喜好，掌握对年轻族群的影响力。年轻族群是营销市场上重要的一个群体。然而年轻人的喜好多变，市场上以年轻人为主要攻略目标的品牌商品多如牛毛，品牌对消费者的影响力日趋式微。

如何将品牌与年轻人生活形态挂钩，如何让品牌成为年轻人日常生活的一部分，让年轻人永远把你的品牌放在心中的第一位，让年轻人任何时候都会想起你，换言之就是掌握年轻人的市场，这正是 iCoke 所要达成的目标。

1．策略与执行

1）体验式的社群化网站，创新性的网络平台：跳脱品牌网站惯常的专注于单向的品牌传播，运用"社区""积分"和"体验"，结合即时通信（IM）、积分兑换中心以及多种活动、线上游戏等社群化机制，从 PC 到手机无线、物流中心、客服中心的平台整合，创造与消费者互动沟通的畅通平台。

2）跨多品牌，整合多家策略联盟品牌，创新性的技术与行销策略：跳脱只单独专注自身品牌的传统行销窠臼，横跨多种品牌，以整合第三方策略联盟的体验，以消费者角度与需求出发，提供消费者一个"全面性"的体验。

3）整合 PC 到手机无线、手机无线到 PC 的沟通，创新性的品牌沟通与经验整合：结合多数位渠道的沟通模式，通过 PC，透过手机无线体验，真正落实消费者多重渠道的使用行为。

4）RIA（Rich Internet Application）与资料库订单系统的整合，实现创意与技术创新性的结合：运用创意技术与 RIA，将复杂的积分兑换机制浏览经验变得顺畅与好用（如酷礼中心、100%兑换），提高消费者的使用度。

2．用户体验

从社区同好的交流到激情点的启动不断的娱乐体验经验。以整合腾讯、搜狐、51 等合作伙伴，创造"可口可乐"品牌的"iCoke"。提高年轻人社区形态中的影响力以及知名度，以使用者激情点、使用者需求为中心设计，提供多家第三方合作的内容，如线上游戏，虚拟物品与实物奖品的兑换和赢取等，从 PC 到手机无线内容，内容丰富，让使用者在网站上可以随时发现惊喜并满足娱乐生活的需要。从惊艳互动视觉到友好流畅导览系统的美好浏览经验：将品牌元素与年轻人喜爱的互动元素充分结合创造出独特浏览经验。营造使用者在网络上的欢乐与娱乐的美好经验。例如，随着滑鼠的移动，画面出现结冰的畅爽体验画面，与品牌、产品、年轻人爱的小调皮融合起来，提供丰富的视觉传达。

【案例分析】

可口可乐成功将 iCoke 品牌知名度在年轻族群中迅速建立起来。活动上线的一年内，iCoke.cn 会员数已超越 25%的全体中国网民，数量之巨、效率之高、为中国市场仅见。超过上千万的奖项兑换服务（包含虚拟以及实体世界），已成功地被会员以 pincode 兑换。

问题：

1）可口可乐是如何利用与网络特色进行"网络营销"取得成功的？

2）从案例进一步总结还有哪些有效的网络营销与推广方式？

 项目小结

随着互联网的快速发展，越来越多的企业开展了基于企业网站的网络营销。而建立网站只是让企业在互联网的海洋中有了一席之地，除了知道网站地址的客户可以访问网站，其他消费者在数以亿计的网站中找到商家网站可以说是小概率事件。因此，网站推广日益成为摆在企业面前的焦点问题。企业需要采取一系列有效的方法来进行网站推广。通过网站推广的实用方法及技巧运用，制定有效的网站推广策略，从而使企业网站脱颖而出，提升知名度和受众度，实现网站营销目标。

项目综合训练

奥巴马成功利用互联网竞选总统

奥巴马的胜利创造了许多个第一：美国第一个黑人总统，第一个拒绝用政府提供的公共竞选资金（8400万美元）的总统，甚至奥巴马还成为美国第一个"互联网总统"，因为他的竞选极大地利用了互联网的优势，吸引了大量的"长尾"和草根力量，并最终获得了成功。营销专家在分析奥巴马的参选时认为，整个选举过程实际上是一次完整的营销行为，其目标人群是全体美国选民，尤其是奥巴马最需要争取的年轻一代。

从胡佛时代的电话"洗脑"，到罗斯福时代的广播演说，再到里根时代的电视作秀，随着传播工具的发展进步，互联网和搜索引擎等新兴媒体正在美国大选中扮演着越来越重要的角色。市场调研机构eMarketer的数据表明，34%的美国网民认为"互联网对总统选举将越来越重要"。奥巴马充分地利用了互联网来为他的竞选运动造势，并且取得了让人惊喜的成绩。其中最有效果的四大网络营销传播途径分别是：博客、视频网站、社交网站和搜索引擎。

1．博客——最佳的政治讲台

博客一开始是网民共享个人思想的一种方式，但是，现在博客已经成为一种高级媒体。奥巴马则通过自己在网络的博客为自己鲜明地树立起清新、年轻、锐意进取的候选人形象。拉近了选民与自己的距离，更具亲和力，更有竞争力。

2．视频网站——最直接的展示窗口

奥巴马在最流行的视频类网站YouTube上开办主页，仅仅一星期，其竞选团队就上传了70个奥巴马的相关视频。值得一提的还有名为"奥巴马女孩"在YouTube上的一个视频得到了超高人气的反响。该视频描述了一位年轻的美女歌手表达自己对民主党总统候选人奥巴马的热爱。"奥巴马女孩"在YouTube的浏览次数超过了400万次，并且多次出现在电视新闻和访谈节目中。她为奥巴马制造了话题，赢得了更多人的关注。

3．社交网站——最贴近民众的沟通平台

奥巴马在Facebook拥有一个包含230万拥护者的群组。有人发起的"100万大军支持奥巴马"的倡议在另一个知名网站MySpace上也得到了热烈的响应。不同年龄、不同文化背景甚至不同国家的人都参与到倡议中来，并且积极地回帖发表建议和意见。这里反映的是最真实的普通民众的声音，最基层的支持者也是最忠实的拥护者。

4.搜索引擎——购买关键词精准阻击

奥巴马购买了知名搜索引擎的"关键词广告"。如果一个美国选民在该搜索引擎中输入奥巴马的英文名字 Obama，搜索结果页面的右侧就会出现奥巴马的视频宣传广告以及对竞争对手麦凯恩政策立场的批评等。奥巴马购买的关键词还包括热点话题，如"油价""伊拉克战争"和"金融危机"。一搜即知道奥巴马对这些敏感问题的观点评论，有助于人们更好地了解这位竞选人。就连中国的"百度"都把奥巴马评选为 2008 年 4 月份的"首页人物"。以下是奥巴马网络营销成果中出现的数字，从中可看出他高超的"营销策划"能力。

首位拒绝接受 8400 万竞选公积金的候选人；

史上募集最多竞选基金的候选人，基金高达 5.2 亿美元；

基金中的 82% 来自网民，赞助数额大多低于 100 美元；

投资超过 300 万购买搜索引擎关键词；

YouTube 一星期内上传超过 70 个奥巴马助选视频；

YouTube 主题页超过 14 万注册用户；

"奥巴马女孩"视频被浏览超过 400 万人次；

Facebook 网站有超过 230 万的拥护者；

三个月内超过 500 万人次浏览观看奥巴视频演讲。

总统大选已然结束，奥巴马的胜利代表着太多的革新，尤其是网络互动的应用。凭借着网络的力量，奥巴马互动的手法赢得的不仅是捐款，更是一张张珍贵的选票。奥巴马不仅是一个成功的总统，更是美国最出色的网络营销策划人。

请思考以下问题：

① 上网收集更多资讯，分析奥巴马为何能利用网络竞选取得成功？

② 奥巴马运用了哪些网络营销策略？奥马巴的成功带给人们怎样的启示？

项目 8

网络营销策略策划

网络营销策略是企业根据自身所在市场中所处地位不同而采取的一些网络营销组合，它包括产品策略、价格策略、促销策略、渠道策略等。网络营销的模式是从消费者的需求出发，使营销 4PS 满足顾客需求，从而最终实现消费者需求的满足和企业的利润最大化。

 学习提示

学习目标

- ➲ 知识目标：知晓产品概念与层次；领会产品策略；知晓影响产品价格的因素；领会产品定价策略；知晓中间商的含义与类型；理解分销渠道策略；知晓促销的含义；认识促销方式与策略；知晓网络营销策略策划的内容和方法；知晓网络营销策划案的撰写原则与要求；熟记网络营销策划案的主要项目。
- ➲ 能力目标：能正确认识产品，理解、分析产品层次；明晰影响产品价格的因素；认识中间商的类型；熟练运用网络营销产品、价格、渠道、促销策略；掌握网络营销策略策划的要点；能够对营销策划案例进行分析；明晰网络营销策划案的具体格式，能够分组完成撰写网络营销策划案。
- ➲ 情感目标：激发学生兴趣，体验网络营销的魅力。

本项目重点

网络营销策略的综合应用。

本项目难点

撰写网络营销策划案。

任务 1 认识网络营销策略

 任务要点

关键词：产品策略、价格策略、分销策略、促销策略。

理论要点：网络营销的产品、价格、分销、促销策略。

实践要点：运用所学的网络营销策略知识进行案例分析。

任务情境

在 2016 年版的《宽带状况报告》就指出，截至 2016 年年底，全球互联网用户人数将达 35 亿，相当于全球人口的 47%。中国互联网用户人数达 7.21 亿，位居全球第一；印度互联网用户人数达 3.33 亿，超越美国位居第二。

《2016 中国电商消费行为报告》显示，2016 年中国电子商务交易市场规模稳居全球第一，电子商务交易额超过 20 万亿元，占社会消费品零售总额比重超过 10%。

互联网已经越来越多地改变人们的生活，人们的生活方式发生了变化。网络资源的利用程度已经可以很大程度地决定一个企业的生存与发展，许多公司已经建立了自己的门户网站，网络营销已成为企业实现营销目标的一个重要手段。

任务分析

一个企业网络营销的成功与否，与企业的营销策略有着极为重要的关系。只有企业充分了解消费者的需求，针对消费者的需求开发出适销对路的产品，树立良好的品牌形象，科学地制定产品价格、选择合适的渠道和促销方式，才能在激烈的市场竞争中取得竞争优势。

在网络营销时代，消费者不能触摸到产品实体，网上的产品以提供信息为主要内容，利用计算机网络的声、像及多媒体等功能将产品的性能、特点、品质以及为用户提供的服务显示出来。要制定出一套完整的营销方案就需要对网络营销基本策略有一个全面的了解。

任务实施

步骤 1 认知网络营销产品策略

1. 认识产品

（1）产品的概念

在现代市场营销学中，产品概念具有极其宽广的外延和深刻而丰富的内涵，它指通过交换而满足人们需要和欲望的因素或手段，包括提供给市场，能够满足消费者或用户某一需求和欲望的任何有形物品和无形产品。

（2）产品的层次

产品具体由下面 5 个基本层次构成：

1）核心产品。核心产品是指向顾客提供的产品的基本效用或利益。从根本上说，每一种产品实质上都是为解决问题而提供的服务。例如，对旅馆来说，晚间宾客购买的就是"休息和睡觉"这一核心产品。

2）形式产品。形式产品是指核心产品借以实现的形式或目标市场对某一需求的特定满足形式。形式产品由五个特征所构成，即品质、样式、特征、商标及包装。拥有许多客房的建筑物就是旅馆的基本形式。

3）期望产品。是指购买者在购买该产品时期望得到的与产品密切相关的一整套属性和条件。比如，旅馆的客人期望得到清洁的床位、洗浴香波、浴巾、衣帽间的服务等。因为大多数旅馆均能满足旅客这些一般的期望，所以旅客在选择档次大致相同的旅馆时，一般不是选择哪家旅馆能提供期望产品，而是根据哪家旅馆就近和方便而定。

4）附加产品。是指顾客购买形式产品和期望产品时，附带获得的各种利益的总和，包括产品说明书、保证、安装、维修、送货、技术培训等。对于旅馆来说，可以用提供电视、鲜花、快速结账服务、美味餐饮等可优质房间服务来增加其产品的内涵。

许多情况表明，新的竞争并非各公司在其工厂中所生产的产品，而是附加在产品上的包装、服务、广告、顾客咨询、资金融通、运送、仓储及其他具有价值的形式。能够正确发展延伸产品的公司必将在竞争中赢得主动。

5）潜在产品。是指现有产品包括所有附加产品在内的，可能发展成为未来最终产品的潜在状态的产品。潜在产品指出了产品可能的演变趋势和前景。

产品整体概念的5个层次，如图8-1所示，十分清晰地体现了以顾客为中心的现代营销观念。这一概念的内涵和外延都是以消费者需求为标准的，由消费者的需求来决定的。可以说，产品整体概念是建立在需求等于产品这样一个等式基础之上的。没有产品整体概念，就不可能真正贯彻现代营销观念。

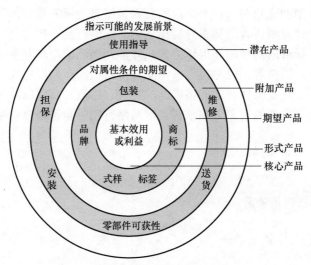

图 8-1　产品的 5 个层次

2．知晓产品组合及其相关概念

（1）产品组合、产品线及产品项目

产品组合是指一个企业提供给市场的全部产品线和产品项目的组合或结构，即企业的业务经营范围。

产品线是指产品组合中的某一产品大类，是一组密切相关的产品。比如，以类似的方式发挥功能，售给相同的顾客群，同一的销售渠道出售，属于同一的价格范畴等。例如，海尔集团的电视机、电冰箱、洗衣机、空调、手机、计算机等产品。

产品项目是指产品线中不同品种、规格、质量和价格的特定产品。例如，某自选采购中心经营家电、百货、鞋帽、文教用品等，这就是产品组合；而其中"家电"或"鞋帽"等大类就是产品线；每一大类里包括的具体品牌、品种为产品项目。

（2）产品组合的宽度、长度、深度和相关性

产品组合的宽度是指产品组合中所拥有的产品线的数目。

产品组合的长度是指产品组合中产品项目的总数。如以产品项目总数除以产品线数目即可得到产品线的平均长度。

产品组合的相关性是指各条产品线在最终用途、生产条件、分配渠道或其他方面相互关联的程度。例如，某家用电器公司拥有电视机、收录机等多条产品线，但每条产品线都与电有关，这一产品组合具有较强的一致性。相反，实行多角化经营的企业，其产品组合的相关性则小。

根据产品组合的 4 种尺度，企业可以采取 4 种方法发展业务组合：①加大产品组合的宽度，扩展企业的经营领域，实行多样化经营，分散企业投资风险；②增加产品组合的长度，使产品线丰满充裕，成为更全面的产品线公司；③加强产品组合的深度，占领同类产品的更多细分市场，满足更广泛的市场需求，增强行业竞争力；④加强产品组合的一致性，使企业在某一特定的市场领域内加强竞争和赢得良好的声誉。因此，产品组合决策就是企业根据市场需求、竞争形势和企业自身能力对产品组合的宽度、长度、深度和相关性方面做出的决策。

3. 明晰产品组合策略

产品组合策略是指根据市场状况、自身资源条件和竞争态势对产品组合的广度、长度、深度和关联度进行不同组合的过程。一个企业产品组合决策并不是任意确定的，而应遵循有利于销售和增加企业总利润的原则，根据企业的资源条件和市场状况进行灵活选择。

（1）从静态的角度分析，可供选择的产品组合策略

1）全线全面型策略。这种策略着眼于为任何顾客提供他所需的一切物品。采用这种策略的条件就是企业有能力兼顾整个市场的需求。整个市场的含义可以是广义的，就是不同行的产品市场的总体；也可以是狭义的，即某个行业的各个市场面的总体。广义的全线全面型产品组合策略就是尽可能地增加产品线的宽度和深度，不受产品线之间关联性的约束，例如，日本索尼公司经营范围从电视机、收录机、摄像机、VCD、DVD 到旅行社、连锁餐馆、药房等，十分宽广。狭义的全线全面型产品组合策略，是提供在一个行业所必需的全面产品，如美国奇异电气公司，产品线很多，但是都和电气有关。全线全面型策略能较大限度地分散各种产品的经营风险，扩展企业的实力和声势，取得更大的市场覆盖面，最大限度地满足顾客的需求。一般大工业集团或大公司普遍采用这种策略。

2）市场专业型策略。此种策略即向某个专业市场（某个顾客）提供所需的各种产品。例如，以建筑为产品市场的工程机械公司，其产品组合由推土机、翻斗车、挖掘机、起重机、水泥搅拌机、压路机、载重汽车等产品线组成。这种产品线组合策略重视各产品之间的关联度与组合的宽度，而组合的深度一般较小，它能使某一类顾客在某种消费上从一个企业获得全方位的满足，方便了顾客，扩大了销售。

3）产品线专业型策略。企业集中某一类产品的生产，并将其产品推销给各类顾客。例如，中国一汽集团专门生产各类小汽车，以满足不同顾客的需要。有普通小红旗轿车、独具风格的旅行车、别具一格的客货两用车、安全可靠的救护车、轻便快捷的交通指挥车、明亮舒适的豪华车、庄重典雅的礼宾车、标有不同长度的加长车等。该策略产品线数目少且各项目密切相关，产品品种丰富，分别满足不同顾客、不同用途的需要。

4）有限产品线专业型策略。该策略与产品线专业型相比，不仅产品线数目少，且产品线内部的产品项目有限。它一般适合生产经营条件有限的中、小型企业，这类企业以单一的市场或部分市场作为目标市场。该策略产品组合宽度很小，深度有限、关联性强。

5）特殊产品专业型策略。企业根据自己所具备的特殊资源和技术特长，专门生产某些具有良好的销路的产品项目。该策略具有组合宽度极小，深度也不大，但关联性极强的特点，所能开拓的市场是有限的，因其资源、技术特殊，能创造出特色产品，市场竞争威胁小，如某些特效药品、名酒、特殊用途的器械等企业就是采用这种策略。

6）特殊专业型策略。本策略是指企业凭其特殊的技术、服务满足某些特殊顾客的需要。如提供特殊的工程设计、咨询服务、律师服务、保镖服务等。本策略组合宽度小、深度大、关联性强。

（2）从动态的角度分析，可供选择的产品组合策略

1）扩大产品组合。包括开拓产品组合的宽度和加强产品组合的深度，前者指在原产品组合中增加产品线，扩大经营范围；后者指在原有产品线内增加新的产品项目。当企业预测现有产品线的销售额和赢利率在未来可能下降时，就须考虑在现有产品组合中增加新的产品线或加强其中有发展潜力的产品线。

2）缩减产品组合。市场繁荣时期，较长较宽的产品组合会为企业带来更多的赢利机会。但是在市场不景气或原料、能源供应紧张时期，缩减产品线反而能使总利润上升，因为剔除那些获利小甚至亏损的产品线或产品项目，企业可集中力量发展获利多的产品线和产品项目。

3）产品线延伸策略。每一企业的产品都有特定的市场定位。产品线延伸策略指全部或部分地改变原有产品的市场定位，具有向下延伸、向上延伸和双向延伸3种实现方式。

① 向下延伸。是在高档产品线中增加低档产品项目。实行这一决策需要具备以下市场条件：利用高档名牌产品的声誉，吸引购买力水平较低的顾客慕名购买此产品线中的廉价产品；高档产品销售增长缓慢，企业的资源设备没有得到充分利用，为赢得更多的顾客，将产品线向下伸展；企业最初进入高档产品市场的目的是建立厂牌信誉，然后再进入中、低档市场，以扩大市场占有率和销售增长率；补充企业的产品线空白。实行这种策略也有一定风险，如果处理不慎，则会影响企业原有产品特别是名牌产品的市场形象，还必须辅之以一套相应的营销组合策略，例如，对销售系统的重新设置等。所有这些将大大增加企业的营销费用开支。

案例与启示1

五粮液是我国著名的白酒品牌，以优良品质、卓著声誉，独特口味蜚声国内外。五粮液集团十分注意品牌延伸工作，当"五粮液"品牌在高档白酒市场站稳脚跟后，便采取"纵横延伸"策略。纵向延伸是生产"五粮春""五粮醇""尖庄"等品牌，分别进入中偏高白酒市场，中档白酒市场和低档白酒市场。"横向延伸"策略是五粮液集团先后和几十家地方酒厂联合开发具有地方特色的系列白酒，在这些产品中均注明"五粮液集团荣誉产品"。五粮液集团借这些延伸策略，有效地实施低成本扩张，使其市场份额不断扩大。但是必须指出，向下延伸策略并不是一方灵丹妙药，处理不好也可能弄巧成拙，陷入困境。因为推出低档产品会使企业在原高档市场的投入相对减少，使该市场相对萎缩；由于向下延伸，侵犯了低档市场竞争者的利益，可能刺激新竞争对手的种种反击；经销商可能不愿意经营低档次商品，以规避经营风险等。

案例与启示 2

把高档产品往下延伸是一把"双刃剑"，即可能低成本拓展业务，也可能陷入陷阱。最大的陷阱是损害原品牌的高品质形象。早年，美国"派克"钢笔质优价贵，是身份和体面的标志，许多社会上层人物都以带一支"派克"笔为荣。然而，1982 年新总经理詹姆斯·彼特森上任后，盲目延伸品牌，把"派克"笔品牌用于每支售价 3 美元的低档笔。结果，派克在消费者心目中的高贵形象被毁坏，竞争对手则趁机侵入高档笔市场，使派克公司几乎濒临破产。派克公司欧洲主管马克利认为，派克公司犯了致命错误，没有以己之长攻人之短。鉴于此，马克利筹集巨资买下派克公司，并立即着手重塑派克形象，从一般大众化市场抽身出来，竭力弘扬其作为高社会地位象征的特点。

②　向上延伸。是在原有的产品线内增加高档产品项目。实行这一策略的主要目的是：高档产品市场具有较大的潜在成长率和较高利润率的吸引；企业的技术设备和营销能力已具备加入高档产品市场的条件；企业要重新进行产品线定位。采用这一策略也要承担一定的风险，要改变产品在顾客心目中的地位是相当困难的，处理不慎，还会影响原有产品的市场声誉。

③　双向延伸。即原于中档产品市场的企业掌握了市场优势以后，向产品线的上下两个方向延伸。

案例与启示 3

美国德州公司进入计算器市场之中，该市场基本上被鲍玛公司低价低质计算器和惠普公司高质高价计算器所支配。德州仪器公司以中等价格和中等质量推出第一批计算器。然后，它推出价格与鲍玛公司一样，但质量较好的计算器，击败了鲍玛公司。它又设计了一种价格低于惠普公司但质量上乘的计算器，夺走了惠普公司的份额。双向延伸战略致使德州公司占据了袖珍计算器市场的领导地位。

4．掌握网络营销品牌策略

（1）网上市场品牌

在传统中国的商业世界，品牌的概念就类似于"金字招牌"；但在现代西方的营销领域，品牌是一种企业资产，其涵盖的意思比表象文字或注册商标更胜一筹。品牌是一种信誉，由产品品质、商标、企业标志、广告口号、公共关系等混合交织形成。如，微软、戴尔计算机、Yahoo、Netscape、Amazon.com、Infoseek、Excite 称得上是网上七大超级品牌。

（2）网上品牌的塑造

公司要在网上取得成功，绝不能指望依赖传统的品牌优势。不仅需要提高站点内容的丰富性和服务性，还需重视域名及站点的发展问题，以尽快发挥域名的商标特性和站点的商业价值，避免出现影响企业形象的有关域名站点问题。创建网上域名品牌其实与建立传统品牌的手法大同小异。具体策略如下：

1）多方位宣传。域名是一个符号和标识，企业在开始进入互联网时域名还鲜为人知，这时企业应善用传统的平面与电子媒体，并舍得耗费巨资大打品牌广告，让网址利用大小机会多方曝光。此外，通过建立相关链接扩大知名度。

2）通过产品本身的品质和顾客的使用经验来建立品牌。这一点对网站品牌格外重要。两大网上顾问公司 Jupiter Communications 和 Forrester 都不约而同地指出，广告在顾客内心激发出的感觉，固然有建立品牌的功效，但却比不上网友上网站体会到的整体浏览或购买经验。如戴尔计算机让顾客在线上根据个人需求定制计算机，Yahoo 和 AOL 都提供一系列的个人化工具。

3）利用公关造势建立网上品牌，这对新兴网站非常重要。

4）遵守约定规则。互联网开始是非商用的，使其形成使用低廉、信息共享和相互尊重的原则。商用后企业提供服务的收费最好是免费或者非常低廉，注意发布信息的道德规范，未经允许不能随意向顾客发布消息，因为可能引起顾客反感。

5）持续不断塑造网上品牌形象。对于一些年轻的网上企业可以飞快建立起品牌，但没有一家公司能够违背传统营销的金科玉律：永垂不朽的品牌不是一天造成的。想要成为网上的可口可乐或是迪士尼，需要长久不断地努力与投资。在瞬息万变的网上世界之中，只有掌握这个不变的定律，才能建立起永续经营的基石。

小链接 8-1

怎样选择最佳域名

1）选择简短、易记、切题的域名。如：中央电视台的域名为 www.cctv.com.cn；网易一口气注册了 163、263、126、127、188、990 等多个域名。

2）选择与本公司密切相关的域名。一个好的域名应当与企业的性质、企业的名称、企业的商标及平时的企业宣传相一致，这样的域名易记易找，也能成为网络上的活广告，无形中宣传了企业的形象，保护了企业的利益。

步骤 2　认知网络营销价格策略

1．了解网络营销定价的目标

企业在为产品定价时，首先必须要有明确的目标。定价目标是指企业通过制定产品价格所要达到的目的。在网络营销中，企业定价目标主要有：①以维持企业生存为目标；②以获取当前理想的利润为目标；③以保持和提高市场占有率为目标；④以应付或抑制竞争为目标；⑤以稳定价格为目标；⑥以树立企业形象为目标。不同企业、不同产品、不同市场、不同时期有不同的营销目标，因而也就要求采取不同的定价策略，但是，企业定价目标不是单一的，而是一个多元的结合体。

2．知晓网络营销定价的策略

（1）新产品定价策略

1）取脂定价策略：是指在产品投放市场时定高价，争取在短时间内收回投资，并取得利润。这种策略如同从牛奶中提取奶油一样，一开始就把精华部分取走，故称取脂定价策略。

使用这种策略必须具备的条件：新产品有相对优势、市场有相当数量的购买者、产品的需求价格弹性小。在高价情况下，企业仍能在一段时间内独家经营，竞争者不至于很快加入；企业的生产能力有限，难以应付市场需求，可以用高价限制市场需求。

2）渗透定价策略：是指企业把新产品的价格定得低一些，以吸引顾客，提高市场占有率。

企业采取渗透定价策略需具备以下条件：市场规模较大，存在较大的潜在竞争者；产品无明显特色，需求弹性大，低价会刺激需求增长；大批量销售会使成本显著下降，企业总利润增加，这是一种长期价格策略。

3）满意定价策略：是介于取脂（高价）定价与渗透（低价）定价之间的定价策略，即把新产品的价格定在一种较为合理的水平，既能吸引顾客，为广大顾客所接受，又能保证企业获得一定的初期利润。因此，满意定价策略是介于高价与低价之间的一种定价策略，是种普遍使用简便易行的定价策略，适应于较为稳定的产品。

（2）心理定价策略

利用顾客心理来制订或调整价格的策略叫作心理定价策略。

1）尾数定价策略（奇数定价）：指给产品定一个零头结尾的价格，又称"非整数定价"，指企业利用消费者求廉的心理，制定非整数价格，而且常常以奇数作尾数，尽可能在价格上不进位。比如，把一种奶粉的价格定为9.9元，而不定10元；将衬衣价格定为19.90元，而不定为20元，可以在直观上给消费者一种便宜的感觉，从而激起消费者的购买欲望，促进产品销售量的增加。

使用尾数定价，可以使价格在消费者心中产生三种特殊的效应：①便宜。标价99.9元的商品和100.0元的商品，虽仅相差0.1元，但前者给购买者的感觉是还不到100元，后者却使人认为100多元，因此前者可以给消费者一种价格偏低、商品便宜的感觉，使之易于接受；②精确。带有尾数的定价可以使消费者认为商品定价是非常认真、精确的，连几角几分都算得清清楚楚，进而会产生一种信任感。③寓意吉祥。由于民族习惯、社会风俗、文化传统和价值观念的影响，某些数字常常会被赋予一些独特的含义，企业在定价时如能加以巧用，则其产品将因此而得到消费者的偏爱。例如，8谐音为"发"、"六"寓意六六大顺等。

尾数定价策略适用于价格敏感性强的普通日用消费品，如粮油、肥皂、牙膏等。

2）整数定价策略：就是企业把基本价格略作调整，凑成整数。

对于一些高档商品、耐用品、礼品等采取整数定价，易使顾客产生"一分钱一分货"的感受，提高商品的形象。整数定价常常以偶数，特别是"0"作尾数。例如，一套高档西服定价990元，就不如1000元更值得炫耀。整数定价的好处是：①可以满足购买者炫耀富有、显示地位、崇尚名牌、购买精品的虚荣心；②在消费者心目中树立高档、高价、优质的产品形象。

整数定价策略适用于需求的价格弹性小、价格高低不会对需求产生较大影响的商品，如流行品、时尚品、奢侈品、礼品等。

3）声望定价策略：指有声誉的商店或名牌产品，利用其在顾客心目中的声望，将产品价格定得很高。

这是根据产品在消费者心中的声望、信任度和社会地位来确定价格的一种定价策略。声望定价一方面可以满足某些消费者的特殊欲望，如地位、身份、财富、名望和自我形象等，满足精神需求，另一方面还可以通过高价格显示名贵优质，因此，这一策略适用于一些传统的名优产品、具有历史地位的民族特色产品，以及知名度高、有较大的市场影响、深受市场欢迎的驰名商标。例如，提到领带，人们会想到金利来；提到旅游鞋，人们会想到耐克；提到西服，人们会想到皮尔·卡丹。这些名牌产品不仅以质优高档而闻名于世，更以其价格高昂而引人注目。

采用声望定价策略，必须杜绝假冒伪劣产品，坚定不移地实施名品和精品战略，着重在树立品牌形象、扩大品牌知名度、品牌美誉度等方面下功夫，以充分的理由和事实让顾客深信：价实基于货真。

4）习惯定价策略：有些商品的价格是长时间形成的习惯价格，企业应当按照这种习惯价格定价，不要轻易改变，这就是习惯定价策略。如果企业的产品要提价，最好不要改变原价，而是将单位数量略微减少或质量适当降低，以降低成本，这样做，比提价更容易为消费者接受，也更吸引顾客。如果成本上升到不得不改变标价程度，最好是把品牌或包装改变一下再提价，让顾客以为这是一种已经改进的产品，多付一些钱是合理的。如盐、醋、酱油等的定价，顾客已经习惯，生产这些产品的企业，必须依此定价。偏高，不易打开销路；偏低，顾客会怀疑商品的质量有问题。

5）招徕定价策略：指零售商利用部分顾客求廉的心理，有意将某几种商品的价格定得非常之高或者非常之低，引起消费者的好奇心理和求廉心理，吸引消费者光临，带动其他商品的销售。

招徕定价运用较多的是将少数产品价格定得较低，吸引顾客在购买"便宜货"的同时，运用连带销售、增加服务等手段，促使顾客购买其他价格比较正常的商品。

案例与启示 4

美国大卫·高特创办的"九十九仙"商店，打出广告："店内所有商品无论大小贵贱，一律售价 0.99 美元，就是彩电也卖 9 角 9 分（每天 10 台）。"一下成了轰动一时的新闻，这家商店日夜门庭若市。开张仅 4 天，所有商品销售一空，结果获利可观。其原因就是利用了顾客的求廉心理，"彩电 9 角 9 分"那么其他商品也一定不贵，因此引起了在该店购买的欲望，结果因彩电销售亏损的金额，就由大量高利润商品的售出相抵消，反而获得了可观的利润。

（3）折扣定价

折扣定价就是在正式价格的基础上给予一定的折扣和让利。采取这种策略是为了鼓励消费者购买。常用的价格折扣策略有：

1）数量折扣：指根据顾客在购买数量的不同给予相应的价格折扣。

2）现金折扣：是对顾客在约定时间内付款或提前付款所给予的一定的价格折扣。

3）季节折扣：是指对一些季节时令较强的商品给在淡季购买的顾客一定的价格折扣。

4）业务折扣（又称功能折扣、贸易折扣）：是生产企业根据多类中间商在市场营销中所负担的不同功能而给予不同的折扣。

（4）差别定价策略（又叫价格歧视）

是指同一种产品以两种或两种以上的价格出售。这种价格差异并不反映成本与费用的变化，而是由于需求中某项差异造成的。

差别定价主要有以下形式：

1）同一产品，因顾客不同而价格不同（如火车票：儿童、学生）

2）同一产品，因位置不同而价格不同。（如门票：文艺演出、球赛）

3）同一产品，在时间不同而价格不同。（如反季节销售）

4）同一产品，由于式样不同价格不同。（书籍：精装本、简装本）

企业采用差别定价策略必须具备以下条件：

市场必须是可以细分的，而且各个细分市场的需求强度不同；以低价购买商品的顾客没有可能以高价把这种商品卖给别人；不致因细分市场过多而增加费用开支；差别定价不会引起顾客反感而放弃购买。

（5）免费定价策略

免费定价策略是市场营销中常用的营销策略，它主要用于促销和推广产品，这种策略一般是短期和临时性的。但在网络营销中，免费价格不仅是一种促销策略，它还是一种非常有效的产品和服务定价策略。在网络营销中，一些企业通过实施免费策略来达到营销目的。

小链接 8-2

软件制造商的免费价格策略

软件制造最初通过软件的免费下载和试用吸引用户，等用户了解和熟悉了该软件的功能或尝到了一些甜头后，进一步地使用就需要向软件制造商支付费用了。这就是软件产品最独特的"锁定用户"作用。有的软件制造商还以极低的注册费在网上推销客户端软件，同时又以相当高的价格向硬件供应商、系统集成商或网站建立者销售它们的服务器端软件，从而达到获利的目的。例如，网景如果不是免费送出 Navigator 软件，就不会拥有强大的市场占有率。

（6）个性化定制生产定价策略

个性化定制生产定价策略是在企业能实行定制生产的基础上，利用网络技术和辅助设计软件，帮助消费者选择配置或者自行设计能满足自己需求的个性化产品，并同时让消费者承担自己愿意付出的价格成本的策略。这是企业利用网络互动性的特征，根据消费者的具体要求来确定商品价格的一种策略。网络的互动性使个性化行销成为可能，也将使个性化定价策略成为网络营销的一个重要策略。

（7）拍卖竞价策略

主要包括：竞价拍卖，由卖方引导买方进行竞价购买；竞价拍买，网上竞价拍买是竞价拍卖的反向操作，它是由买方引导卖方竞价实现产品销售的过程；集体议价，是一种由消费者集体议价的交易方式。

（8）动态定价策略

所谓动态定价是指随着渠道、产品、客户和时间的变化而频繁调整产品（服务）价格的商业策略。例如，企业就可以根据需求动态地调整订票价格。

小链接 8-3

民 航 票 价

在美国，民航票价随着顾客旅行时间的不同而动态变化。工作日航班的票价高于周末的票价，晚上和凌晨的航班的票价比白天的低，而在登机前最后 1 分钟往往可以买到惊人的折扣机票。在美国的航班上发现邻座的机票只花了 250 美元而你花了 1500 美元的事情常常发生，乘飞机的顾客只有在买票时才能知道确切的票价是多少。网络营销定价的动态性是网络产品定价的一个重要特点，这与网络本身的交互性是密切相关的。

（9）特殊品定价策略

特殊品是指特定品牌产品或具有特色的产品，以及为特定顾客群专门供应的产品，如高档乐器、名牌钟表、供收藏的邮票、古董等。在网络营销中，对特殊品的定价可以根据该产品在网上的需求状况来制定。例如，"嘉德在线"网上艺术品拍卖案例中，艺术品就显然属于特殊品范畴，如图 8-2 所示。对于这类商品的定价，可能更多地需要考虑顾客的认知价值，而不是根据一个固定的定价模式或采取一个不变的定价策略来进行定价。

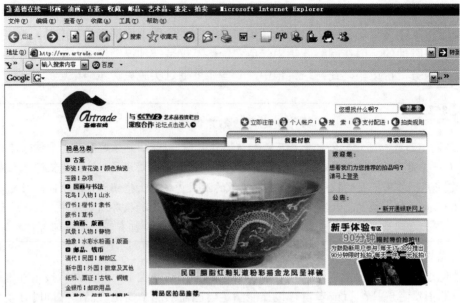

图 8-2 "嘉德在线"网上艺术品拍卖网站

步骤 3 认识网络营销渠道策略

1. 理解网络营销渠道策略含义

分销渠道：指商品或服务从生产者向消费者转移过程的具体通道或路径。它是由一系列完成这种转移的机构或组织构成。

网络营销渠道：以互联网为通道实现商品或服务从生产者向消费者转移过程的具体通道或路径。

2. 知晓网络营销渠道的功能

一个完善的网络营销渠道应具有四大功能：网络宣传促销功能、网络订货交易功能、网络支付结算功能和网络物流管理功能。

3. 清楚网络营销渠道的分类

（1）网络直销与网络间接营销

1）网络直销。网络直销与传统直接分销渠道一样，都是没有营销中间商。网上直销与传统直接分销渠道不一样的是，生产企业可以通过建设网络营销站点，让顾客可以直接从网站进行订货。通过与一些电子商务服务机构如网上银行合作，可以通过网站直接提供支付结算功能，简化了过去资金流转的问题。对于配送方面，网上直销渠道可以利用互联网技术来构造有效的物流系统，也可以通过互联网与一些专业物流公司进行合作，建立有效的物流体系。

2）网络间接销售。网络间接销售是指生产者通过融入了互联网技术后由中间商机构把产品销售给最终用户，一般适合小批量商品的生活资料的销售。它是通过融入互联网技术后的中间商提供网络间接营销渠道，是指商品由中间商销售给消费者或使用者的营销渠道。

（2）单渠道、双渠道与多渠道

1）单渠道：只选择网络直销或网络间接营销一种模式，例如，戴尔。

2）双渠道：选择网络直销和网络间接营销两种营销模式，例如，Walmart。

3）多渠道：选择网络直销、网络间接营销及网下营销，例如，无忧 Zippo 商城、85818、淘宝店等。

4．比较传统渠道和网络渠道

（1）作用比较

第一，网络渠道提供了双向的信息传播模式，使生产者和消费者的沟通更加方便畅通。

第二，网络渠道是企业销售产品、提供服务的快捷途径，它实现商品所有权转移的作用进一步加强。

第三，通过网络渠道企业既可以开展商务活动，也可以对用户进行技术培训和售后服务。

（2）结构比较

网络营销渠道也可分为直接分销渠道和间接分销渠道。但与传统的营销渠道相比较，网络营销渠道的结构要简单得多。网络的直接分销渠道和传统的直接分销渠道都是零级分销渠道，这方面没有大的区别。而对于间接分销渠道而言，网络营销中只有一级分销渠道，即只有一个信息中间商（商务中心）来沟通买卖双方的信息，而不存在多个批发商和零售商的情况，所以也就不存在多级分销渠道。

（3）费用比较

无论是直接分销渠道还是间接分销渠道，网络分销渠道的结构都相对比较简单，从而大大减少了流通环节，缩短了销售周期，降低了交易费用，提高了营销活动的效率。

首先，可以有效地减少人员、场地等费用。

其次，互联网的双向信息传播功能，也为企业发布信息、开展促销活动提供了更加方便的渠道，从而减少了广告宣传费用。

5．知晓分销渠道策略

按渠道的宽窄，分销渠道可分为 3 种模式：

1）广泛分销的策略（又称密集分销或强力分销），是指在同一地区内经销商的数目不加限制，越多越好。该策略通常用于日用消费品、工业品中标准化、通用化程度较高的产品的分销。

2）选择性分销策略，是采用间接销售方式，只在一定市场中选用少数几个中间商。该策略适用于消费品中的选购品、特殊品和工业品中的零件。

3）独家专营的分销策略是生产者在一定时期内在一定地区只选择一家中间商来销售本企业的产品。

小链接 8-4

李宁的网络渠道

在服装品牌中，李宁公司先行迈出了一步。除了在淘宝上开设旗舰店，李宁公司还在自己的网站上开通了电子交易平台 http://lining.mall.taobao.com/，其经销商可以通过这个电子交易平台进行交易，但不得向其他线上供货。

步骤 4　认识网络营销促销策略

1．网上折扣

折扣是目前网上最常用的一种促销方式。目前大部分网上销售商品都有不同程度的价格折扣，如当当书店、淘宝等。

2．增加商品附加值

增加商品附加值是指在不提高或稍微增加价格的前提下，以设法提高产品或服务的附加值，让消费者感到物有所值或物超所值的方式进行的促销。由于网上折扣容易使消费者认为商家以降低产品品质来换取较低成本，所以利用增加商品附加值的促销方法更容易获得消费者的信任。

3．赠品

赠品促销是指企业一定时期内为扩大销量，迫于市场压力，向购买本企业产品的消费者实施馈赠的促销行为，赠品促销是最古老也是最有效最广泛的促销手段之一。具体方式有直接赠送、附加赠送等。赠品若与产品的特性或使用有相关性，则促销的诱因更大，并方便顾客使用产品，不仅可以提升品牌和网站的知名度，还可以鼓励人们经常访问网站以获得更多的优惠信息，同时根据消费者索取赠品的热情程度，还可以总结分析营销效果和产品本身的需求状况。

4．网上抽奖

抽奖促销是网上应用较广泛的促销形式之一，是大部分网站乐意采用的促销方式。抽奖促销是以一个人或数人获得超出参加活动成本的奖品为手段进行商品或服务的促销，网上抽奖活动主要附加于调查、产品销售、扩大用户群、庆典、推广某项活动等。消费者或访问者通过填写问卷、注册、购买产品或参加网上活动等方式获得抽奖机会。

5．积分促销

积分促销在网络上的应用比起传统营销方式要简单和易操作。网上积分活动很容易通过编程和数据库等来实现，并且结果可信度很高，操作起来相对较为简便。积分促销一般设置价值较高的奖品，消费者通过多次购买或多次参加某项活动来增加积分以获得奖品。积分促销可以增加上网者访问网站和参加某项活动的次数、可以增加上网者对网站的忠诚度、可以提高活动的知名度等。

6．拍卖促销

网上拍卖市场是新兴的市场，由于快捷方便，吸引大量用户参与网上拍卖活动。我国的许多电子商务公司也纷纷提供拍卖服务。拍卖促销就是将产品不限制价格在网上拍卖，Compaq 公司与网易合作，通过网上拍卖计算机获得很好的收效。

7．优惠券

电子优惠券是优惠券的电子形式，指以各种电子媒体制作、传播和使用的促销凭证。

电子优惠券有别于普通纸质优惠券，其特点主要是制作和传播成本低，传播效果可精准量化。

优惠券按计价形式分为两种。①打折券，一般指消费（或购买）发生时，消费者（或购买者）可以凭打折券在商家公开的清单价格基础上，按打折券所规定的比例折扣计价。②代金券，一般指载有一定面值的促销券证。比如一百元代金券，指的是消费（或购买）时使用该券证，可以抵用 100 元现金。

8．互动游戏促销

这类促销的主要载体是游戏，通过在网站上设置在线游戏，针对游戏结果进行有奖促销。进行游戏促销应充分利用互联网的交互功能，掌握参与促销活动群体的特征和消费习惯，并有效结合企业的产品和形象要素，达到潜移默化的促销效果。

9．免费试用服务

企业将数字化的产品或从产品中剥离出来的数字化部分通过网络供客户免费试用的一种促销方法。通过试用使消费者对该产品产生直接的感性认识，并对产品或公司产生好感和信任，使其转化为该产品的潜在客户。

10．联合销售促进

由不同商家联合进行的销售促进活动称为联合销售促进。商家联合可以使产品或服务实现优势互补。如果应用得当，联合销售促进可起到很好的促销效果。

 触类旁通

戴尔企业网络营销策略分析

1．戴尔公司介绍

戴尔公司（Dell Computer），是一家总部位于美国德克萨斯州朗德罗克的世界五百强企业。创立之初公司的名称是 PC's Limited，1987 年改为现在的名字。戴尔以设计、生产、销售家用以及办公室计算机而闻名，不过它同时也涉足高端计算机市场，生产与销售服务器、数据储存设备、网络设备等。戴尔的其他产品还包括了 PDA、软件、打印机等计算机周边产品。

1999 年，戴尔取代康柏公司（Compaq）成为美国第一大个人计算机销售商。2002 年戴尔的这一地位被刚刚收购了康柏的惠普公司取代。不过到了 2003 年第一季度，戴尔再次取得领先地位。当公司逐渐发展到其他非计算机领域后，公司的股东们在 2003 年股东大会上批准公司更名为戴尔公司。

戴尔的直接商业模式即去除中间人直接向客户销售产品，使得公司能够以更低廉的价格为客户提供各种产品，并保证送货上门。此外戴尔公司也确保戴尔的产品还未生产出来就已经售出。

总部设在德克萨斯州奥斯汀（Austin）的戴尔公司是全球领先的 IT 产品及服务提供商，其业务包括帮助客户建立自己的信息技术及互联网基础架构。戴尔公司成为市场领导者的根本原因是：通过直接向客户提供符合行业标准技术的产品和服务，不断地致力于提供最佳的客户体验。

戴尔网站网络营销目标：企业是以客户为导向，以满足客户的可定制的个性化需求为目标。

Dell 企业的目标顾客分为两大类：包括大型公司、中型公司、政府与教育机构在内的。大型顾客和包括一些商业组织、消费者在内的小型顾客。1997 年，戴尔又进一步把大型公司细分为全球性企业客户和大型公司两块市场，政府与教育机构市场则分为联邦政府、州政府和地方政府、教育机构三块不同的市场，小型顾客则进一步分解为小型公司和一般消费者两块。同时企业又通过与顾客的关系，将整体顾客划分为"交易型"和"关系型"两类。

2. 戴尔网站的主要特色

1）由于采用了 cisco 分布式方案，戴尔公司站点容量允许在访问时进行自由伸缩。这就保证了客户可以以最少的等候时间尽快得到他们正在查找的数据，例如，价格和样品信息等。

2）戴尔应用数据库管理系统对其大量的数据进行管理，效用很高。

3）戴尔站点上不仅仅有产品介绍。对于网站内容管理和部署，戴尔公司认为，这是一个网站生存的关键。除了产品的介绍，必须重视有关新闻和公司状态的报道。在 Dell 公司的网站上，浏览者可以很方便地找到近三年来 Dell 公司的各项活动和有关公司发展的重大财务事项。这便于与客户建立一种良好的信任关系。

4）网页设计风格：Dell 公司的网页设计风格是 B2C 的典范。Dell 公司网站和一般的网上购物网站有所不同，与产品不相关的内容很少，也没有太复杂的网页设计，基本是针对相关产品的促销、订购和帮助信息。Dell 的网站非常务实，很便于客户浏览，不像一些网站做得花哨而不实用。Dell 使用动态网页的形式展示不同的产品，成功人士欣喜的目光，时尚的机型加上简短文字构成很有生机的情景，从而轻而易举地吸引住顾客的目光，简短的文字很有特色：热销、低价、超值、节省，在给出的价位本来就不高的情况下很容易激起顾客消费欲望。

5）网页设计框架：Dell 网站使用了框架和层结合的定位方法。导航不具有层次感，另外导航使用了纯文本，网页设计属于上下框架型，多采取标题正文型。

6）网站营销战略模式——网上直销。Dell 在中国和海外都有自己的网站和 800 免费电话，消费者可以通过上网和打 800 电话的方式查看或者咨询相关产品。在 Dell 网站上，会对相应产品进行详细分类，按照用户性质的不同会分为家庭用户、中小企业用户、大型企业用户等几大类别。而对应不同用户类别，Dell 会提供相应的产品解决方案。消费者可以在网站按照 Dell 提供的相应解决方案作为基础，然后根据个人产品喜好或者价格因素来调整产品配置，而 Dell 网站会实时的计算出来相应产品的价格，让人一目了然。由于省略了一般公司所采用的渠道销售方式，取消了一、二级代理销售渠道，因此直接节省了销售成本，而销售成本中包括运输、人员工资等等。

3. 戴尔网站营销策略

（1）网站营销产品策略——产品直销业务

开展网络营销为主要手段的产品直销业务。早在 1996 年 7 月，Dell 公司就全面采用了网上订货系统，通过设在 Internet 上的站点，Dell 公司的客户自己可以直接在网上配置和订购计算机系统。经过半年运行，Dell电子商务系统使Dell公司每天销售价值100万美元的计算机产品，并在几个月后，这个数字又被翻了一番。Dell公司凭借着技术创新、管理创新和服务创新的优势，实现了根据客户订单安排组织生产，并在网上进行直销的经营模式，使传统流通渠道中的"中间商"——代理商、零售商获取高额价差的空间不复存在；同时，Dell公司通过对业务流程的重整，使业务处理更加通畅合理，企业库存成本大幅降低。资料显示，Dell公司计算机销售价格比传统竞争对手销售的计算机价格平均低10%～15%，具有明显的价格竞争优势。

Dell公司的商务网站，不仅是客户订货的窗口，也是为客户提供信息服务的主要渠道。Dell公司提供从技术支持，订购定制信息到软件下载等各种信息服务。网站每周要回答客户提出的近12万个技术问题。

为方便客户在网上购买，Dell公司将客户划分为大型企业（1500人以上），中型企业（500～1499人）和小型企业（499人以下）以及一般的消费者。从该服务主页上，用户可以根据自己的需要，选择Dell公司提供的各种台式计算机、笔记本式计算机工作站和服务器，这些产品都是Dell公司专门针对小企业需求设计和定做的。

客户在上网购买时，可以浏览网页中的产品详细介绍和提供的有关技术资料，足不出户就可以对计算机的性能进行深入细致的了解。

Dell公司作为一家国际性公司，为了更好地满足不同市场的需要，在网上直销时，专门针对不同区域市场推行特定的网上直销方式，如专门针对我国国内市场客户提供的直销服务，在网站设计上，采用中文而且考虑到中国人的习惯，允通过电话联系订货。可见Internet作为新的信息沟通渠道和媒体，它改变了传统营销的手段和方式，实施网络营销具有明显的价格竞争优势，对推动企业电子商务应用开创划时代的革命性新纪元。

（2）网站营销价格策略——低价策略

网站营销促销策略有：

第一是低价。通过直销，Dell在成本上比其他主要厂家低100美元到200美元，因此其网上价格也比同期低，因而采用低价策略进行促销。

第二是广告。广告在Dell的网页中无处不见。Dell的网页中有各种各样的多媒体图片和许多性能比较图表，有的广告甚至做成了幻灯片的形式。这些都能充分地激发顾客的购买欲望。

第三是公共关系。在Dell公司的主页中，也有不少地方体现了公司的公共关系策略。例如，在其页面中有公司宗旨等信息的介绍，还有对最新计算机世界的新闻信息发布等。

第四是销售渠道策略。在Dell的网页中虽然没有明确提出其销售渠道的策略，但是可以看出，其采用的销售渠道策略是一种直接销售形式，即没有中间商。

4. 网站营销中存在的问题及对策

（1）存在的问题

Dell公司网络直销模式在中国销售初期"水土不服"，直销模式首度被质疑，也引发系列的人事变动，简单来说就是直接从业界中挖精英人才，然后考核业绩，不行就换人，再到后来，换人都换的手软了，而业绩一直在徘徊，丝毫不见起色，甚至在市场上还有被联想逐步打压的趋势。于是，"Dell的市场运作模式不对头""戴尔直销模式不适合中国国情""在中国市场应该像行业巨头联想等企业一样走渠道化路线。"等说法层出不穷。

（2）对策

1）坚持走"直销模式"，不要同地区强者在其最强的领域上竞争。关于这点，前文已经分析，破局思路是，利用 Dell 本身的品牌优势和产品线特点，针对中国市场现状，以"合作经营"思想精髓为核心，在广阔的二、三级市场建立"Dell 专卖店"的新直销模式。这样能解决如下问题：

① 将直销分支下沉，既不违背 Dell 现有核心经营战略，又另起炉灶，在直销模式的基础上强化渠道的功能，相当于 Dell 本身肢体的延伸。

② 解决二、三级市场物流传送问题，保证市场及时有效出货，便利地送达消费者手中。

③ 解决了局部市场售后服务的问题。

④ 利用 Dell 强大的产品线制造能力，解决了渠道冲突的问题。

⑤ 和竞争对手形成差异，强调品牌下的"物美价廉"。

2）人才战略调整，建立"内部提拔为主，外聘为辅"的人才选拔机制，尤其提倡破格提拔年轻人为销售骨干。作者在家电巨头美的集团工作期间，曾亲身经历过多次美的变革，每一次都称得上是急风暴雨和波澜壮阔来形容，每一次都是年轻人冲在前头，每一次都变得生机勃勃，印象极其深刻，作者后来反思，在中国这个市场需要的是具有冲击力和敢打破传统的人才。

3）重新定位 Dell 的家用电脑消费群体和营销战略。针对 Dell 直销本身的战略定位，要确定自己的消费群体目标，确定以一、二级市场还是以二、三级市场作为主要重点的目标。然后集中优势兵力，在局部市场形成相对的竞争优势，做到资源最大化利用。

4）确定 Dell 家用计算机市场的营销战略路径。不可否认，在中国这个家用计算机市场，Dell 属于弱者，弱者就应该要有弱者的战略和实施路径。

网络销售还没有让太多人接受，但随着时间的流逝，Dell 企业将被越来越多的人所熟知，与此同时 Dell 的官网将会有更多的人去光顾。你不需要在炎热或寒冷的天气在为寻找 Dell 专卖店而受苦，你也不用再为不了解计算机型号及配件而烦恼，进入 http://www.dell.com.cn/ 网站，你能找到许多不同种类的产品，与此同时也有着详细的计算机介绍。你可以足不出户，买到理想的计算机。同时 Dell 官网也有售后服务，如果在使用中产生了问题，可以在网上寻找答案，也可以拨打其售后服务的电话。

任务 2 网络营销策略策划

任务要点

关键词：产品策划、价格策划、分销策划、促销策划。

理论要点：网络营销的产品、价格、分销、促销策略策划知识。

实践要点：运用所学的网络营销策划知识进行案例分析。

任务情境

一个企业网络营销的成功与否，与企业的营销策略有着极为重要的关系。企业要想在网络营销中取胜，实现网络营销目标，不仅要充分了解消费者的需求，了解网络营销的常用策略，同时还要能够根据企业的实际情况进行分析，策划出合理的营销方案，加以执行和控制，才能在竞争中获得优势地位。

在营销实践中，营销策略策划是整体市场营销活动中的核心部分，是企业整体市场营销目标能否实现的保证。企业建立了自己的网站，开展网络营销活动，需要经过不断地努力探索，形成一套完整的网络营销战略和方案，策划出一套行之有效的网络营销计划，在了解了网络营销策略的知识之后，要想获得更大的成功，形成完整的营销方案，还需要对网络营销策略策划的相关知识进行全面的了解。

 任务分析

网络营销策划就是为了达成特定的网络营销目标而进行的策略思考和方案规划的过程，是基于现实对未来发展目标与实现途径的思考。营销策略的策划是营销策划的核心，关系到企业营销目标能否实现，好的营销策划要具备可行性和科学性、经济效益、新颖性和独创性、方案要素完整、行文用字准确、结构合理、有吸引力等特征。因此要做好网络营销策略策划就必须要思考以下几个问题：我们是谁？做什么？核心优势？靠什么赚钱？目标是什么？应该怎样实现目标？

 任务实施

步骤 1　网络营销产品策划

产品策划是关于企业生产多少品种产品、各品种设计多大生产规模和各产品之间组合关系的思考和策划。产品策划是企业产品策划的一个重要方面，是企业配置资源开展生产经营活动的纲领和依据。

1. 网络营销产品数量策划

（1）根据目标市场策略选择产品数量策划

1）在无差异性市场策略之下，应该采取单一产品策划。

2）在差异性市场策略之下，应该采取多品种差异化产品策划。

3）在密集市场策略之下，应该采取少品种的产品策划。

（2）根据行业发展阶段与企业的市场地位选择产品数量策划

1）在新兴行业完全竞争市场结构下，实行单一产品策划。因为在这种行业发展阶段，企业之间竞争没有太大的差异，消费者需求也没有形成明显的产品，单一产品完全可以满足需求并有效实现市场的突破。

2）成熟行业新进入市场的企业，应该采取单一产品策划。在成熟行业里，已经有很多企业先行进入并取得了良好的市场地位，新进入的企业往往是市场的补缺者或追随者，要获得消费者的认可和接受，在时间上需要一定的过程，在形象上需要简明而有力，因此，需要瞄准消费者尚未完全满足的需求开发一两种产品，实行集中性营销。

3）成熟行业规模化生产企业，应该采取多品种产品策划。在成熟行业里，市场的规模和容量已经基本定型，不会有太大的波动和风险，其中的优势主导企业应该采取多品种规模化策略，继续保持其在市场规模上的领先优势。

（3）根据企业的品牌资产和营销资源选择产品数量策划

1）品牌资产和营销资源雄厚的企业，可以采取多品种策划。

2）品牌资产和营销资源不足的企业，只能采取少品种策划或单一产品策划。

小链接8-6

宝洁公司的产品策略

称雄当今世界的宝洁公司是一个日用消费品帝国，其生产的日用消费品品类、品种和品牌多得数不过来，这些庞大的产品数量群体，其实也不是从一开始就有的，而是近200年的发展过程中逐步积累起来的，也是靠雄厚的营销资源支撑起来。1837年，当宝洁公司刚开始创业的时候，其实只做蜡烛和肥皂两种不起眼的产品。

2. 网络营销产品市场定位策划

所谓品牌定位就是指企业的产品及其品牌，基于顾客的生理和心理需求，寻找其独特的个性和良好的形象，从而凝固于消费者心目中，占据一个有价值的位置。品牌定位是针对产品品牌的，其核心是要打造品牌价值。品牌定位的载体是产品，其承诺最终通过产品兑现，因此必然已经包含产品定位于其中。

产品定位的步骤如下：

1）分析本公司与竞争者的产品分析本身及竞争者所销售的产品，是定位的良好起点。

2）找出差异性比较自己产品和竞争产品，对比产品目标市场正面及负面的差异性，这些差异性必须详细列出适合所销售产品的营销组合关键因素。有时候，表面上看来是负面效果的差异性，也许会变成正面效果。

3）列出主要目标市场。

4）列出主要目标市场的特征。

5）把产品的特征和目标市场的需求与欲望结合在一起。有时候，营销人员必须在产品和目标市场特征之间画上许多条线，以发掘消费者尚有哪些最重要的需求和欲望未被公司产品或竞争者的产品所满足。

小链接8-7

新产品上市策划的内容与注意事项

1）上市新产品的定位；2）新产品上市目标；3）新产品上市时间；4）新产品上市区域；5）新产品上市通路；6）新产品上市价格；7）新产品上市广告；8）上市公关活动；9）上市促销活动；10）上市的组织和保证。

注意事项：时间的衔接与进度把握、新品产销能力衔接、产品质量性能与技术服务保障、企业资源的整合与营销传播的整合。

步骤2 网络营销价格策划

1. 价格策划

所谓企业营销价格策划就是企业为了实现一定的营销目标而协调处理上述各种价格关系的活动。它不仅包括了价格的制定，还包括在一定的环境条件下，为了实现特定的营销目标，协调配合营销组合的其他各有关方面，构思、选择并在实施过程中不断修正价格战略和策略的全过程。

2．价格策划的要点及注意事项

价格策划的成功与否、水平高低对企业经营的成败有着决定性的影响。

首先，在营销组合中，价格是若干变量中作用最为直接、见效最快的一个变量，其营销手段运用效果如何，在很大程度上取决于价格策划的质量：价格的定位是否适当？能否协调处理好各种有关的价格关系？能否有效地组织其他资源为价格战略及策略的实施创造条件？等。

其次，价格也是决定企业经营活动市场效果的重要因素。企业市场占有率的高低，市场接受新产品的快慢、企业及其产品在市场上的形象等都与价格有着密切的关系。在商战实践中，不难得出这样一个基本结论：在很多情况下，即便企业的产品内在质量很好，外形设计也较先进，但如果缺乏价格与产品策略的协调，竞争的结果仍可能是灾难性的。科学的定价策划是企业其他经营手段取得成功的重要条件。

第三，价格策划的重要性还体现在实际经营过程中，人们所感受到的巨大的价格压力上。尽管由于科技的发展、产品和服务的多样化已经使人们走出了只能使用价格一种竞争手段的时代，但在某些行业、某些地区的市场上，价格仍然是一个为企业经营者十分关注并使企业家们感受到巨大压力的问题。

进行价格策划工作要以市场和整个企业为背景，将企业内部的价格工作作为一个整体，注意各个局部之间的协调，从而把握策划的整体性和系统性。

以市场为背景就是要联系市场状况，把价格策划建立在对现有竞争者和潜在竞争者的状况以及竞争者对本企业行为可能产生的反应进行全面清醒分析的基础上；以整个企业为背景，就是要考虑企业资源限制和资源优势，考虑到企业价格工作与其他各项工作的衔接；要处理好不同产品或服务价格的协调，同一产品或服务价格的协调，具体价格制定与整体企业价格政策的协调。这是进行价格策划的基本前提。

价格策划必须要有动态观念。在营销活动中，从来不存在一种适合于任何企业，适用于任何市场情形的战略、政策和策略。成功的价格策划是那些与企业经营总体目标相一致的构思和举措。而且，企业能够根据不断变化的内外部环境与条件，对原有的战略、政策及策略进行适时、适当的修正或调整。这是保证价格策划有效性的基本条件。

价格策划要立足于历史和现实，更要放眼于未来。策划的优劣并不取决于它是否适应于现有的状况，而是取决于其是否和未来的状况相协调。尽管价格的调整较其他营销策略的调整来得方便，但仍需注重对未来的分析，包括对竞争者的未来状况、消费者的未来状况、企业未来可以使用的资源状况等的分析。这是保证价格策划具有强大生命力的关键。

步骤 3　网络营销渠道策划

1．营销渠道

为提供产品或服务以供使用或消费这一过程有关的一整套相互依存的机构。营销渠道在商品流通中创造了 3 种效用：时间效用、地点效用、所有权效用。

2．影响分销布局的因素

（1）营销目标　营销目标是影响分销布局的第一要素。如果营销目标的重点是增加销售额、扩大市场份额，一般就要求市场分布面广一些。如果营销目标的重点是树立高端形象，那么就应该采取重点选择性布局。

（2）产品定位　产品定位是直接影响产品分销布局的重要因素。当产品定位于城市高档消费时，分销布局应着重点锁定大中城市。当产品定位于农村市场时，分销布局必须渗透到农村乡镇。当产品定位于大众日常消费时，分销布局必须全面撒网，密集织网。当产品定位于选择性购买消费时，分销布局需要专业化布控，网线条理清晰。

（3）企业资源　企业的产品资源、财力资源、人力资源和管理资源是影响分销布局的重要条件。产品资源即产能大小与品种多少，它决定着产品市场覆盖面的宽度。生产规模小品种少的企业是无法也不必大面积占领市场的，应该针对特定区域市场开展集中营销。企业的财务实力与人力资源能支持多大范围的市场开拓与巩固责任，与市场布局同样有着重要关系。企业市场开发与管理能力也在一定程度上影响着企业的市场布局。

（4）市场竞争　市场竞争状况对分销布局策划是一个重要的制约条件。竞争对手实力越强、竞争越激烈的市场越不容易攻占，即使能攻占下来也难以巩固，企业还必须为此支付大量的市场开拓和维持费用。所以，应该扬长避短乘隙而入，尽量进入竞争规范互补性较强的市场。除非企业具有明显强大的竞争优势或者这个市场对企业来说十分重要，否则，不要轻易进入竞争过于激烈的市场。

（5）交通物流　产品实体分销必须具备相应的交通物流条件。只有在物流通畅的前提下，分销布局才有可能得以实现。在分销布局策划中，应该优先考虑在物流运输具备便利性、快捷性和经济性的市场区域布点布阵。

3．网络营销渠道的策划要点

（1）从消费者的角度设计渠道　根据目标消费者的特点，提供让消费者放心和容易接受的方式，吸引消费者网上购物。如目前货到付款的方式让人认可。

（2）合理设计订货系统　简单明了，减少顾客劳动，不让消费者填写太多信息，采用现在比较流行的"购物车"方式模拟超市，购物结束采用一次性结算，同时应提供商品搜索和分类查找功能。

（3）提供多种付款方式　尽量提供多种方式方便消费者选择，同时考虑网上结算的安全性。

（4）建立完善的配送系统　物流配送是网络营销实现的重要手段，作为企业而言，物流配送的质量与企业的服务质量密切相关，关系到企业营销目标的实现。

营销渠道目标及营销渠道策划要求，见表8-1。

表8-1　营销渠道目标及要求

营销渠道目标	营销渠道策划要求
销售顺畅	这是对营销渠道的基本要求，但直销或短渠道都能达到这一要求
市场份额	追求网络覆盖率和产品铺货率，全面布局，多路并进
购买便利	应尽可能地贴近消费者，广泛布点，灵活经营
迅速开拓市场	一般较多地利用经销商、代理商的分销力量
维护品牌形象	高端布局，优选渠道，精选客户
渠道经济性	要考虑渠道的建设成本、维持成本、替代成本及经济收益
渠道控制性	企业应扎扎实实地培植自身分销能力和渠道管理能力，以管理、资金、经验、品牌或所有权来掌握渠道主动权

宝洁缘何在淘宝开店

网络时代对日用化妆品行业来讲，既是一个很大的挑战，也是一次绝好的机会。现阶段，互联网虽然在中国的普及率不高，但在城市里的集中度却很高。宝洁目标消费者的绝大部分能上网。宝洁把中国消费者分为三个层次：China1、China2、China3。

China1 是前 100 个大中城市，很多消费者的消费水平跟国外没有本质的不同，消费者购物的要求也很相似；China2 是市或者是县级市这些中间的城市；China3 是中国的县城、镇、乡。China1 消费群体，大部分购买力很强，时间不够用，追求开放。尤其是"80 后"这个群体，使用互联网、手机，购物也更加从众，更加提前消费，对价格不敏感，更加注重于感受和体验。口碑营销为什么如此重要呢？就因为大家都在寻找归属感，都在寻找一个群体。一个人对一件商品的体验对于其他人的影响是非常大的。

接下来的因素非常重要，宝洁发现，这几年在 China1 中大部分消费者对购物的体验、媒体参与的体验以及对送货上门等非常注重。在中国，不管是在外资企业、国有企业还是民营企业，员工都没有太多的时间去购物，因此他们倾向于品牌商品，购物时间越短越好。

因此，宝洁在淘宝平台上开了一家博朗旗舰店。从 2007 年 1 月开始，在短短的两个月内就卖出了2000多个电动剃须刀，而且这一增长趋势还在持续。博朗是宝洁收购企业吉列旗下的著名品牌，它的剃须刀质量非常好，价格也非常合适。过去因为分销问题，消费者很难找到，加上配送、柜台、促销员等费用，成本也高。但这些问题在网络上就能够马上解决，利用人气很旺的淘宝网，解决分销、沟通等问题。因此，在淘宝销售电动剃须刀，一炮打响。这不仅起到了宣传、销售的作用，还起到了对消费者的教育意义。

淘宝网提供了一个非常好的平台。你可以去点击，可以去查询，还可以发表信息，也就是说平时你不可能接受这么多的信息，淘宝网都可以做到。淘宝把他们团队的成功经验跟宝洁分享，包括网店设计、推出广告吸引点击率、检测销售额以及怎么样利用淘宝数据库等。其中，利用数据库是一个精确营销的好方法。最近，宝洁利用淘宝的数据库发展会员，为曾经买过、浏览过电动剃须刀的消费者发送电子邮件，以此告诉大众，博朗店开张了，有非常好的质量、性能，非常好的服务，吸引用户过来浏览。

除此之外，宝洁在淘宝的第二家品牌店"欧乐 B 专业口腔护理中心"也即将开张。这一个网店主要销售电动牙刷、牙片，以及口腔护理产品。现在大部人都注重形象，牙齿很关键。过去在传统渠道上，电动牙刷、牙片等产品很难卖，因为价格比较高，目标人群又很窄。宝洁相信淘宝网是最佳渠道，网店一开张，全国老百姓都能看到，都能买得到。

对于这些创新的营销模式，宝洁也是在初步的摸索之中。不过淘宝网确实是一个庞大的互联网媒体和营销平台，从消费者研究、消费者参与的设计到试用，以及产品的系列开发、售出，淘宝都可以做。淘宝能把不同的模式整合在一起，帮助传统行业转型，或者增加营销渠道。

▶ 步骤 4　网络营销促销策划

促销策划是指运用科学的思维方式和创新的精神，在调查研究的基础上，根据企业总体营销战略的要求，对某一时期各种产品的促销活动做出总体规划，并为具体产品制定周详而严密的活动计划，包括建立促销目标、设计沟通信息、制定促销方案、选择促销方式等营销决策过程。

要做好网络促销策划，建议从以下几个方面进行考虑：

1. 重中之重：促销活动的定位

说到定位，这里不得不提的是受时间、时尚等各事件引导的前瞻考虑。定位是指对主推的商品、目标客户群、营销策略、合作渠道的确定，一句话概括为：计划在什么时间段通过不仅包含本网的渠道向哪些人群主推哪款（些）商品。在这里"定位"的含义里又多了一项"计划"，那是因为除考虑档期的同行竞争外，持续或具备延展性的促销活动才会更具备吸引力。

2. 与众不同：创新活动内容策划

以下是常见的活动类型：

1）加价购：消费者在购买特定的商品基础上，增加活动金额即可低价获取活动内其他商品；这里适用于如买男装加价购买衬衫或同款等。

2）满减：消费者购买商品总金额超过活动设置限度时，则按活动规则减免相应购物金额，如满 100 元减 10 元以此类推等。

3）满赠：消费者购买商品总额超过活动设置限度时，则按活动规则赠送超值商品，如满 3000 元送价值 500 元珍珠项链等。

4）买赠：消费者购买指定商品即赠送活动规则设定的超值物品；如买手机送精美手机套等。

5）折上折：特定商品除原有折扣外，还享受更低的打折幅度，如买钻戒市场价 2 万元，会员折扣价 1.5 万元，活动折上折 1 万元等。

6）积分抵现和多倍积分：消费者购买某特定款眼镜商品或购买金额超过规定预计时则以规定获取相应积分或以相应积分兑换等值商品。

在这里值得一提的是网站会员积分、返券的灵活运用会让各类型的促销活动出彩不少，而"混搭"的活动档期更能吸引消费者。需要注意的是无论何种形式的活动都需要认真计算成本控制，如果既不能吸引来客流（访问的潜在消费者）又亏本销售远达不到毛利标准，那就得重新考虑活动内容了。而 B2C 区别于传统零售业又在于其促销活动的多样化、可控性和易操作度上：灵活的积分体系、多样化的会员升级套路、对无效订单可统计的后台报表系统。

3. 精准合作：选择有效推广

选择投放广告的网站时慎重考虑以下几点：

①对方受众人群是否符合产品市场人群定位；②尽量要求提供通过有效点击产生消费行为的比例并能出具相应的报告；③广告费用的支付方式（靠银子砸出来的销售业绩不会使这个行业走得更远）。

4. 优质高效：做好促销活动的客服工作

不要以为策划了很棒的活动内容也选择了主流网媒投放广告就完事了，企业开展的促销活动实施的成败与否跟一线客服的工作息息相关。各种 IM、网页留言插件等即时交流工具是目前最为普遍的客户服务渠道。一方面这些岗位工作人员需要熟悉档期内活动的内容、赠品属性、可控制的促销价格幅度、促销品的退换货策略等，同时也不能忽视作为"辅助销售"的重要性—— 将"无效坏单"转变成"有效订单"也是他的基本工作之一。所以在回归到定位和内容策划的时候，有必要安排这些"直接面向消费者"的运营人员介入讨论，而客服工作反馈的系列报表也为促销活动的数据分析提供最有力的基础。

触类旁通

我国网络营销特色策略

一、搜索引擎营销策略

搜索引擎营销对用户有着很大的影响力。使用搜索引擎进行行业营销应该尽可能地将适当的搜索结果放置在靠前的搜索结果页面上。搜索引擎自然排名与付费广告相结合效果更明显。尽可能多的网页被搜索引擎收录比仅有网站首页在自然搜索结果排名靠前更有价值。

二、许可营销策略

电子邮件是网络营销最常见的营销工具。我国有好多网络营销从业者喜欢邮件营销但效果却不明显，究其原因是滥用电子邮件营销。开展电子邮件营销的基础是拥有潜在用户的 E-mail 地址资源，其基本要素是基于用户许可、通过电子邮件传递信息并且信息对用户是有价值的。正规的 E-mail 营销主要是通过邮件列表的方式实现的。邮件列表常见的有 6 种形式：电子刊物、新闻邮件、注册会员通讯、新产品通知、顾客关系邮件、顾客定制信息。

三、B2B 平台推广策略

B2B 平台是除搜索引擎推广外又一个重要的网络推广途径。在我国目前比较知名的综合性 B2B 平台有阿里巴巴、慧聪网、中国制造、ECVV 等。这些 B2B 平台每天有很高的访问量和知名度，B2B 平台推广做得好，效果固然不错。

四、网络个性化服务策略

在网络营销中，建立亲密的顾客关系十分重要，互联网技术的发展则使客户数据库的建立变得简单起来。

网络服务的内容包括售前服务、售中服务和售后服务。因此主要应采取的网络顾客服务策略应具体包括提供信息、反馈交互、顾客整合。首先注意常见问题在顾客服务中的运用。其次注意 E-mail 在网络服务中的运用，应当设置服务的专用信箱，并配备专门的人员来收发来自消费者求助的电子邮件，还应积极利用电子邮件主动地为顾客服务，包括主动向顾客提供公司最新信息以及获得顾客需求的反馈。

任务 3　制定网络营销策划案

任务要点

关键词：网络营销策略策划、网络营销策划案。

理论要点：网络营销策划案的撰写原则、要求和主要项目。

实践要点：能独立撰写网络营销策划案。

任务情境

王刚大学毕业后进入到一家金银公司销售部工作多年，为了应对竞争、开拓市场，公司决定开展网上业务，作为电子商务专业出身的王刚被委以重任，成为该项目的负责人，王刚和他的团队处于无比兴奋之中，他们聚在一起"密谋"他们的发展大计，规划他们的"宏伟蓝图"，他们要为自己的公司制定一个长远的发展规划和配套的短期执行计划，他们应该怎么撰写他们的网络营销策划案呢？

任务分析

营销策划案是企业根据市场变化和企业自身实力，对企业的产品、资源及产品所指向的市场进行整体规划的计划性书面材料。在撰写网络营销计划书之前，他们需要了解网络营销策划案的撰写步骤及具体的项目安排，形成可行的网络营销策划方案，形成准确的书面文件，这样才能保证企业的营销活动有章可循。

任务实施

步骤1　了解网络营销策划案撰写的流程

1．明确营销的目标

策划是为了实现营销目标的计划，因此其目的性是非常强的，营销者必须明确网络营销目标和方向，并且按照这个目标去设计出具体明确的营销策划方案，从而帮助企业做好网络营销工作。

2．收集信息并分析资料

信息是策划的基础，没有信息就不能进行营销策划，所以收集信息非常重要，因此在策划之前一定要收集更多高质量、有价值的信息，这对网络营销策划方案非常重要，策划者必须要将其作为主要的工作去做。

3．制定准确的营销策划方案

收集信息之后就需要制定出准确的策划方案，这也是网络营销策划的最重要部分之一。在这个过程中需要注重整个营销策划方案的创新性，要用尽心思加大创新力度，这是营销人员必须要做好的一项工作。

4．推出营销策划方案

营销策划方案编写完成后，就要提交给上级主管或委托客户，由其审议是否通过。这一阶段，主要任务是要向上级或委托人讲解、演示、推介策划的方案。再好的策划方案如果不能被对方理解采纳也等于是白纸一张。因此推出营销策划方案也是策划的一个重要环节。

5．制定营销预算

营销预算根据企业要求的不同有多种不同的制定方式，可根据是希望得到更为精确的结果还是仅得到一个快捷而质量不高的数字来制定。可以从一个快捷而质量不高的计算开始着手，然后再用更详细的细节数据来支持它。

首先，如果从事这项业务已经超过一年，那么跟踪所发生的与营销有关的开支就可以很轻易地计算出所需要的"获取每位客户的成本"或"销售每件产品的成本"。然后再把每件产品的销售成本或获取每位客户的成本简单地乘以产品销售目标或客户获取目标，得到的结果就是下一年为了达到销售目标所需要投入的大概费用开支。

步骤 2　熟悉网络营销策划案的具体格式

网络营销策划案正文的主要项目包括如下：

一、前言

二、网络营销环境分析

1．市场环境分析

2．企业形象分析

3．产品分析

4．竞争分析

5．消费者分析

三、SWOT 分析

四、网络营销方案

1．营销目标和战略重点

2．产品和价格策略

3．渠道和促销策略

（1）门户网站的建立

（2）网站推广方案

4．客户关系管理策略

五、实施计划

六、费用预算

七、网络营销效果评估与方案调整

步骤 3　了解网络营销策划案的撰写原则

网络营销策划案是一种注重实用性的书面文件，在写作的过程中必须遵循以下原则：

1）逻辑思维原则。策划的目的在于解决企业营销中的问题，按照逻辑性思维的构思来编制营销策划书。首先，设定情况，交代策划背景，分析产品市场现状，再把策划中心目的全盘托出；其次，进行具体策划内容详细阐述；最后，明确提出解决问题的对策。

2）简洁朴实原则。要注意突出重点，抓住企业营销中所要解决的核心问题，深入分析，提出可行性的相应对策，针对性强，具有实际操作指导意义。

3）可操作原则。编制的营销策划书是要用于指导营销活动，其指导性涉及营销活动中每个人的工作及各环节关系的处理，因此其可操作性非常重要。不能操作的方案创意再好也无任何价值，不易于操作也必然要耗费大量人、财、物，管理复杂、显效低。

4）创意新颖原则。要求策划的"点子"（创意）新、内容新、表现手法也要新，给人以

全新的感受，新颖的创意是营销策划书的核心内容。

高赛尔金银公司的网络营销策划书

一、前言

全球现正陷入Internet的淘金热中，如何从Internet找到商机？各行各业都使出浑身解数、Yahoo与Amazon的成功可以证明Internet商机无限。虽然本业还未赚钱，但大量的到访人潮以及具有创意的行销方式，颠覆了传统营销渠道。小而美的企业也可能当主角了。也许你已经来不及成为现存产业的重要品牌，但是你绝对有机会成为网络上的知名品牌。

互联网已经越来越多地改变人们的生活，人们对电子商务的注意力已经转变到如何将这些电子业务变成更便捷、模块化、个性化、更紧密集成的电子化服务、流程定制上来，即要实现"你在Web上工作"到"Web为你工作"这一重大转变。网络资源的利用程度已经可以很大地决定一个企业的生存与发展，高赛尔公司虽已有自己的门户网站，但企业的网络营销才刚刚起步，尚未形成一套完整的网络营销战略和方案，因而需要根据网络市场的特点和企业资源，策划出一套行之有效的网络行销计划，以期能使传统销售和网络销售有机地结合。

二、网络营销环境分析

1. 市场环境分析

我国的黄金销售量从1982年的0.7吨增长到目前的大约140吨，从而使中国成为世界第三大黄金消费国，照此速度增长的话我国的黄金市场规模会发展得令人吃惊。据有关部门统计，世界上大约7000人就拥有一家金店，而我国目前仅有8000多家金店，即使仅以发达地区的2亿消费者计算，也才达到25 000人才有一家金店，在大城市仅有55%的居民拥有珠宝首饰，中小城市这一比例仅为23%，而东部的农村更少，仅达到17%。目前以及将来黄金礼品市场的增长动力主要来自婚庆需求，境外游客需求，还有赠品等。中国人由于受传统的影响，对黄金特别钟爱，除了购买项链、戒指、耳环、手链外，一些纯金小摆设比如磨砂或空心的生肖等饰物也颇受欢迎。但是最受欢迎的仍然是那些表面深度光处理过的首饰，含有建筑风格和自由风格的抽象图样的款式仍旧受欢迎。在销售上，黄金名店和连锁店形式占主要地位，一些大的商场等也设有专柜，这些方式都是传统的行销，在电子化的当今时代似乎有点落伍。随着中国的入世，黄金市场也逐步走向开放，这更是给黄金行业的发展带来了生机，另外人民银行也对黄金报价改为每周一次，使黄金价格更贴近国际行情。

2. 企业形象分析

（1）公司简介

高赛尔金银公司是中国印钞造币总公司成都印钞公司与香港金银路有限公司合资成立的企业，亦是人民银行系统首家合资企业。成都印钞公司是集印钞、造纸、金银精炼和加工为一体的大型综合性企业，其金银精炼和加工能力处于国内领先地位，是国家黄金、白银精炼加工基地。香港金银路有限公司是从事有色金属、贵金属贸易及相关产品开发的上市公司。该公司现已发展成为拥有高赛尔标准金条、金银制品创新制作、系列收藏珍品的设计开发及贵金属国际贸易于一身的综合性企业，市场已遍及全国、欧美、印度及东南亚地区。

（2）公司的理念

公司信奉"创造市场，与伙伴分享"的经营理念，秉承"吾以精诚铸真金"的经营之道，与股东、员工、客户、供应商齐心协力，精诚合作，开辟市场，共享利益。

（3）公司的人才结构

公司启用"德才兼备，唯才是用"的人才机制，管理人员中拥有硕士、大学本科学历的占 95%，引进优秀的海外留学管理人才，运用先进的管理系统，创建高效率的市场营销团队。

（4）公司的荣誉

公司致力于为社会创造价值，以真诚服务于社会，公司以优秀的业绩和规范的运作被评为成都市"优秀外商投资企业"，获得成都市高新区"纳税大户"的称号、成都市"双优"企业奖及出口创汇重点企业；由于公司坚持诚信经营的方针，在资信等级评级中被授予"AAA"级。

（5）公司前景

随着中国经济与世界经济逐步接轨，中国黄金市场的稳步发展，公司将在贵金属行业勇于创新、进取、诚信经营，为发展黄金投资市场，加快西部经济大开发，起到积极领先的作用，积极开拓高赛尔牌金条市场及金银制品，为进入中国黄金企业十强努力进取。

3．产品分析

金条买卖为西部黄金市场开辟了新的投资渠道，公司可以利用自身的路透信息终端在第一时间为投资者获取准确的世界贵金属市场信息，方便快捷地提供黄金、白银等贵金属产品的投资理财咨询服务。

公司引进国际先进的全套电铸工艺生产线，采用德国先进的工艺、原料、技术，具备国内一流的圆雕、浮雕纯金银制品的制作技术，工艺精湛。中国足协委托该公司制造 2003 年"蓝带中国足协杯"金杯，而且由该公司制作的"四羊方尊""乐山大佛"等精品已被国家部委作为出访外交时的国礼赠品。

4．竞争分析

按公司的实力来看，在我国国内竞争者是很少的，但并不表示没有竞争对手，比如，中宝戴梦德投资股份有限公司就是一个明显的竞争对手。这家公司的概况是：

品牌的宣传定位：来自意大利的 K 金艺术。

品牌的市场定位：中、高档。

核心理念：佩戴者才是艺术的拥有者和创造者。

表现形象：经典、高雅、时尚。

独特个性：艺术。

主打产品的特点：

设计引领国际潮流：以先于国内市场流行 2～3 年的前瞻概念推出。

工艺特点：首饰制造王国——意大利先进工艺制造。

品质保证：堪称世界第一，通过国际、国内两级检测。

款式丰富：常规产品近 5000 个款式，每年主推约 30 款领先市场潮流 2～3 年的最时尚精美的纯手工款式，全年上市几百款国际流行首饰。

5．消费者分析

对于公司的网络产品主要是针对观念比较新的人群，因为他们更容易从传统的交易模式中解脱出来，对于网络营销予以肯定。一般的人群习惯了传统的交易，要让他们没有看实货、质量等就直接电子交易是不容易接受的。而且，黄金制品的购买较其他商品更讲究，要看光泽、精细度等，那就更难让人抉择。金银是贵重的高档产品，消费者的购买行为是延展性决策，所以在这一块要注意使购买过程尽量简单化、标准化、程序化。而对于有钱、图方便、繁忙、头脑"新"的人群要加以激发（特别是女性）。

三、SWOT分析

内部：优势（S）、劣势（W）；外部：机会（O）、威胁（T）。

SWOT分析中，优劣势分析主要是着眼于高赛尔金银公司自身的实力及其与竞争对手的比较，而机会和威胁分析将注意力放在外部环境的变化及对高赛尔金银公司的可能影响上。通过SWOT分析，可以帮助高赛尔金银公司把资源和行动聚集在自己的强项和有最多机会的地方。

四、网络营销方案

1．营销目标和战略重点

根据以上分析，在国内很少人知道该公司，当然对它的产品也就知之甚少。根据这一存在的主要问题实施网络营销方案最根本的目的就是要把企业宣传出去。所要实现的目标是在短期内（大概3个月）建立一个全新的网站并迅速投入使用，用一年的时间将企业网上知名度提高到国内同行业前几名。而战略重点在于：以网络为重点辅以其他相关媒介进行广告宣传、拓展市场，为产品准确定位，突出企业形象和产品特色，采取差异化的网络营销竞争策略。

2．产品和价格策略

首先需要了解客户需要的是什么样的产品，在产品同质化越来越严重的今天需要为顾客提供有创意、非常有个性化的产品，要不停地创新。在网络营销的平台下可以让顾客自己来创意自己喜欢的产品，为顾客量身定制。

公司的产品都是优质品，价格是以国际市场的价格为标准，价格非常透明，市场上同重量和含金量的金银制品的价格差别不大，但是礼品的价格空间就非常大了。含金量的多少和工艺的好坏很大程度地决定了它的价格空间。

3．渠道和促销策略

（1）门户网站的建立

公司建立的网站要力求将企业良好形象、丰富的财经资讯、合理健全的交易程序作全面的展示，并且能够涵盖企业办公管理、在线知识管理、人力资源管理等公司信息。通过及时、有效的资讯提供客服互动在所有客户面前树立该公司更好的企业形象，为创造更好的社会效益和经济效益铺垫基础。

（2）网站信息资源分析

1）公众信息。公司静态信息：公司简介、管理层介绍、组织机构图、联系方式、各种关联网站链接等公司的各类比较固定的图文资料。

2）会员信息。业务运营相关静态信息：查询热线、投诉热线、总经理邮箱、贵金属交易须知、标准交易合同、收费须知、相关工具及常识。

动态资讯：最新市场消息、行业专题、行情分析、专业评论、贵金属报价、图表、人才需求信息等可能需要不定期或者即时更新的图文资料。

企业运营信息：公司通告、客户账目信息、历史合约记录、公司办公信息、人力资源信息、知识文档。

以上信息，要求只能有登录系统权限的人员才能阅读相应的信息。这部分信息需要以会员权限来确定其阅读、交换、共享的范围，具体的体现方式及实现手段需要进一步沟通以确定最佳解决方案。

（3）设计原则

整体效果：应当是简洁美观、功能强大、信息互动性强、界面分明、功能性与可读性相融合、信息量大、具有鲜明的行业特点和时代感。

图文设计标准：在不影响美观的情况下尽量使各种带宽用户能够尽快获取相关信息。

旗帜设计：网站 Logo、网站名称、主题等力求在公司 VI 的基础上表达准确，易于理解与辨析。

内容分类：适合人的阅读习惯，分类清楚、重点突出、简明扼要。

网页设计：色彩过渡平稳和谐，以色块对比突出重点，以线条穿插活跃气氛，适量运用简洁精致的图片和动态元素以吸引用户注意力。

后台系统：以功能完善、使用方便的后台资讯发布、账户管理、在线查询、信息反馈、会员管理等各个子系统来支持网站信息的更新和管理，使网站的操作和维护过程更加方便快捷。数据库及用户查询界面则尽量以实用为原则来设计开发，同时保证信息传递的快速性与安全性。

（4）网站的内容策划

该网站主要由 6 个部分组成，分别是：公司概况、资讯中心、业务介绍、客服中心、网上营业厅、在线办公。

公司概况——公司简介、管理层介绍、组织机构图、企业文化（企业战略、经营理念、荣誉表彰）、联系方式、各种关联网站链接、招聘与培训（招聘信息、培训、人力资源信箱）。

资讯中心——综合财经、金属市场、时政新闻、网站通告、即时报价/K 线图、行业专题、行情分析、专业评论。

业务介绍——贵金属交易须知、标准交易合同、资费标准、相关工具及常识、方案推荐、资费标准、查询热线、投诉热线。

客服中心——用户注册及权限赋予、回音栏（咨询与解答）、投诉与建议、总经理邮箱、联系电话。

网上营业厅——会员可通过网站营业厅登录系统、查询个人账目，包括资金管理、合约查询等。

在线办公——知识（文档、规章）管理库、公告发布、人事管理、公文传递等。

（5）网站推广方案

1）传统营销策略。

① 将网址印在信纸、相册、名片、宣传册等印刷品。

② 使用传统媒体广告。

③ 提供免费服务。

④ 发布新闻。

2）E-mail 营销策略。

① 在发出的邮件中创建一个"签名"，让潜在客户主动与企业联系。

② 建立邮件列表，每月（或每隔2月）向用户发送新闻邮件（电子通信/杂志）。

③ 向邮件列表用户（客户和访问者）发布产品信息，如优惠券、新产品及其他促销信息。

④ 租用目标客户邮件列表。

（6）广告策略

付费广告能更加迅速地推广网站。网络广告价格一般有以下 4 种计算方式：传统 CPM 方式（每千人次印象成本）；PPC 方式，即按点击数付费；按实际订购量付费；会员联盟订购方式。

1）E-mail 新闻邮件中购买短小文本广告。

2）实施会员制营销。

3）搜索引擎竞价排名。

4）将商品提交到比较购物网站和拍卖网。

（7）链接策略

1）将网站提交到主要的检索目录。

2）将网站登录到行业站点和专业目录中。

3）请求互换链接。

4）发表免费文章，附带站点签名。

免费为其他站点的新闻邮件写一些专业性文章，文章里用简短的文字附带描述用户提供的东西，并请求对方链接你的网站。这是一种有效的病毒营销方法，文章将作为成百上千的用户订阅信息发出去，让网站一次性获得几百个链接。

（8）混合策略

1）在邮件列表和新闻组中进行促销。

2）运用竞赛。

3）与互补性的网站交换广告。

4）创建病毒营销方式。

（9）搜索引擎策略

1）添加网页标题。

2）添加描述性的 META 标签。

3）在网页粗体文字中也填上关键词。

4）确保在征文第一段就出现关键词。

5）导航设计要易于搜索引擎搜索。

6）针对有些重要的关键词专门做几个页面。

7）向搜索引擎提交网页。

8）调整重要内容页面以提高排名。

4. 客户关系管理策略

1）客户关系的维系主要是在产品、信息等方面。

2）建立消费者个人信息数据库。

3）定期与顾客保持联系。

4）每封为客户准备的电子邮件无论定位还是内容都进行优化。

5）按照客户资料进行了认真的细分，并针对不同的客户订制了相应的新闻邮件。

6）为网站的访问者建立了信息反馈体系，根据反馈信息对邮件内容进行调整和完善。

7）对每封将要发出的邮件都进行了认真的测试。

8）为网站访问者提供免费的在线产品。

9）请求每个访问者和顾客填写兴趣和爱好。

五、实施计划

1．准备阶段

逐渐将电子化的商务模式推广并运用到企业内部，最主要是与网络服务商签定域名注册计划和精心策划能够吸引消费者的网站。培训部分网络工作人员，以用于保证网络的安全与维护。

2．实施阶段

该公司的营销毕竟是从沿用传统模式变更为电子商务形式，对于企业自身的消费者来讲都需要一个适应过程，要把网络营销和传统营销加以结合，慢慢地实现电子商务完全融入（本策划书的策略部分有详细讲解）。

3．测试阶段

在网站与电子商务的推行期间，应逐步完善并加强管理。对于试行期间出现的问题应予以及时加以纠正，此期间网络工程人员的责任最大。

六、费用预算

具体的内容：

1）技术费用：包括软件、硬件购置费用，联网费用，服务器购置费用。教育方面的资料及培训费用，以及站点的运营及维护费用。

2）人员工资：所有参与网站开发与维护的工作人员的工资都要列入预算项目。

3）其他网站开发费用：除去技术费用和人员工资，其他的费用都在这一项中列支，比如，域名注册、雇佣专家编写内容或进行其他开发和设计活动所需的费用。

4）营销沟通费用：凡是与增加网站访问量、吸引回头客消费直接相关的费用（比如，在线或离线的广告、公关、促销活动等）都列入营销沟通费用。其他费用包括搜索引擎注册、在线咨询费用、邮件列表租金、竞赛奖励等。

5）杂项费用：其他项目费用可能包括差旅费、电话费、网站建设初期发生的文具用品费用等（预算费用的多少要根据公司的实际情况而定）。

七、效果评估和方案调整

网络推广效果评估包括：广告投放效果评估、搜索引擎营销效果评估等。定时对各方面的效果进行跟踪和评估，发现了问题要马上处理。因为有问题或错误的推广方式，不仅会浪费做网络营销的时间，同时也浪费企业的金钱。每到一定的周期都要以这些推广周期的效果为中心重点讨论，综合各位的意见，再整合方案。到最后定制出一份最完善并且效果最好的网络营销策划方案，为企业谋得最好的利益，实现高赛尔金银公司的目标。

根据市场形势和竞争变化及时进行方案的调整。

小链接8-8

营销策划书包含的内容：5W1H1E

5W 是指：WHAT 是指执行什么策划方案；WHO 谁执行策划方案；WHY 为什么执行策划方案；WHERE 在何处执行策划方案；WHEN 在何时执行策划方案。

1H 是指：HOW 如何执行策划方案。

1E 是指：EFFECT 要有看得见的结论和效果。

触类旁通

营销策划书写作技巧

前言的撰写最好采用概括力强的方法，如采用流程图或系统图等。在书写之前，先在一张图上反映出计划的全貌，巧妙利用各种图表，策划书的体系要井然有序，局部也可以用比较轻松的方式来表述，在策划书的各部分之间要做到承上启下，要注意版面的吸引力，寻找一定的理论依据，适当举例，利用数字说明问题，运用图表帮助理解，合理利用版面安排；注意细节，消灭差错。

项目小结

网络营销策略就是为有效实现网络营销任务、发挥网络营销应有的职能，从而最终实现销售增加和持久竞争优势所制定的方针、计划以及实现这些计划需要采取的方法。本项目就是在介绍常见的网络营销的 4P 策略的基础上，重点讲解了如何根据企业的实际情况进行分析并策划出合理的营销方案以及网络营销策划案的具体撰写过程及步骤，从而利于企业在激烈的互联网竞争中获得优势地位。

项目综合训练

百丽女鞋网络营销策划方案（节选）

一、产品策略

1．定位中高端

女鞋属于时尚类产品，生命周期较短，市场经营的风险也大。百丽将自有品牌的女鞋每对的市场零售价定位在 300～1800 元之间，较高的市场定位保证了分销各环节的利润空间，即使出现部分滞销也不会影响整个销售的利润。同时，百丽代理的 Nike、Adidas、李宁、Joy&Peace、Bata 以及后来加盟的 LV 都是国际知名的、定位较高端的大品牌，其利润空间同样相当可观。百丽自有与代理中高端品牌的市场定位，是百丽之所以能实现年销售 30 多亿元，而利润高达近 10 亿元的原因之一。

2．多品牌运作策略

百丽自有品牌从最初的单一 Bellee 发展到现在的 Bellee、STACCATO、teemix、TATA、FATO 五大品牌，即体现了品牌的差异化，也使得百丽的产品线终端有了广度与深度。13 年的时间，该公司在中国就完成了 1681 家零售门店与网点的布局。此 1681 家终端门店零售网络的价值对所有投资者都具有强大的吸引力，这也是百丽在资本市场取得巨大成功的原因之一，也是百丽市场销售增长迅猛的强大支撑。

百丽的多品牌运作还体现在代理与合作品牌上，百丽自有品牌加上代理与合作品牌（Nike、Adidas、李宁、Joy&Peace、Bata 以及后来加盟的 LV），百丽手中握中 10 个强势品牌，强势的品牌资源使百丽在与强势终端大百货店的合作中同样处于强势地位，也使百丽更容易争取到许多优惠条件。多品牌运作，有利于百丽在直销的物流配送中降低配送成本，进而降低了整个市场营销系统的运营成本。

3．定期更新产品

企业要定期地更新自己的产品类别和种类，争取以新款来吸引客户的眼球。对销售量好和比较差的产品进行归类，对归类情况适度地改变广告和宣传的产品的内容，为网店和企业网站建立尽可能多的信誉和浏览量。

二、价格策略

在价格上，百丽网上产品的价格要比线下类似款式低 10%～20%，这是一个有诱惑力但并不激进的定价策略。这也就意味着，线上销售并不一定要采取低价策略，而应与线下形成区隔，凸显自己的优势。与线下一致的产品要统一控制在自己的价格体系内，新品全价卖，过季打折，而网络专供款，可以充分利用品牌自身的带动力，用另一套定价策略与线下做合理差异化。

无论对于经销商还是分销商来说，低价就是网上消费购物的最大动因之一。企业的女鞋批发价定价在 130～190 元之间价位的销量最好，这样可以面向中低端的用户。当然，这一部分的用户在网络市场占据的份额也是非常大的。对于百丽女鞋来说，在款式和质量差不多的情况相比之下，企业的产品更容易销售。

三、渠道策略

1．线上经销商渠道策略

（1）B2B 渠道策略　在阿里巴巴、敦煌网、eBay 等知名的商城上建立网店，为客户提供百丽的产品供应信息，寻找合作机会。同时，可以采用分销的方式，无条件为中小型的网点或实体店进行提供货源，给他们一个优惠的价格和百丽产品的数据包，帮他们提升到一定的信誉后，再按实际情况收取商品管理费用。

（2）B2C 渠道策略　在 B2C 商场的营销上，除了百丽自己的企业网站外。百丽还选择了淘宝商城。在淘宝商城上已经得到了相当大的客户群，百丽和麦包包这些现在销量非常出众的企业，首先选择的也是淘宝商城。麦包包这个企业和百丽企业的状况差不多，虽然它们主营的是皮具而百丽主营的是女鞋，但是他们在一开始都是从外贸逐步转为内贸，然后再到淘宝商城建立自己的第一个网店的。所以百丽在淘宝商城的前景一定会很好。

（3）C2C 渠道策略　对于 C2C 商城的选择上，公司选择的是淘宝网。但是，选择的意思不是说在淘宝网上建立网店，而是把百丽的产品分销给淘宝卖家。每年的网上购物份额，淘宝网都在 80% 以上，并且每年扩大。也就是说，淘宝网上的客户非常多。在 B2B 渠道中，说到了百丽采用分销的模式，有意把产品供应给淘宝网的卖家，让他们成为公司的分销商。这样的一批分销商，无疑是变相地免费为公司打广告，帮助百丽增加市场份额，大家也可以达到双赢的目的。

2．百丽线下渠道策略

密集分销策略，百丽的目标是：凡是女人路过的地方都要有百丽店铺。除了店多，另外百丽店铺空间大、色彩对比鲜艳。

以女装品牌为主的百丽认为，女性消费者的随机性非常大，对他们来说，店面的覆盖率对推动她们的消费行为有着非常重要的作用。百丽从 1995 年开始，就尝试发展零售网络，率先在内地鞋业界实行以生产企业为龙头，以各大商场及区域经销商为依托，纵向整合产、供、销联合一条龙的"直线连锁经营模式"，快速占领商业通道。从 2002 年开始，更大力地整合零售网络资源，大幅度扩大直营零售终端的建设。到 2008 年底，在内地拥有自营零售店 9000 多家。

四、促销策略

在企业的品牌网站上可以定期采取不同的促销手段提高销量。

1．满就减、送服务

满就送礼物、满就送 VIP、满就减现金、满就免邮。提升店铺销售业绩，提高店铺购买转化率，提升销售笔数，增加商品曝光力度。

2．搭配套餐

将几种商品组合在一起设置成套餐来销售，例如，一双高跟鞋+一双低跟鞋算九折。通过促销套餐可以让买家一次性购买更多的商品。

3．限时打折

系统帮助卖家设置限时限量的打折活动，方便买家迅速寻找打折商品。

同时，把这些促销的信息只限发布在百丽的企业网站上，这样一来，就会有更多的客户关注公司的网站而不仅限于各分销网店上，可以增加百丽企业网站的热度。

4．利用节假日做好网上产品促销活动

可以每个阶段拿出一部分产品专供网络促销使用，虽然利润减少了，但是却可以留住客户或增加另外的潜在客户。对长期客户赋予新产品的优先权和优惠，维持长期的合作关系。

请根据以上案例，说明在实际的企业运营中如何根据实际情况进行网络营销策略的制订？

参 考 文 献

[1] 高晖. 网络营销[M]. 西安：西安交通大学出版社，2012.

[2] 刘芸. 网络营销与策划[M]. 2 版. 北京：清华大学出版社，2014.

[3] 王蓓，付蕾. 网络营销与策划[M]. 北京：机械工业出版社，2014.

[4] 惠亚爱，乔晓娟. 网络营销：推广与策划[M]. 北京：人民邮电出版社，2016.

[5] 许尤佳. 网络营销与策划[M]. 杭州：浙江大学出版社，2011.

[6] 顾明. 客户关系管理应用[M]. 2 版. 北京：机械工业出版社，2015.

[7] 江礼坤. 网络营销推广实战宝典[M]. 北京：电子工业出版社，2016.

[8] 江礼坤. 互联网销售宝典[M]. 北京：电子工业出版社，2017.

[9] 苏高. 软文营销从入门到精通[M]. 北京：人民邮电出版社，2015.

[10] 元创. SEO 实战核心技术、优化策略、流量提升[M]. 北京：人民邮电出版社，2017.

[11] 冯英健. 网络营销基础与实践[M]. 5 版. 北京：清华大学出版社，2016.

[12] 宁连举. 互联网商业模式[M]. 北京：中央广播电视大学出版社，2016.

[13] 赵瑞旺，胡明丽. 搜索引擎营销[M]. 北京：科学技术文献出版社，2015.

[14] 刘喜敏，郑绮萍. 网络营销[M]. 4 版. 大连：大连理工大学出版社，2014.

参考文献